성과지표를 활용한

프랜차이즈 경영

‖ 박철주 지음 ‖

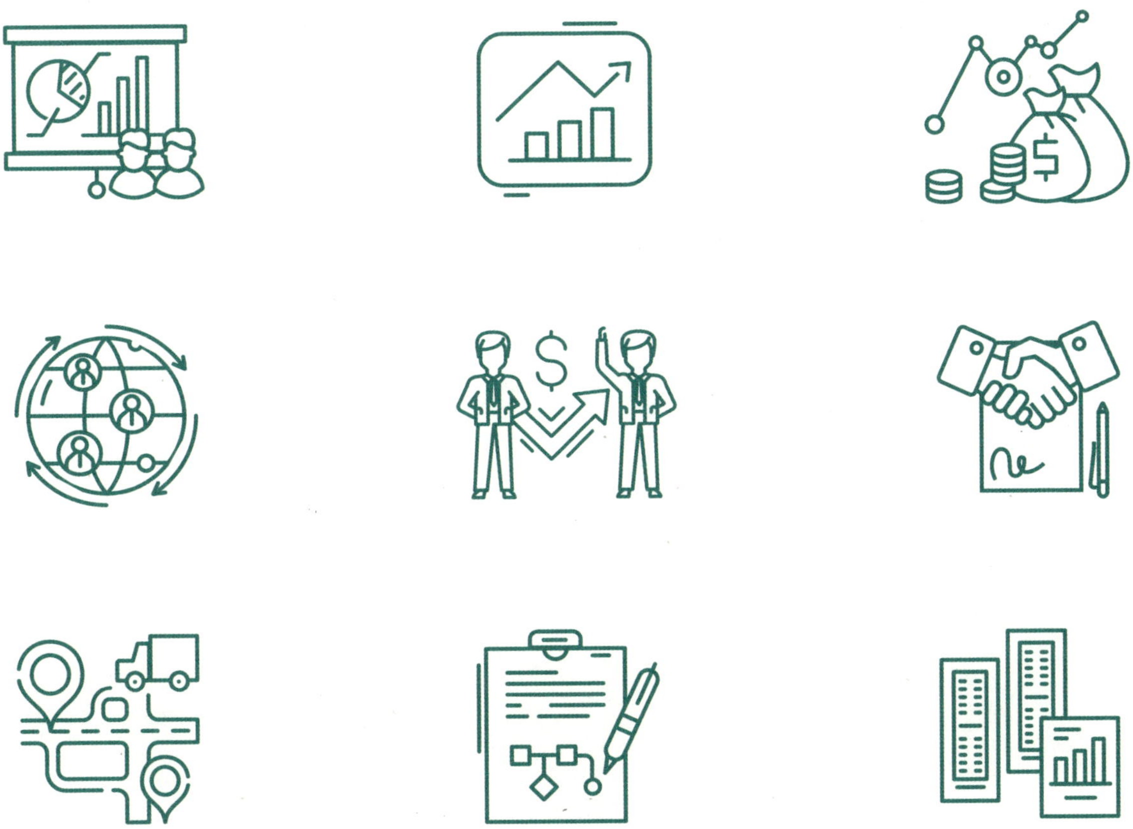

형설출판사
www.hyungseul.co.kr

PREFACE

머리말

모두가 무언가 좋은 일만 생길 것 같아 잔뜩 기대가 부풀었던 2020년이었지만, 그러나 어느 누구도 예상치 못했던 Covid-19가 창궐하여, 국내외적으로 많은 사람들이 힘든 고통을 경험하게 되었습니나. 그중에서도 사회적 기리두기와 영업시간 제한 등으로 가장 큰 고통을 받은 사람은 영세 자영업자라고 할 수 있습니다.

우리나라의 영세 자영업자의 어려운 (경영 상황)에 대해서는 신문, 방송, 인터넷 등 다양한 매체를 통해서 자주 들어보셨을 것입니다. 2020년 10월 9일자 매일신문에 게재된 '소상공인 재기 실태 조사'에 따르면, 영세 자영업자가 창업에서 폐업까지 걸린 기간은 평균 6.4개월, 폐업 시 부채는 평균 4,030만 원, 폐업의 주원인은 점포의 매출 감소가 66.3%, 두 번 이상 폐업을 경험한 비율도 37%라고 합니다. 이처럼 하루 평균 3,000명이 식당을 시작하고 그중 2,000명이 폐업한다는 영세 자영업자를 살릴 수 있는 방법은 무엇일까요?

2018년부터 2021년까지 200부작으로 방영된 〈SBS 백종원의 골목식당〉은 골목식당을 대상으로 매주 폐업 위기에 빠진 식당을 찾아가 식당 사장님들이 인식하지 못한 식당의 문제점을 찾아내고, 그에 대한 맞춤 솔루션을 제공하여 회생시키도록 하는 프로그램이었습니다. 백종원 씨가 식당 사장님들을 위해 맛있는 음식맛과 조리법 등에 대한 노하우를 전수해 주는 열정적인 모습을 보면서 언뜻 이러한 생각을 하게 되었습니다.

"백종원 씨가 골목식당을 회생시키기 위해 조리사로서 음식맛을 잘 내는 노하우를 전수하기 위해서 동분서주하고 있는 동안, 나는 그들을 위해 무엇을 해줄 수 있을까? 마케팅에서는 마케팅 믹스(Marketing Mix)라고 하여 고객 가치를 제안하기 위해서는 제품(음식 맛)뿐만 아니라 가격, 유통, 프로모션을 잘 조합하여 제공해야 한다고 했는데…" 이러한 생각이 본서를 쓰게 된 결정적인 동기가 되었습니다.

벌써 오래 전 이야기이지만, 위기에 빠진 미국의 국민 기업 제너럴 일렉트릭(GE)를 회생시킨 잭 웰치(Jack Welch) 전 회장은 2005년 〈제6회 세계지식포럼〉에서 성공하는 리더의 조건을 언급하면서, 기업의 사회적 책임과 관련해서 "사회 환원은 수익을 창출하는 '승리하는' 기업만이 할 수 있다. 수익을 창출하지 못하는데 무엇을 환원할 수 있겠는가."라고 말한 뒤, "사업의 1차적인 목표는 이기는 것"이라고 역설한 적이 있습니다.

식당 사장님에게 이기는 싸움을 하도록 하기 위해서 다양한 해법들을 제안할 수 있겠지만, 본서에서 식당 사장님에게 특히 강조하고 싶은 것은 식당 경영을 지표를 활용하여 경영성과를 측정하고 평가할 수 있는 능력을 육성하라는 것입니다.

이러한 생각은 윌리엄 톰슨(William Thomson) 경이 아주 오래 전에 대중 강연에서 언급한 내용과 그 일맥을 같이하고 있습니다. 즉 "현재 말하고 있는 것을 측정하거나 수치화할 수 있어야, 그것에 대해 어느 정도 알고 있다고 말할 수 있다. 측정할 수 없거나 숫자로 표현할 수 없다면, 당신은 그것에 대해, 스스로도 만족하지 못하는 빈약한 지식밖에 갖지 못한 것이다. 아마 어느 정도 알기 시작했다고 할 수는 있겠지만, 당신의 머릿속에서 아직 과학의 단계로까지는 나아가지 못한 것이다." 본서는 이러한 문제의식을 가지고 경영 순환 과정에서 특히 경영 성과의 측정과 평가에 초점을 맞춰 작성하게 되었습니다.

본서의 구성은 프랜차이즈 경영에 필요한 이익구조, 매출관리, 고객관리, 상품관리, 가격관리, 재고관리, 인적자원관리, 상권분석, 투자분석, 재무분석 등의 주제를 선정하였습니다.

각 장은 여러 개의 절로 나누어 주요 성과지표를 다루고 있습니다. 각 절은 첫 부분에서 성과지표에 대한 필요성을 언급한 후 성과지표에 대한 정의와 개념, 그리고 공식화 과정을 설명하였습니다. 그리고 실제로 예제를 풀어봄으로써 성과지표에 대한 이해를 높이도록 하였습니다. 마지막에는 성과지표에 대한 판단기준을 제시하여, 자사의 실제값과 경쟁사 또는 산업계 평균값과 비교 · 음미 · 판단하도록 하였고, 최종적으로 지표를 높이기 위한 대책을 강구하도록 하였습니다. 이러한 과정을 통해서 균형진 프랜차이즈 경영이 가능해질 것입니다.

본서가 풍전등화의 존립 위기에 처해 있는 골목식당이 현재의 위기에서 벗어나고 더욱 힘차게 발전하는 데 조그마한 디딤돌의 역할을 하게 된다면 저에게는 큰 보람있는 일이라 생각합니다.

마지막으로, 본서의 출판을 승낙해 주신 형설출판사의 장진혁 사장님과, 본서가 출판될 때까지 모든 과정에 세밀하게 관여해주신 심효섭 상무님께 깊은 감사의 말씀을 드립니다.

2022년 12월

저자

CONTENTS
차 례

제1장 경영관리와 성과지표

1- 1 경영관리의 순환과정 1 … 10
1- 2 경영관리의 순환과정 2 … 12
1- 3 PDCA 사이클 … 14
1- 4 경영관리에 대한 분석틀 … 16
1- 5 경영성과의 '통제'와 '평가'의 중요성 … 18
1- 6 통제활동의 절차 … 20
1- 7 통제를 위한 성과지표의 측정과 효과 … 22
1- 8 지표관리능력 … 24
1- 9 지표관리능력을 갖추게 되면 … 26
1-10 지표관리능력을 어떻게 키울 것인가? … 28

제2장 수지관리에 강해지자!

2- 1 재무제표 … 32
2- 2 재무상태표 … 34
2- 3 손익계산서 … 36
2- 4 손익계산서에서의 5가지 이익 … 38
2- 5 현금흐름표 … 40

제3장 비용관리에 강해지자!

3- 1 식당의 추정 손익계산서 사례 … 44
3- 2 매출액 … 46
3- 3 매출원가 … 48
3- 4 매출총이익 … 50
3- 5 판매비 및 일반관리비 … 52
3- 6 인건비와 매출액 대비 인건비 비율 … 56
3- 7 임대료 … 58
3- 8 수도광열비 … 60
3- 9 광고선전비 … 62
3-10 감가상각비 … 64
3-11 감가상각비 … 66
3-12 감가상각비 … 68
3-13 지급이자 … 70
3-14 세금과 공과 … 74
3-15 영업이익 … 76

제4장 매출관리에 강해지자!

4- 1 왜 매출액이 중요한가? … 80
4- 2 매출액의 발생구조와 산출방법 … 82
4- 3 매출예측, 매출목표, 판매계획과의 관계 … 84
4- 4 매출예측 (1): 이동평균법 … 86
4- 5 매출예측 (2): 3개월 이동평균법 … 88
4- 6 매출목표의 할당 … 90
4- 7 매출목표의 할당 (1) … 92
4- 8 월별 매출목표의 할당 (1) … 96
4- 9 월별 매출목표의 할당 (2): 계절변동 … 98
4-10 주별 매출액과 요일별 매출액 … 102
4-11 요일변동지수 … 104
4-12 시간대별 매출액 … 106
4-13 차이분석 (1): 매출목표 달성률 … 108
4-14 차이분석 (2): 차이율 … 112

제5장 고객관리에 강해지자!

5- 1 매출액의 발생구조 … 114
5- 2 객수 … 116
5- 3 주문방식에 따른 객수 … 118
5- 4 객층별 매출액 … 120
5- 5 내점율 … 122
5- 6 실구매율 … 124

5- 7 재구매율 … 126
5- 8 구매빈도 … 128
5- 9 객단가 … 130
5-10 구매점수 … 132

제6장 상품관리에 강해지자!

6- 1 매출총이익 … 138
6- 2 수익믹스 … 140
6- 3 교차비율 … 142
6- 4 상품회전율 … 144
6- 5 공헌도 분석 … 146
6- 6 구매율 … 148
6- 7 파레토 법칙 … 150
6- 8 ABC 분석 … 152
6- 9 롱테일 법칙 … 154
6-10 객석 회전율 … 156
6-11 객석 가동률 … 158

제7장 가격결정에 강해지자!

7- 1 가격결정 … 162
7- 2 수요곡선과 가격탄력성 … 162
7- 3 가격대 … 166
7- 4 심리적 가격결정 … 168
7- 5 세트가격 … 170
7- 6 특별 세일 … 162
7- 7 POP 광고의 매출증가율 … 174

제8장 재고관리에 강해지자!

8- 1 재고관리와 재고비용 … 178
8- 2 재고의 유형 … 180
8- 3 재고모형 (1): 경제적 주문량(EOQ) … 182
8- 4 정량발주방식 … 174
8- 5 정기발주방식 … 186
8- 6 평균재고액 … 188
8- 7 상품회전율 … 190
8- 8 재고 대비 매출비율 … 192
8- 9 재고일수 … 194
8-10 판매속도 … 198

제9장 직원관리에 강해지자!

9- 1 인건비와 인건비 비율 … 202
9- 2 직원별 매출목표의 할당 … 204
9- 3 직원별 매출목표의 할당1 … 206
9- 4 노동생산성 (1) … 208
9- 5 노동생산성 (2) … 210
9- 6 직원별 노동생산성 … 212
9- 7 노동생산성 (3) … 216
9- 8 노동분배율 (1) … 218
9- 9 노동분배율 (2) … 220
9-10 직원 1인당 매장면적 … 224

제10장 상권분석에 강해지자!

10- 1 입지의 중요성 … 228
10- 2 상권과 상권범위 … 230
10- 3 소매업의 입지선정 원칙 … 232
10- 4 구매력 지수 … 235
10- 5 일본 맥도날드의 상권분석 사례 … 238
10- 6 라일리의 소매인력법칙 … 244
10- 7 컨버스의 신소매인력 법칙 … 246
10- 8 허프모델 … 250
10- 9 수정허프모델 … 252
10-10 케인의 흡인력 모델 … 254
10-11 다항로짓모델 … 256

제11장 손익분기점에 강해지자!

11- 1 손익분기점 분석 (1): 한계이익율 … 260
11- 2 손익분기점 분석 (2): 손익분기점 매출액 … 266
11- 3 손익분기점을 낮추려면? … 268
11- 4 손익분기점 달성률 … 270

11- 5 손익분기점 매출액 비율 … 272
11- 6 안전 한계율 … 274
11- 7 경제성 분석 (1): 현재가치 … 276
11- 8 경제성 분석 (2): 순현가법(NPV) … 278
11- 9 경제성 분석 (3): 내부수익률(IRR법) … 280
11-10 수익성 분석 (1): ROI … 282
11-11 수익성 분석 (2): ROA … 284
11-12 수익성 분석 (3): ROE … 286

제12장 재무분석에 강해지자!

12- 1 재무분석 … 290
12- 2 수익성 비율 … 292
12- 3 유동성 비율 … 294
12- 4 생산성 비율 … 296
12- 5 성장성 비율 … 298
12- 6 활동성 비율 … 300
12- 7 종합분석 … 302

PART 01

경영관리와 성과지표

1.1 경영관리의 순환과정 1

어떤 점포이든 회사가 계속기업(going concern)으로 생존·발전해 나가기 위해서는 이익을 실현해야만 한다.

그래서 회사는 이익을 실현하기 위해서 사업목적에 맞는 사업목표를 세우고 그 목표를 달성하기 위해 사업계획을 수립하고, 사업계획을 실행하기 위한 부서를 조직하고, 그 부서에게 사업계획을 실행하도록 한다.

그리고 실행결과에 대해 평가하고, 그 평가내용을 다음번의 사업계획을 수립하는데 피드백하는 과정을 반복하게 된다. 이러한 활동을 「경영」 또는 「경영관리」라고 한다.

「경영관리(Business Administration Management)」란 무엇인가에 대해서 사전적인 정의에 따르면, "경영관리란 경영에서 업무수행을 효과적으로 행할 수 있게 경영조직을 체계적으로 운영하는 것이다."

한편, 경영학 교과서에서는 "경영관리란 사업의 목표를 달성하기 위한 제반 활동, 과정 또는 수단이다."라고 정의하고 있다.

(1) 「경영관리의 순환과정 1」

「경영관리의 순환과정 1(Business Management Cycle 1)」에서 "경영관리란 회사가 사업의 목적 또는 목표를 달성하기 위해 ❶ 사업계획을 세우고, ❷ 사업계획을 실행하고, ❸ 실행한 결과를 평가하여, 이를 사업계획에 다시 피드백하는 일련의 연속적인 과정이다."라고 정의하고 있다.

이 경영관리의 활동은 일회성으로 끝나는 것이 아니고 지속적으로 반복적으로 이루어져야 하기 때문에 순환과정이라고 명명하고 있다.[1]

[그림 1-1]에 나타난 것처럼, 「경영관리의 순환과정 1」은 세 단계, 즉 사업계획의 수립, 실행, 평가로 구성되어 있다.

---

1 장영광·정기만(2014), 『생활 속의 경영학 제5판』, 신영사, pp.30-32.

❶ 사업계획의 수립(Plan)

사업목적을 달성하기 위해 사업목표를 정하고, 그 목표를 달성하기 위한 활동계획을 세운다.

❷ 실행(Do)

사업계획에 따라 업무를 실행하고, 그 성과를 측정한다.

❸ 평가와 피드백(See)

실행한 성과에 대해 평가한 후, 목표값과 실제값을 비교하여 차이가 발생하였을 경우 그 원인을 찾아내고 대책을 강구한다. 그리고 대책을 다음번의 사업계획을 수립하는데 피드백 한다.

그림 1-1「경영관리의 순환과정 1」

1.2 경영관리의 순환과정 2

「경영관리의 순환과정 1」은 사업에 대한 ❶ 계획수립, ❷ 실행, ❸ 평가·피드백의 과정을 거친다. 이러한 3단계 순환과정에서는, 특히 두 번째 실행단계에서 수행되는 활동이 무엇인지를 명확하게 설명하고 있지 않다. 따라서 3단계 순환과정을 보다 세분화해서 4단계 순환과정으로 발전시키게 되었다. 이것이 「경영관리의 순환과정 2」이다.

「경영관리의 순환과정 2」에서 "경영관리란 회사가 사업의 목적 또는 목표를 달성하기 위해 ❶ 사업에 대한 계획을 세우고(계획화), ❷ 사업계획을 실행하기 위한 조직을 갖추고(조직화), ❸ 리더의 지휘에 따라 실제적인 과업을 지휘하며(지휘화), ❹ 사업계획에 따라 과업이 수행할 수 있도록 통제한다(통제화). 이 결과를 다시 사업계획의 수립에 피드백하는 일련의 연속적인 과정을 반복한다."라고 정의하고 있다.

[그림 1-2]에서 나타낸 것처럼, 「경영관리의 순환과정 2」는 4단계, 즉 계획화, 조직화, 지휘화, 통제화로 구성되어 있다.[2]

❶ 계획화(Planning)

계획화는 회사가 달성해야 할 사업목표를 정하고, 그것을 달성하기 위해 미래를 예견하고 행동방침을 결정하는 것이다. 즉 계획화는 미래에 예견되는 다양한 기회를 분석하고, 평가하고, 선택하는 과정을 통해 회사의 사업목표를 달성할 수 있도록 체계적으로 행동계획을 개발하는 것이다.

❷ 조직화(Organizing)

조직화는 계획화 단계에서 수립된 사업계획을 성공적으로 달성하기 위해 직원 각자의 직무와 상호간의 관계를 규정하는 것이다. 예를 들면 누가 무엇을 할 것인가, 누가 누구에게 보고할 것인가, 누가 그 업무를 수행할 것인가 등에 대해서 구체적으로 결정함으로써, 직원의 직무범위를 결정하고 그에 따르는 권한과 책임을 부여한다.

❸ 지휘화(Leading)

지휘화는 회사의 구성원들이 사업목표를 달성할 수 있도록 그들에게 영향력을 미치는 것

2 전수환(2013), 『에센스 경영학 제4판』, 세경, p.18-19.

이다. 예를 들면 직원에게 업무수행을 잘 할 수 있도록 동기를 부여하고, 리더십을 발휘하고, 커뮤니케이션 채널을 원활하게 하는 것이다.

❹ 통제화(Controlling)

통제화는 사업계획에서 언급된 다양한 업무들이 사업목표를 달성하는 방향으로 진행되고 있는지를 확인하고 감독하는 것이다. 사업계획에 근거하여 실행된 업무의 달성도가 사업계획에서 설정한 목표값을 달성하도록 하기 위해 사업의 계획과 실행 결과의 편차를 측정하고, 그 원인을 규명하며 이를 시정한다.

그림 1-2「경영관리의 순환과정 2」

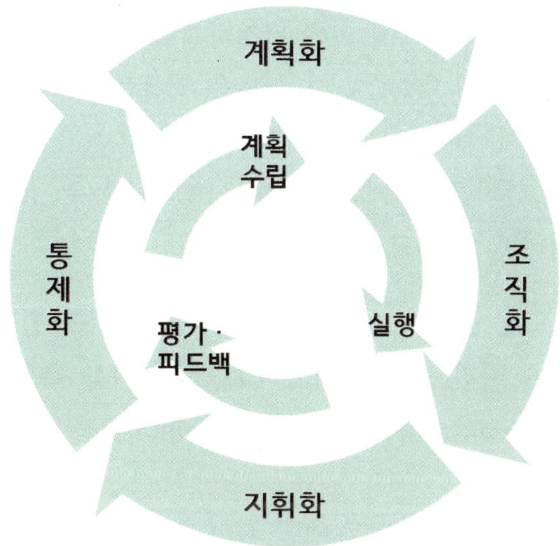

1.3 PDCA 사이클

최근에 많은 회사들이 경영관리를 실행하는 기법으로 「PDCA 사이클」을 활용하고 있다. 「PDCA 사이클」을 최초에 제시한 에드워드 데밍(Edwards Deming)은 제품 및 공정의 개선이나 학습을 위한 단계로서, PDSA 사이클은 Plan(계획) → Do(실행) → Study(고찰) → Act(개선)라는 활동을 순환적으로 반복함으로써 품질의 지속적 개선을 목표로 삼았던 것이다.[3]

실제적으로 피터 드러커(Peter Drucker)가 제창한 목표설정에서부터 피드백 분석에 이르는 일련의 활동은 「PDCA 사이클」에 의해 적절하게 설명할 수 있다. 이러한 이유로 현재는 대부분의 경영활동의 구조에 「PDCA 사이클」을 적용하고 있다.

피터 드러커는 그의 저서 『매니지먼트』에서 목표관리(Management By Objectives, MBO)에 있어서 「PDCA 사이클」을 Plan(계획) → Do(실행) → Check(평가) → Act(개선)이라는 4개의 단계로 설명하고 있다[그림 1 - 3].[4]

❶ Plan(계획): 사업목표를 정하고, 그 목표를 실행하기 위한 활동계획을 세운다.

❷ Do(실행): 사업계획에 따라 업무를 실행하고, 그 성과를 측정한다.

❸ Check(평가, 검증): 측정결과를 평가하고, 결과와 목표를 비교하는 등 세밀한 분석을 통해 개선사항을 찾아낸다.

❹ Act(개선, 대책강구): 실제로 개선사항을 실행하고, 다음번의 사업계획을 수립하는데 반영한다.

점포나 식당을 경영할 때에도 이 「PDCA 사이클」을 반복적으로 순환시켜야 한다. 즉 사업목표를 달성하기 위해 사업계획을 세우고(Plan), 사업계획에 따라 실행하고(Do), 실행한 성과를 평가하고(Check), 그 결과를 수정 · 개선해서(Act) 다음번의 사업계획에 피드백한다. 이 과정을 반복함으로써 음식 맛은 점점 좋아지고, 요리 실력이 부쩍 올라가게 될 것이다.

---

3 「PDSA 사이클」에 대해서 데밍은 "「PDSA 사이클」은 원래 내가 1950년대에 일본에서 가르칠 때 시작한 것으로, 『통계적 품질관리의 기본원리』라는 소책자에 소개되어 있다."고 언급하고 있음. Edwards Deming[김봉균 · 박성균 · 박세학 · 손기호 · 윤기섭 · 홍성훈 역](2004), 『경쟁으로부터의 탈출』, 한국표준협회컨설팅, pp.152 - 154.

4 Peter Drucker[조성숙 · 이건 · 박선영 역](2008), 『피터 드러커의 매니지먼트(Management)』, 21세기북스.

❶ Plan(계획): 음식의 레시피를 만들고 조리순서를 정한다.

❷ Do(실행): 필요한 식재료를 구입하고, 음식을 조리한다.

❸ Check(평가): 조리한 음식에 대해 맛을 보고 평가한다.

❹ Act(개선): 맛을 평가한 후에, 더 맛있게 조리할 수 있도록 개선사항을 찾는다. 그리고 개선사항을 계획에 피드백하는 일련의 과정을 반복한다.

그림 1-3 사업계획과 「PDCA 사이클」

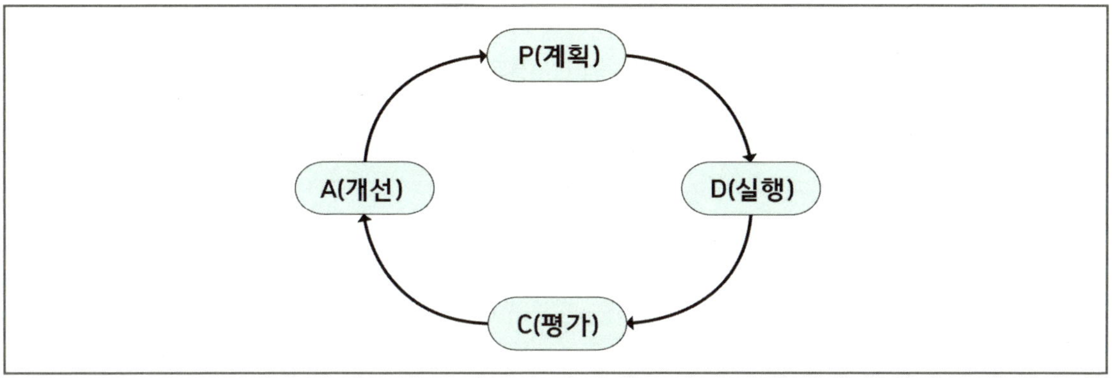

1.4 경영관리에 대한 분석틀

지금까지 「경영관리의 순환과정 1」과 「경영관리의 순환과정 2」, 그리고 「PDCA 사이클」에 대해서 설명하였다. 이 세 가지 모델을 토대로 경영관리의 구조적 순환과정을 사명 → 사업목표 → 사업전략 → 사업계획으로 나타내고 있다[그림 1 - 4].[5]

사명에서부터 사업계획까지, 그리고 계획, 실행, 통제와 평가, 개선과 피드백이라는 4단계 과정을 통해 사업목표를 달성할 수 있게 되고, 결과적으로 점포는 생존과 발전을 보장받게 된다.

(1) 사명

사명이란 회사의 존재 의의와 목적을 규정하여 전략적으로 지향하고 있는 것이 무엇인지를 나타내는 것을 말한다.

(2) 사업목표의 설정

사명을 달성하기 위한 구체적인 사업목표를 설정한다. 사업목표는 회사의 생존과 성장, 매출액의 증가, 시장점유율의 확대, 고객 만족도의 향상 등이 될 수 있다.

(3) 사업전략의 수립

사업목표를 달성하기 위해 자사의 경영자원을 어떤 분야나 활동에 투자할 것인지, 어떤 전략을 선택하고 집중하여 시장에서의 경쟁우위를 획득할 것인지 등의 구체적인 경쟁방식을 선택한다.

(4) 사업계획의 수립

사업전략에 근거하여 사업계획을 세운다. 사업계획의 수립에는 당연히 「PDCA 사이클」과정을 포함한다.

---

5 Philip Kotler · Kevin Lane Keller[조호현 · 신종칠 · 홍성태 · 김동진 역](2009), 『Kotler 마케팅 관리 제3판』, 시그마프레스, p.43.

❶ 계획

사업전략을 개발한 후에는 사업전략을 실행할 구체적인 행동 프로그램을 만든다. 계획은 경영활동의 무엇(What)과 왜(Why)에 관한 것이다.

❷ 실행

사업계획을 실행으로 전환시킨다. 계획이 경영활동의 무엇(What)과 왜(Why)에 관한 것이라면, 실행은 누가(Who), 언제(When), 어디에서(Where), 그리고 어떻게(How)에 관한 것이라고 할 수 있다.

❸ 통제와 평가

사업을 실행하는 동안 발생된 문제점을 찾아내고 처리하기 위해 경영활동을 지속적으로 통제하고 평가한다.

❹ 개선과 피드백

발생된 문제점을 해결할 수 있는 개선사항을 수정 · 제안하고, 이 개선점을 다음번 사업계획에 반영한다.

그림 1-4 경영관리의 순환과정에 대한 분석틀

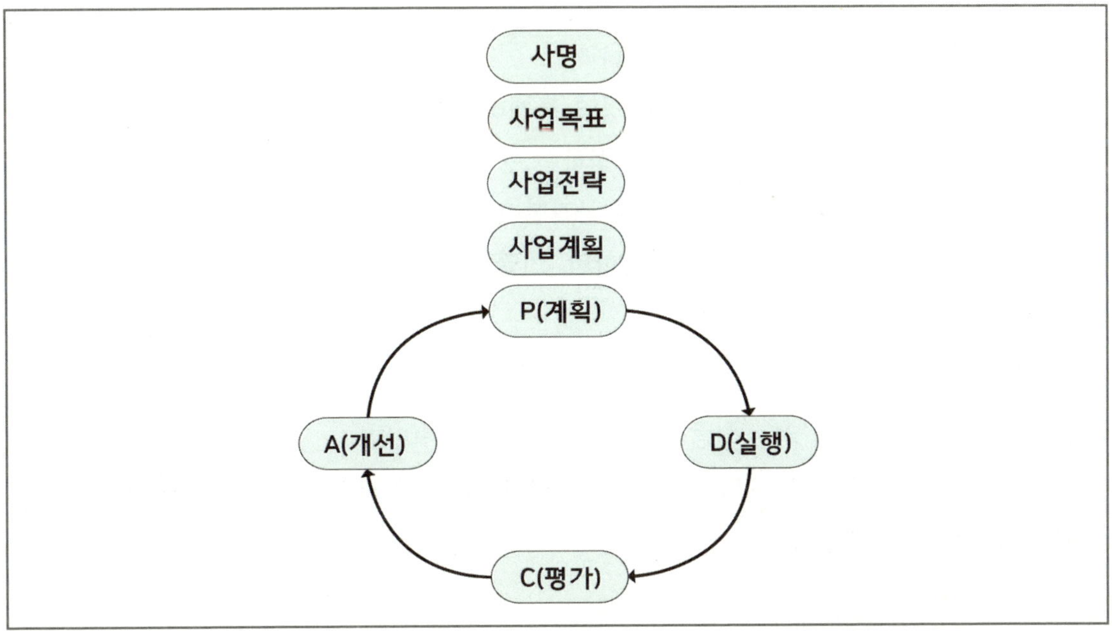

1.5 경영성과의 '통제'와 '평가'의 중요성

경영관리에 대해서 「경영관리의 순환과정 1」에서는 계획, 실행, 평가로 구성되어 있고, 「경영관리의 순환과정 2」에서는 계획화, 조직화, 지휘화, 통제화로 구성되어 있다. 아울러 「PDCA 사이클」에서는 계획, 실행, 평가, 개선으로 구성되어 있다.

경영관리의 여러 활동 중에서 본서에서 특히 주목하는 것은, 「경영관리의 순환과정 1」과 「PDCA 사이클」에서의 평가(Check)와 「경영관리의 순환과정 2」에서의 통제화(Control)이다. 왜냐하면 사업계획을 실행단계로 전환시키는 동안 발생되는 다양한 문제를 처리하기 위해서는 경영활동을 끊임없이 평가하고 통제해야 하기 때문이다.

「평가(Check)」란 "실행성과를 평가하고, 목표값과 실제값을 비교하여 차이가 발생된 경우 그 원인을 찾아내고 대책을 강구한다. 그리고 그 대책을 다음번의 사업계획을 수립하는데 피드백하는 것이다."

「통제(Control)」란 "사업계획에서 언급된 다양한 업무들이 사업목표를 달성하는 방향으로 진행되고 있는지를 확인하고 감독하는 것이다. 사업계획에 근거하여 실행된 업무가 사업계획에 근거한 기준 또는 표준을 달성할 수 있도록 사업의 계획과 실행 결과의 편차를 측정하고, 그 원인을 규명하며, 이를 시정한다."

이 통제를 보다 구체적으로 나타내면 경영 통제라고 할 수 있다. 즉 「경영 통제(Business Control)」란 "경영관리의 순환과정을 구성하는 중요한 활동의 하나로서, 사업계획에 근거하여 실행된 업무의 달성도가 사업계획에 근거한 기준 또는 표준에 도달하도록 계획과 실행 결과의 편차를 측정하고, 그 원인을 규명하며, 이를 시정하는 관리활동이다."라고 정의할 수 있다.

경영관리에서 경영통제는 다음과 같은 측면에서 중요한 의미를 갖는다.[6]

❶ 사업목표의 달성 여부를 최종적으로 확인하는 활동이다.

경영관리의 순환과정의 마지막 단계로서, 경영관리의 순환과정을 마무리하고 다음번 사업계획의 수립에 피드백한다.

6 장영광 · 정기만(2014), p.282.

❷ 생산성에 큰 영향을 미친다.

직원들의 업무 수행상의 실수나 오류를 정정함으로써 생산성을 높인다.

❸ 권한위임을 촉진시킨다.

효율적인 회사에서는 반복적이고 일상적인 업무에 대한 권한은 부하에게 위임하고, 상급자는 창조적이고 비반복적인 업무에 집중한다. 따라서 위임되는 권한이 많을수록 통제활동은 더욱 중요해진다.

❹ 환경변화에 대응할 수 있다.

예상치 못한 환경변화가 발생했을 경우, 경영관리자가 회사에 적절한 대응방안을 제시함으로써 환경변화에 조직적으로 대응할 수 있다.

❺ 체계적인 통제활동의 중요성이 강조되고 있다.

회사의 규모가 점점 커지고 있고 업무환경이 복잡해지고 있기 때문에, 체계적인 통제활동의 중요성이 더욱 강조되고 있다.

그림 1-5 경영성과의 통제와 평가의 중요성

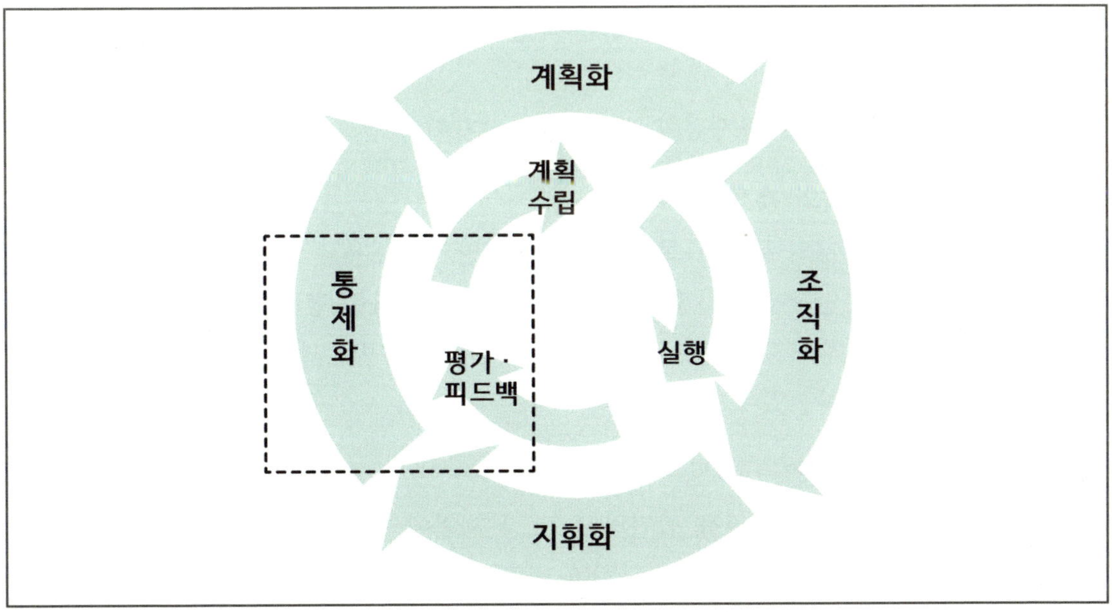

1.6 통제활동의 절차

경영통제의 절차는 통제의 목적과 목표설정 → 성과측정 → 문제발견 → 해결책 강구 → 수정행동으로 진행된다.

❶ 제1단계: 통제의 목적과 목표설정

통제를 하기 위한 첫 단계는 우선 통제의 목적 또는 목표가 명확해야 한다. 즉 경영성과를 측정하고 평가할 때 무엇이 중요하며, 어떤 것을 알아야 하는지를 명확하게 이해해야 한다는 것이다.

경영성과를 측정하고 평가하여, 앞으로 회사를 어떤 방향으로 이끌어갈 것인지에 대한 명확한 통제목적을 설정하지 않으면, 아무리 많은 자금과 시간을 투입하더라도 통제의 목적을 달성하지 못하게 된다.

통제의 목적에는 다음 항목을 포함하고 있다.

- 회사의 생존과 발전을 위한 이익의 실현
- 시장에서의 경쟁우위를 획득하기 위한 매출액과 시장섬유율의 확보
- 고객만족 또는 고객가치의 향상
- 회사가 직면하고 있는 문제점의 발견 및 시장기회의 창출

❷ 제2단계: 경영성과의 측정

제1단계에서 경영통제의 목적과 목표가 정해지지만, 그 내용은 개략적인 것에 불과하다. 따라서 2단계에서는 1단계에서 설정한 평가항목에 대한 성과를 정확하게 측정할 수 있어야 한다. 경영성과를 측정함으로써 자사의 현재 상태, 문제점의 발굴과 원인, 그리고 원인에 대한 개선책을 찾아낼 수가 있다.

❸ 제3단계: 문제의 발견

회사가 직면하고 있는 문제점을 발견하고, 그 문제점에 대한 적절한 해결책을 강구하기 위해서 사전에 정해진 목표값(또는 기준값)과 비교해서 어느 정도 달성하였는지, 그리고 목표값을 달성하려면 어느 정도의 노력을 해야 하는지를 평가할 수 있어야 한다.

매출액, 비용, 이익 등과 관련된 실제값을 목표값과 비교함으로써 그 수치들이 가지고 있는 의미를 완벽하게 이해할 수 있게 된다. 여기서 말하는 목표값이란 계획단계에서 설정한

달성해야 할 기준값을 말한다.

자사의 실제값을 평가할 때는 어떤 기준값과 비교하지 않으면 판단하기가 어려워진다. 기준값으로 사용되는 항목은 세 가지이다.

- 자사의 사업목표나 과거의 경영성과
- 경쟁사의 경영성과
- 동일업종의 산업평균

경영평가를 측정한 결과, 기준값과 차이가 난 항목에 대해서는 그에 대한 원인과 배경을 찾아내야 한다.

❹ 제4단계: 해결책 강구

자사의 실제값은 자사의 사업목표, 과거의 경영성과, 경쟁사 또는 산업평균 등과 비교하면 차이가 날 것이다. 자사의 실제값이 기준값보다 높을 수도 있고 낮을 수도 있다. 그 차이는 자사의 현재 모습을 보여주는 특징이 되고, 그 특징은 자사의 강점이 되기도 하고 약점이 되기도 한다.

자사의 강점은 무엇인가? 자사의 강점이 확실한가? 강력한 경쟁사가 출현하면 연기처럼 사라져버릴 정도로 약한 강점이 아닌가? 또한 자사의 약점은 무엇인가? 정말 그것이 약점이 되는 것일까? 약점이 생기는 원인은 무엇인가? 그렇다면 그 약점을 극복하기 위한 해결책은 무엇인가?

이러한 것들을 자사의 실제값과 기준값과 비교하면서 깊이 고찰해보는 것이 필요하다.

❺ 제5단계: 수정행동

마지막 단계에서는, 측정된 실제값이 기준값에 미달할 때에는 대책을 강구하여 수정행동을 취하게 된다.

수정행동을 취할 때에는 기준값에 못 미치는 상황에 대한 '문제'와 '증상'을 구별하여 대처해야 한다. 문제라는 것은 회사의 달성목표를 저해하는 요인이고, 증상이라는 것은 문제가 있다는 신호이다. 자칫 증상을 문제로 잘못 판단하게 되면 수정행동에 실패하게 된다. 수정행동은 증상이 아닌 문제를 제거하는 것에 초점을 맞춰야 한다.

1.7 통제를 위한 성과지표의 측정과 효과

오래 전부터 성과지표의 측정에 대한 중요성에 대해서 많은 연구자들이 강조해 오고 있다.

윌리암 켈빈(William 경은 "당신이 말하고 있는 것을 측정할 수 있고 또 숫자로 나타낼 수 있다면, 당신은 그것에 대해 무엇인가를 알 수 있다는 것이다. 그러나 측정할 수 없고 숫자로 나타낼 수 없다면, 당신은 당신이 말하고 있는 것을 잘 모르고 있다는 것이다. 그것이 지식의 시작일 수 있지만 아직 당신의 생각 속에 있을 뿐 과학의 무대로 나아가기에는 부족하다."

품질관리의 세계적인 권위자인 에드워드 데밍 교수는 "측정가능한 모든 것을 측정하라, 그리고 측정이 힘든 모든 것을 측정가능하게 만들어라."라고 말했다.

동일한 맥락에서 피터 드러커 교수도 "측정할 수 없다면 관리할 수 없고 관리할 수 없으면 개선할 수도 없다."라고 강조하고 있다.

이처럼 성과지표의 측정에 대한 중요성은 점포경영이 성과지표와 밀접하게 관련되어 있기 때문에 경영과 성과지표를 분리시켜 생각할 수 없다는 것이다.

예를 들어 점포에서 월 매출액이 1,000만 원이라고 할 때, 이 매출액을 올리기 위해 비용은 어느 정도 투입하였고, 그래서 최종적으로 이익이 어느 정도 실현되었는지를 파악할 수 있어야 한다. 그리고 매출액, 비용, 이익 등에 대한 지표값이 기준값과 비교해서 높은지 아니면 낮은지를 판단할 수 있어야 한다.

성과지표를 활용한 경영관리를 통해 얻게 되는 효과는 다음과 같다.[7]

❶ 회사의 문화를 바꾼다.

성과지표의 측정을 계량화함으로써 경영성과를 객관적인 관점에서 파악할 수가 있다. 다양한 업무를 주먹구구식으로 처리하는 방식에서 벗어나 계량화의 방식으로 전환함으로써 개인의 사고방식이나 조직의 문화를 변화시킬 수 있다.

❷ 숫자에 강한 인재를 육성할 수 있다.

성과지표의 관리는 모든 경영활동과 과정을 숫자로 표현하고, 그 결과를 숫자로 분석하고

---

7 류철호 · 신종섭(2010), 『전략적 숫자경영』, 성안당, pp.20 - 26.

판단한다. 따라서 지표관리를 위해서는 숫자에 강한 인재가 필요하게 된다.

❸ 높은 성과를 내는 조직을 만든다.

일반적으로 한국의 회사들은 전략을 세우고, 그 전략과 연계된 성과지표를 설정·관리해 나가는 역량이 부족하다. 전략을 수립해도 지표가 없으면 그 전략이 바르게 진행되고 있는지 알 수 없다. 그러므로 경영성과를 달성하기 위해서는 핵심성과지표를 설정하고, 숫자로 관리하고 측정해야 한다.

❹ 커뮤니케이션을 강화한다.

사람과 사람 간의 가장 일반적인 커뮤니케이션 수단은 언어이다. 그러나 언어는 두 가지 치명적 단점을 가지고 있다. 하나는 불완전하고 추상적 특징을 갖는다는 점이며, 다른 하나는 휘발성의 속성을 갖는다는 점이다.

이 두 가지 단점을 극복하는 최선의 방법은 의미 전달이 명확한 숫자를 활용하는 것이다. 그 이유는 개념적인 표현보다 숫자로 이야기하는 것이 논리적이고 설득력을 갖기 때문이다.

1.8 지표관리능력

경영성과와 관련된 지표를 이해하고 활용하기 위해서는 지표관리능력이 필요하다. 「지표관리능력」이란 "현재의 경영상태를 수치로 평가하고, 그 지표값의 원인과 배경을 분석하여, 더 나은 경영성과를 달성하기 위한 해결책을 강구하는 것이다."라고 정의할 수 있다.

이 정의를 보다 구체적으로 설명하면 다음과 같다.

❶ 현재의 경영상태를 관찰하고 평가하는 것이다.

보다 구체적으로 현재의 경영상태를 수치로 평가한다고 하는 것은 자사와 경쟁사가 속한 산업계의 평균값을 이용하여 자사가 어떤 상태에 처해있는지를 파악하는 것이다.

❷ 지표값의 원인과 배경을 탐색하는 것이다.

성과측정을 통해 산출된 실제값에 대한 원인과 배경을 탐색하기 위해 중요한 설득 자료가 되는 것이 지표이다. 이 지표값을 분석하고, 고찰하고, 아이디어를 찾고, 활용하여 다른 사람을 설득하기도 하고, 개선책을 제안하는 것이다.

❸ 더 나은 경영성과를 달성하기 위한 해결책을 강구하는 것이다.

자사의 실제값과 산업계의 평균값과 비교하면 차이가 난다. 그 차이는 자사의 특징이 된다. 그 특징은 자사의 강점과 약점이기도 한다. 자사의 강점은 무엇인가, 자사의 강점이 확실한가, 강력한 경쟁사가 인근에 출점하게 되면 사라져버릴 정도의 강점은 아닌가?

또한 자사의 약점은 무엇인가, 정말 그것이 약점인가, 왜 약점이 발생하였는가, 약점을 극복하기 위해 여러 해결책을 실행해봤는가?

이러한 것들을 자사의 실제값과 산업계의 평균값을 서로 비교하면서 차분하게 자문자답하는 것이다. 즉 깊이 고찰해보는 것이다.

결론적으로 지표관리능력이란 자사를 보는 객관적인 안목을 가지고, 자사의 강점과 약점을 파악한 후에, 그에 대해 적절한 대책을 강구하고, 이 대책을 실행하려는 용기를 가지는 것이라고 할 수 있다.

그림 1-6 지표관리능력

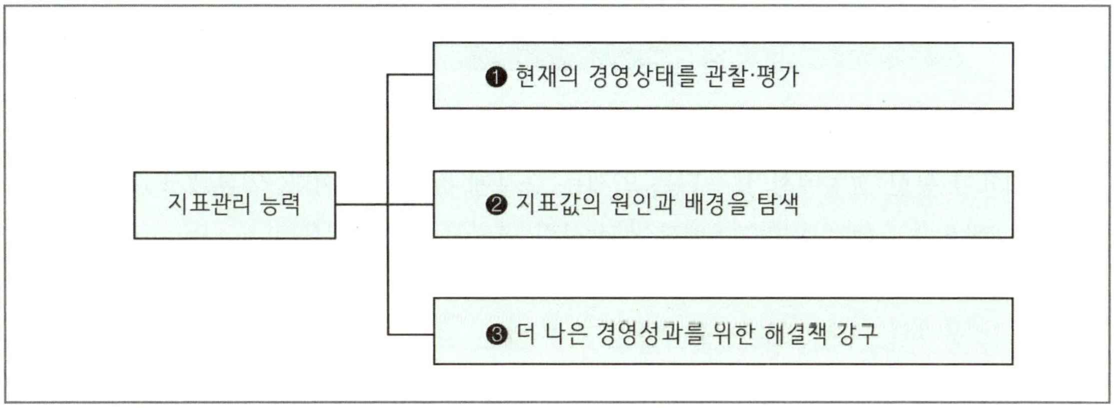

1.9 지표관리능력을 갖추게 되면

성과지표를 통한 경영에서 요구되는 인재는 숫자에 강한 사람이다. 일본에서 6년 만에 매출 30배, 점포수 12배, 직원수 5배를 성장시킨 나카오 류이치로(Nakao Ryuichiro)는 경영에 있어서 숫자의 필요성에 대해서 다음과 같이 강조하고 있다.[8]

"비즈니스를 하는 사람으로서 숫자를 챙기지 않는 것은 직무유기이다. … 매출, 이익, 비용, 손익분기점 등 회사의 일은 모두 숫자로 표현된다. 숫자로 말할 수 없다는 건 업무를 놓치고 있다는 것이다."

류철호 · 신종섭(2010)은 숫자에 강한 인재의 특징을 다음과 같이 기술하고 있다.[9]

❶ 숫자에 대해 지속적인 관심을 가진다.

특히 대부분의 CEO들은 매출액, 비용, 이익 등 회계와 관련된 항목과 포괄적 지표들에 관심을 가지고 있고, 그 지표가 어떻게 변하는지를 관심있게 관찰한다.

❷ 논리적으로 생각한다.

숫자에 강한 사람은 자신의 주변에서 일어나는 현상에 대해 숫자의 논리로 생각하는, 즉 숫자사고를 하는 사람이다. 숫자사고(數字思考)란 숫자를 사용하여 현상을 보다 논리적으로 파악하고 추론하는 힘을 말한다.

❸ 숫자에 숨겨져 있는 의미를 파악한다.

경영을 잘하는 경영자는 숫자에 강해서 잘못된 수치를 금방 파악한다. 그들은 '잘 팔린다.', '대충 그 정도다.'라는 막연한 표현을 싫어한다.

❹ 숫자 간의 연관성을 파악한다.

숫자 간의 연관성을 파악한다는 것은 특정 숫자와 다른 숫자를 연계시켜 생각한다는 것을 의미한다. 숫자에 강한 경영자는 이러한 연관성을 파악하여 대응을 잘하는 사람이다.

---

8 Nakao Ryuichiro[이정현 역](2020), 『일 잘하는 사람들은 숫자에 강합니다』, 더 퀘스트, p.6.

9 류철호 · 신종섭(2010), pp.22 - 24.

❺ 숫자로 측정가능한 목표를 세운다.

숫자로 정하지 않은 목표는 목표가 아니라 구호일 뿐이다. 목표는 수치화·계량화되고 측정가능할 때 목표달성에 대한 결과와 그 결과를 평가할 수 있다. 숫자로 표현되어 있지 않으면 목표값과 비교해서 어느 정도 달성하고 있는지에 대해 어느 정도의 진행 상태나 결과에 대한 측정이 어렵거나 불가능하다.

❻ 감성적인 자신을 숫자로 보완한다.

현명한 선택을 하기 위해서는 의사결정을 할 때 숫자를 사용함으로써 자신을 객관화시킬 필요가 있다. 숫자에 강한 사람은 일을 처리하는 과정마다 수치를 명시해 막연한 목표를 더욱 구체화시키고, 시간이 지나면 해결될 것이라는 안일한 생각을 버리는 사람이다.

1.10 지표관리능력을 어떻게 키울 것인가?

숫자에 강해지면 이익에 크게 공헌할 수 있다. 이것은 경영이 숫자와 깊이 관련되어 있기 때문에 경영과 숫자를 분리시켜 생각할 수 없다고 하는 반증이 된다.

숫자를 활용한다는 것은 그저 숫자만을 계산하는 것이 아니라, 그 숫자가 내포하고 있는 여러 가지 의미를 이해하고, 그것을 개선책으로 연결할 수 있어야 한다는 것이다.

앞 절에서 「지표관리능력」에 대해서 정의한 것처럼, 지표관리능력이란 현재의 경영상태를 지표값으로 평가하고, 그 지표값의 원인과 배경을 분석하여, 더 나은 경영성과를 달성하기 위한 해결책을 제안하는 것이다.

따라서 지표관리능력을 키우기 위해서는 회사에서 사용되고 있는 다양한 숫자가 갖는 의미를 이해하고, 그것들을 활용하고, 응용할 수 있어야 한다. 그러기 위해서는 다음 사항을 늘 유념하고 실천하도록 해야 한다.[10]

❶ 항상 의식적으로 지표로 표현한다.

매출액, 비용, 이익 등 애매모호한 용어를 구체적인 지표로 나타낸다.

❷ 본인 스스로 지표를 다룬다.

성과지표를 이해하기 위해 본인 스스로 지표를 작성한다. 수계산, 전자계산기, 컴퓨터 엑셀 등을 사용할 수 있어야 한다.

❸ 본인 스스로 지표를 관리한다.

여러 지표 중에서도 기본지표 또는 핵심지표는 본인 스스로 관리할 수 있도록 한다.

❹ 본인 스스로 지표를 가공한다.

본인이 이해하기 위해 또는 상대방을 납득시키기 위해 본인 스스로 지표를 가공하여 알기 쉽게 표나 그래프로 파악한다.

10 Katagiri Tadashi(2002), 『계수관리』, Kanki 출판, p.26.

❺ 지표와 관련시켜 해결책을 모색한다.

현재 회사가 직면하고 있는 문제점에 대한 해결책을 강구하여 실행하도록 한다. 이것이 매출증가, 비용절감, 이익실현, 나아가 지속가능한 경영과 연결되는 것이다.

표 1-1 지표관리능력

관리능력	구체적인 사항
❶ 이해능력	평상시부터 회사에서 사용되고 있는 성과지표를 정확히 이해하고, 문제가 발생하였을 때 그 원인을 파악할 수 있는 지표를 발굴할 수 있는 능력이 요구된다.
❷ 활용능력	회사에서 필요한 지표를 이해하였다면, 실제로 경영과 관련된 지표를 활용할 수 있는 능력이 요구된다.
❸ 응용능력	회사에서 세운 목표를 항상 달성할 수는 없지만, 그러한 상황에서도 성과지표에 근거하여 분석하고 대책으로 연결시킬 수 있는 능력이 요구된다. 평상시에도 지표로 판단하고 대책을 강구하는 습관을 갖는 것이 필요하다.

memo

PART 02

수지관리에 강해지자!

2.1 재무제표

회사는 일정 기간의 경영성과와 재무적인 상태를 파악하기 위해 각종 장부를 마감하는 결산을 하게 된다.

「결산」이란 회계기간 말에 장부를 마감하여 자산 · 부채 · 자본의 상태를 조사하고, 발생한 수익과 비용을 비교하여 경영성과를 파악하는 절차를 말한다. 그리고 「결산서」란 회사가 어느 정도 수익을 올리고 있는지 회사에 대한 정보를 망라한 것으로, 재무제표를 말한다.

「재무제표(Financial Statement)」란 회계상 회사의 재무현황을 기록하여 보고하기 위한 문서로서, 회사의 경영에 따른 재무상태를 파악하기 위해 회계원칙에 따라 간단하게 표시한 재무 보고서를 말한다.

재무제표 중에서도 ❶ 재무상태표(F/P), ❷ 손익계산서(P/L), ❸ 현금흐름표(C/F)는 그 중심에 있는 주요 보고서이다. 이 외에도 ❹ 제조원가명세서(제조원가의 내역을 기재함), ❺ 이익잉여금처분계산서(이익잉여금의 처분방식을 기재함), ❻ 부속명세서(영업활동의 내용을 기재함)를 포함하고 있다.

❶ 재무상태표(Statement of Financial Position, F/P)

「재무상태표」는 대차대조표(Balance Sheet, B/S)라고도 하며 주주, 채권자, 기타 이해관계자에게 회사의 재무상태를 명확히 보고하기 위해 일정시점에 있어서 자산, 부채, 자본을 일정한 기준에 따라 구분 · 분류 · 배열하여 기재한 재무제표를 말한다.

재무상태표는 회계연도의 재산상태를 나타내고 있기 때문에 재산목록이라고 할 수 있다. 회사는 자기자금뿐만 아니라 주주로부터 출자를 받거나, 은행에서 차입하여 자금을 조달하는데 이것을 「자금의 조달」이라고 한다. 한편, 조달된 자금으로 생산과 판매활동에 필요한 것들을 매입하게 되는데 이것을 「자금의 운용」이라고 한다.

❷ 손익계산서(Statement of Product and Loss, P/L)

「손익계산서」는 회사가 일정 기간 제품을 생산하여 고객에게 판매하여 그 대가로 획득한 수익을 산정하고, 그 수익을 획득하기 위해 투입된 비용을 산출하여 순이익을 나타내는 재무제표를 말한다.

손익계산서는 회사에 들어온 수익과 그것을 획득하기 위해 지출된 비용과의 차액, 즉 이익을 나타내고 있다. 손익계산서는 크게 수익, 비용, 이익으로 구성된다.

❸ 현금흐름표(Statement of Cash Flow, C/F)

「현금흐름표」는 일정 기간 회사의 현금상태가 어떻게 변했는지를 보여주는 재무제표로서, 영업활동, 투자활동, 재무활동으로 인한 현금의 흐름을 나타낸다.

현금흐름표는 현금조달과 현금운영에 대한, 그리고 현금의 증감액에 대한 유용한 정보를 제공한다. 현금흐름표를 통해서 미래의 현금흐름, 이익의 질, 영업활동 수행능력, 지급능력, 투자활동과 재무활동 거래가 재무상태에 미친 영향에 대한 정보를 얻을 수 있다.

[그림 2 - 1]은 재무상태표, 손익계산서, 현금흐름표와 관계를 나타내고 있다.[1]

그림 2 - 1 재무상태표, 손익계산서, 현금흐름표와의 관계

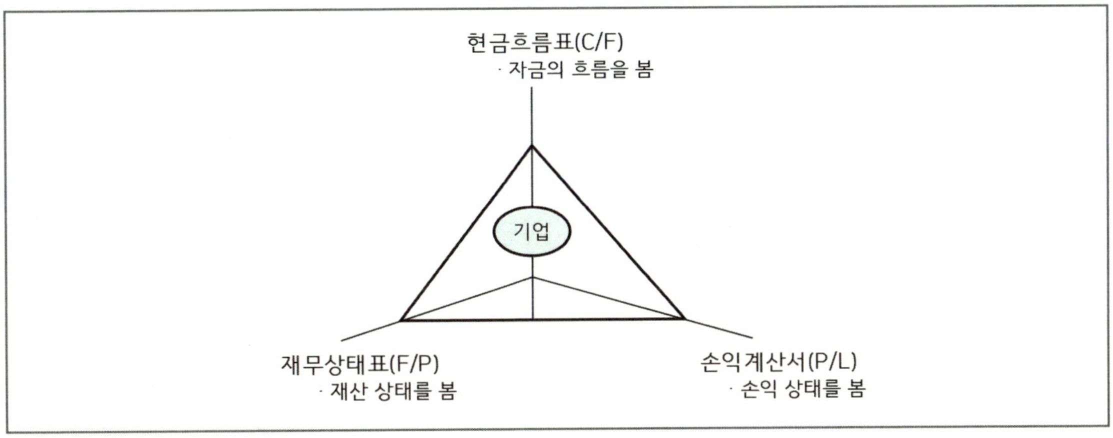

1 Ishigami Yoshio(2006), 『회사의 숫자에 강하게 되는 책』, Kanki 출판, p187.

2.2 재무상태표

결산서 중에서 가장 대표적인 보고서가 재무상태표와 손익계산서이다.

「재무상태표(Statement of Financial Position, F/P)」란 대차대조표(Balance Sheet, BS)라고도 하는데, 일정시점에 회사가 통제하고 있는 경제적 자원인 자산과 경제적 의무인 부채, 그리고 자본에 대한 정보를 제공하는 재무보고서를 말한다.[2]

재무상태표는 다음과 같은 유용한 회계정보를 제공하여 준다.[3]

- 회사의 유동성 상태나 지급능력에 관한 정보 및 손익에 관한 보완적 정보를 제공한다.
- 회사의 자본구조, 재무구조의 건전성에 관한 정보를 제공한다.
- 미래의 회사활동 예측에 유용한 정보를 제공한다.

재무상태표는 회계연도의 재산상태를 나타내고 있기 때문에 재산목록이라고 할 수 있다. 즉 회사는 어디에서 자금을 조달하였고(부채+자본), 이 자금을 어떻게 투자하였는지(자산)를 나타낸다. 재무상태표의 부채 · 자본 계정은 자금의 조달방법을, 자산 계정은 조달된 자금의 운용방법을 나타낸다.

회사는 조달된 자금을 활용하여 이익을 확보해야 하기 때문에 회사의 역할은 자금의 조달과 운용이라 할 수 있다. 즉 재무상태표의 우측에 있는 대변으로 회사에서 사용할 자금이 들어오고, 이 조달된 자금의 사용방법은 좌측에 있는 차변에 나타난다.

재무상태표를 구성하는 주요 항목은 자산, 부채, 자본이고, 이에 대한 정의는 다음과 같다.[4]

❶ 자산(Asset)

자산은 과거 사건의 결과로 회사가 현재 통제하고 있고, 미래 경제적 효익이 회사에 유입될 것으로 기대되는 자원을 말한다.

❷ 부채(Liability)

부채는 과거 사건에 의해 발생하였고, 회사가 현재 부담하고 있는 미래 경제적 효익이 내재된 자원이 회사로부터 유출됨으로써 이행될 것으로 기대되는 의무를 말한다.

---

2 이효익 · 최관 · 백원선 · 최영수(2019), 『IFRS 회계원리 제9판』, 신영사, p.244.
3 박진우(2019), 『외식경영 노하우』, 플랜비디자인, p.225.
4 김기동 · 임태종(2019), 『IFRS 회계원리 제2판』, (주)샘앤북스, pp.2 - 6.

❸ 자본(Equity)

자본은 회사의 자산에서 모든 부채를 차감한 잔여지분을 말한다. 잔여지분이란 배당이나 청산 시 주주의 권리가 채권자의 권리보다 후순위임을 의미한다.

예를 들어 본인이 보유하고 있는 자금(자본금) 3억 원과, 은행으로부터 차입한 부채 2억 원을 합한 5억 원으로 식당을 창업한다고 가정하자. 이 창업자금 5억 원으로 전세금과 권리금, 주방설비, 간판 및 인테리어, 식자재비 등에 지출하고, 나머지 금액은 예금으로 보유한 경우, 재무상태표는 다음과 같이 작성한다.

표 2-1 재무상태표(계정식)의 예시 (단위: 만 원)

자산	금액	부채 · 자본	금액
가맹비	8,000	부채	20,000
보증금	10,000		
전세금	10,000		
권리금	5,000		
주방설비	3,000	자본금	30.000
간판 및 인테리어	6,000		
식자재비	1,000		
비품	1,000		
예금	6,000		
자산 합계	50,000	부채 및 자본 합계	50,000

2.3 손익계산서

회사는 1년 동안 경영활동을 실행한 후 그 경영성과에 대한 성적표를 작성하게 되는데, 그 대표적인 것이 손익계산서이다.

「손익계산서(Profit and Loss Statement, PL)」란 일정 기간 회사의 경영활동에 따른 재무적 성과, 즉 수익성에 관한 정보를 제공해 주는 재무제표를 말한다. 손익계산서는 수익과 비용으로 구성되어 있고, 수익에서 비용을 차감한 후 남는 금액은 이익으로 보고된다. 반대로 수익보다 비용이 많으면 손실이 발생하게 된다.[5]

손익계산서가 제공하는 회계정보는 다음과 같다.[6]

- 회사의 경영성과에 대한 결과를 알 수 있는 정보를 제공한다.
- 수익 및 비용의 발생원천에 대한 정보를 제공한다.
- 경영자의 경영능력이나 업적을 평가할 수 있는 정보를 제공한다.

손익계산서를 구성하는 주요 항목은 크게 수익, 비용, 이익이며, 이에 대한 정의는 다음과 같다.

❶ 수익(income, revenues)

수익은 자산의 유입이나 증가 또는 부채의 감소에 따라 자본의 증가를 초래하는 일정 기간에 발생한 경제적 효익의 증가를 말한다. 가장 대표적인 것이 매출액이다.

❷ 비용(expense, cost)

비용은 자산의 유출이나 사용 또는 부채의 증가에 따라 자본의 감소를 초래하는 일정 기간에 발생한 경제적 효익의 감소를 말한다. 여기에는 매출원가, 판매비 및 일반관리비, 법인세 등이 포함된다.

❸ 이익(profit)

이익에는 5가지가 있다. 매출액에서 매출원가를 제한 매출총이익을 포함해서, 영업이익, 경상이익, 법인세비용차감전순이익, 당기순이익으로 구분된다.

---

5 이효익 · 최관 · 백원선 · 최영수(2019), p.36.
6 박진우(2019), p.233.

표 2-2 손익계산서(계정식)

항목	금액
매출액❶	×××
(−) 매출원가❷	×××
매출총이익❸ (=❶−❷)	×××
(−) 판매비 및 일반관리비❹	×××
영업이익❺ (=❸−❹)	×××
(+) 영업외 수익❻	×××
(−) 영업외 비용❼	×××
경상이익❽ (=❺+❻−❼)	×××
(+) 특별이익❾	×××
(−) 특별손실❿	×××
법인세비용차감전순이익⓫ (=❽+❾−❿)	×××
(−) 법인세 비용 등⓬	×××
당기순이익⓭ (=⓫−⓬)	×××

2.4 손익계산서에서의 5가지 이익

손익계산서를 검토할 때는 무엇보다도 이익을 어느 정도 실현했는지에 큰 관심을 갖게 된다. 왜냐하면 회사의 목표가 이익을 극대화하는데 있다고 가정하고, 실제로 이 가정에 대해서 대부분의 경우 타당하다고 생각하기 때문이다.

물론 회사에게 있어 모두가 매출액의 증가를 기대하지만, 매출액의 증가가 최종목적은 아닐 것이다. 매출액의 증가와 함께 어느 정도의 이익을 실현했는지가 최종목적이 아닐까 생각한다.

이익이 가지고 있는 가장 중요한 의미는 회사를 발전시키고 성장시키기 위해 반드시 실현시켜야 하는 숙명이기도 하다. 왜냐하면 회사의 성장을 위해 투자할 수 있는 것은 이익밖에 없기 때문이다.

그렇다면 이익은 어떻게 정의하는가? 회사가 생산한 제품을 판매하여 벌어들인 금액을 총수입(total revenue)이라 하고, 총수입을 올리기 위해서 경영자원을 투입하는데 지출된 금액을 총비용(total cost)이라고 한다. 총수입 중에서 총비용을 충당하고 남은 부분을 이익(profit)이라고 한다.

이익 = 총수입 − 총비용

예를 들어 점포의 월 총수입이 5,000만 원, 총비용이 4,500만 원일 때 이익은 다음과 같다.

이익 = 5,000만 원 − 4,500만 원 = 500만 원

손익계산서에 나타나는 이익은 5가지이다.

❶ 매출총이익: (매출액 – 매출원가)

「매출총이익」은 매출액에서 매출원가를 차감한 금액을 말한다. 예를 들어 제품 A의 가격이 10,000원, 제품 A를 생산하기 위해 들어간 재료비가 4,000원인 경우, 매출총이익은 6,000원(10,000원 - 4,000원)이 된다. 이처럼 매출총이익은 원가 이외의 비용을 반영하지 않은 이

익을 말한다.

❷ 영업이익: (매출총이익 – 판매비 및 일반관리비)

「영업이익」은 매출총이익에서 판매비 및 일반관리비를 차감한 금액을 말한다. 판매비 및 일반관리비는 제품의 매출액을 올리기 위해 필요한 판매활동과 회사를 유지 · 관리하기 위해 발생하는 비용을 말한다.

❸ 경상이익: (영업이익 – 영업외수익과 비용)

「경상이익」은 영업이익에 영업외수익을 가산하고, 영업외비용을 차감한 금액을 말한다. 영업이익과 영업외수익의 합계가 영업외비용을 초과하면 경상이익은 플러스(+)가 된다. 즉 경상이익은 영업활동 이외의 활동으로 발생된 손익을 가감한 회사 전체의 이익을 말한다.

❹ 법인세비용차감전순이익: (경상이익 – 특별이익과 손실)

「법인세비용차감전순이익」은 경상이익에 특별이익을 가산하거나 특별손실을 차감한 금액을 말한다. 경상이익과 특별이익의 합계가 특별손실을 초과하면 법인세비용차감전순이익은 플러스(+)가 된다.

❺ 당기순이익: (법인세비용차감전순이익 – 법인세 비용 등)

「당기순이익」은 법인세비용차감전순이익에서 법인세 비용을 차감한 금액으로, 해당 결산기의 최종적인 이익을 말한다.

그림 2-2 손익계산서에서의 5가지 이익

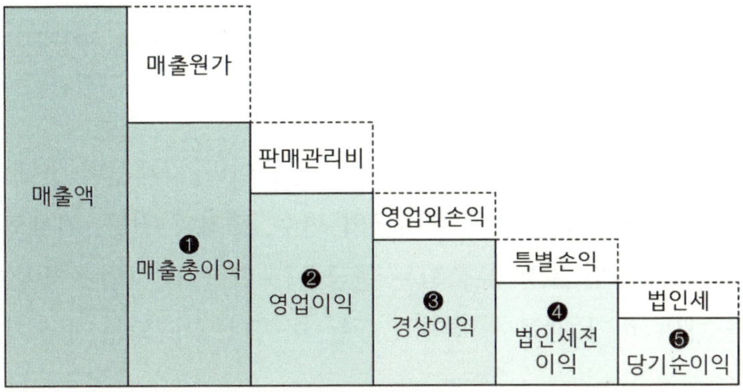

2.5 현금흐름표

제너럴 일렉트릭(GE)의 전 회장 잭 웰치(Jack Welch)는 경영관리의 중요한 대상으로 현금흐름의 중요성을 다음과 같이 강조하고 있다.

"우리들은 모든 것을 평가할 수 있지만, 실제로 이를 제대로 이해하고 있는 경우는 드물다. 회사를 평가하는데 가장 중요한 세 가지 요인은 고객 만족도, 직원 만족도, 그리고 현금흐름이다. 그리고 원활한 현금흐름은 회사가 살아있음을 의미하는 맥박과도 같다."[7]

「현금흐름표(Statement of Cash Flows, CF)」란 일정 기간 회사의 현금이 어떻게 조달되고 사용되는지를 나타내는 재무제표를 말한다.[8] 현금흐름표의 작성은 재무상태표나 손익계산서를 작성할 때 적용되는 발생주의가 아니라, 현금주의에 근거해서 작성한다.

현금흐름표는 영업활동, 투자활동, 재무활동으로 구분하여 현금흐름의 정보를 제공한다. 이 중에서 가장 중요한 것은 영업활동으로 창출된 현금흐름이다. 왜냐하면 이것은 회사가 본업을 통해서 현금을 어느 정도 창출하였는지를 나타내는 것이기 때문이다.

❶ 영업활동으로 창출된 현금흐름(영업 C/F)

「영업활동 현금흐름」은 회사의 주된 수익을 창출하는 활동으로서, 제품의 생산과 판매에 의한 현금의 증감을 말한다. 즉 영업활동 현금흐름은 제품의 판매로부터 유입되는 현금과, 이러한 제품을 생산하거나 구매하기 위해 지출되는 현금을 말한다.

- 현금 유입: 제품 등의 판매에 따른 현금유입, 수입이자, 수입배당금 등
- 현금 유출: 원재료·상품 등의 구입, 직원에 대한 현금 지출, 이자비용 등

❷ 투자활동으로 창출된 현금흐름(투자 C/F)

「투자활동 현금흐름」은 회사를 성장시키기 위해 건물이나 기계설비 등에 대한 투자활동에 의한 현금의 증감을 말한다. 예를 들어 대여금의 회수, 토지나 건물, 기계와 같은 자산의 처분이나 취득으로 인하여 유입 또는 유출되는 현금을 포함한다. 사업초기에는 사업 안정화를 위해 많은 투자를 해야 하기 때문에 투자 C/F는 마이너스가 되는 경우가 대부분이다.

---

7 Stuart Crainer[홍길표 역](2000), 『잭 웰치 성공에 감춰진 10가지 비밀』, 영언문화사, pp.208 - 209.
8 김기동 · 임태종(2019), p.12.

❸ 재무활동으로 창출된 현금흐름(재무 C/F)

「재무활동 현금흐름」은 회사의 자금조달에 의한 현금의 증감을 말한다. 즉 차입에 의한 자금조달, 사채발행, 증자(주식발행)에 의한 자금조달, 차입금 상환에 의한 자금지출 등이 포함된다. 사업초기에는 영업활동과 투자활동의 현금흐름이 마이너스가 되기 때문에 재무 C/F로 보전할 수 있어야 한다.

[표 2-3]은 현금흐름표의 예시를 보여주고 있다. 현금의 증가분과 감소분을 가감하고, 그 금액에 기초의 현금을 더하여 기말의 현금을 산출한다.

표 2-3 현금흐름표의 예시 (단위: 만 원)

○○회사

과목	세부항목	1년차	2년차
Ⅰ. 영업활동으로부터 창출된 현금흐름	손익계산서 (+)	▲1,000	
	외상매출금의 감소 (+)	▲300	
	외상매입금의 증가 (+)	▲300	
Ⅱ. 투자활동으로부터 창출된 현금흐름	설비투자 (-)	0	
	고정자산의 매각 (+)	▲1,200	
	투자유가증권의 매각 (+)	0	
Ⅲ. 재무활동으로부터 창출된 현금흐름	증자 (+)	0	
	차입금 증가 (+)	▼1,500	
	이익잉여금의 배당 (-)	0	
현금의 증가(감소)		▲1,300	▲1,500
기초의 현금		1,000	2,300
기말의 현금		2,300	3,800

memo

PART 03

비용관리에 강해지자!

3.1 식당의 추정 손익계산서 사례

3장부터는 본서의 핵심 주제인 경영관리의 순환과정에 있어서 특히 '성과지표의 측정과 평가'에 초점을 맞춰 설명하고자 한다.

본서의 서론에서 언급했듯이, 각 장은 성과지표와 관련하여 여러 개의 절로 구성하였고, 각 절에서는 각 장의 주제에 적합한 성과지표를 선정하였다. 그리고 각 절은 성과지표에 대한 정의 → 산출공식 → 예제풀이 → 판단기준 → 대책강구로 구성하였다. 이러한 과정을 통해서 경영관리자는 성과지표를 통한 균형잡힌 점포경영, 나아가 프랜차이즈 경영이 가능해질 것이다.

[표 3-1]은 치킨점을 가정하여 월 추정손익계산서를 예시로 나타내고 있다. 계정과목의 금액이 매출액 대비 어느 정도의 비율을 차지하고 있는지를 나타내는 것이 「백분율 손익계산서」이다. 백분율 손익계산서에서 비율을 검토하게 되면, 자사의 현재 실적과 과거 실적과 비교하기도 쉽고, 경쟁사 또는 산업평균과 비교하기도 쉽다.

맨 왼쪽에 계정과목과 계정과목에 대한 세목이 있고, 계정과목별로 금액과 비율이 있다. 위쪽에서부터 매출액이 있고, 매출액에서 매출원가를 차감하면 매출총이익이 나온다. 매출총이익에서 판매관리비를 차감하면 영업이익이 나온다. 이 영업이익이 본업으로부터 획득한 이익이다.

손익계산서를 검토할 때는 당기순이익부터 확인하는 경우가 많지만, 점포 전체의 상황이나 각 항목이 어떻게 변했는지를 파악하기 위해서는 위에서부터 차근차근 검토하는 것이 좋다.

❶ 매출액의 변화를 검토한다.

자사의 과거실적과 비교하거나 경쟁사의 실적이나 산업평균과 비교하여, 전년도와 크게 차이가 있다면 그 원인을 찾아야 한다.

❷ 매출원가와 매출총이익을 검토한다.

원가상승으로 인해이익의 가장 기본이 되는 매출총이익의 비율이 너무 떨어지지 않았는지를 검토한다.

❸ 판매관리비를 검토한다.

매출액이 증가할수록 그에 비례해서 판매관리비도 증가한다. 따라서 판매관리비가 어느 정도인지를 검토한다.

❹ 영업이익을 검토한다.

매출총이익에서 판매관리비를 차감하면 영업이익이 나온다. 이 영업이익이 본업을 통해 실현된 이익이라고 할 수 있다.

표 3-1 점포의 월 추정 손익계산서 (예시) (단위: 만 원)

<table>
<tr><th colspan="2">구분</th><th>금액</th><th>비율(%)</th></tr>
<tr><td rowspan="3">매출액</td><td>합계</td><td>5,000</td><td>100.0</td></tr>
<tr><td>현금</td><td>1,000</td><td>19.6</td></tr>
<tr><td>카드</td><td>4,000</td><td>80.4</td></tr>
<tr><td>매출원가</td><td>식재료비</td><td>1,800</td><td>33.7</td></tr>
<tr><td colspan="2">매출총이익</td><td>3,200</td><td>66.3</td></tr>
<tr><td rowspan="15">판매비와
일반관리비</td><td>합계</td><td>2,700</td><td>54.0</td></tr>
<tr><td>인건비</td><td>1,100</td><td>22.0</td></tr>
<tr><td>임대료</td><td>500</td><td>10.0</td></tr>
<tr><td>수도광열비</td><td>200</td><td>4.0</td></tr>
<tr><td>광고선전비</td><td>30</td><td>0.6</td></tr>
<tr><td>지급이자</td><td>106</td><td>2.1</td></tr>
<tr><td>수선비</td><td>50</td><td>1.0</td></tr>
<tr><td>통신비</td><td>6</td><td>0.12</td></tr>
<tr><td>복리후생비</td><td>30</td><td>0.6</td></tr>
<tr><td>신용카드 수수료</td><td>100</td><td>2.0</td></tr>
<tr><td>지급 수수료</td><td>60</td><td>1.2</td></tr>
<tr><td>보험료</td><td>10</td><td>0.2</td></tr>
<tr><td>감가상각비</td><td>250</td><td>5.0</td></tr>
<tr><td>부가가치 예수금</td><td>230</td><td>4.6</td></tr>
<tr><td>잡비</td><td>28</td><td>0.56</td></tr>
<tr><td colspan="2">영업이익</td><td>500</td><td>10.0</td></tr>
</table>

3.2 매출액

손익계산서에서 가장 먼저 나오는 항목이 매출액이다. 매출액은 이익의 출발점이라고 할 수 있다. 즉 매출액에서 비용을 차감한 후 남은 금액이 이익이 된다. 매출원가나 판매관리비를 아무리 낮추더라도 어느 정도의 매출액을 달성하지 못하면 이익을 실현하기가 어렵다.

따라서 점포에서는 우선적으로 매출액을 발생시키는 요인들을 이해하고, 그러한 요인들을 잘 통제할 수 있어야 한다. 단지 점포의 POS에 들어온 현금을 세거나, 카드로 결제된 금액을 합계하는 것만으로는 충분하지 않다.

[그림 3 - 1]은 우리나라 치킨업체 Big 3의 2021년 연간 매출액을 나타내고 있다. 회사 A는 약 4,935억 원을, B는 약 4,771억 원을, C는 약 3,624억 원을 나타내고 있고, 매출액 순위는 A〉B〉C 순으로 나타나 있다. 이 자료를 근거로 하여, 회사 A의 점포의 규모, 시장에서의 지위나 영향력을 예측할 수가 있게 된다.

그림 3 - 1 치킨업계 Big 3의 연간 매출액 (2021) (단위: 억 원)

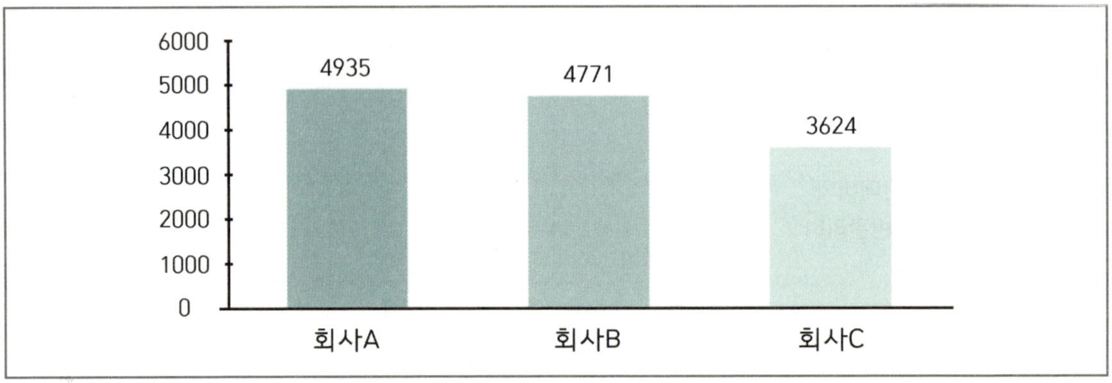

출처: 금융감독원, 전자공시시스템, 2021

「매출액」이란 고객에게 제품을 판매하는 거래를 수익거래라 하며, 이러한 수익거래를 통해 유입되는 현금 또는 순자산의 현금등가액을 말한다. 간단하게 표현하면 제품을 판매하고 얻은 대가이다.

매출액은 판매가격과 판매수량을 곱하여 산출한다. 따라서 매출액은 제품의 가격 또는 수량에 따라 올라가기도 하고 내려가기도 한다.

매출액＝판매가격×판매수량

예를 들어 치킨 1인분의 판매가격이 20,000원, 1일 판매수량이 100개, 월 영업일수가 25일일 때 1일 매출액과 월 매출액은 다음과 같다.

1일 매출액＝20,000원×100개＝200만 원

월 매출액 ＝200만 원×25일＝5,000만 원

매출액은 보다 세분화해서 파악해야만 더욱 세밀한 대응이 가능하다.

- 매출액의 구성요소는 가격과 수량이다. 따라서 가격과 수량을 잘 파악해야 한다.
- 매출액을 금액, 비율, 지수 등으로 파악한다.
- 매출액을 년도별, 분기별, 월별, 주별, 일별, 시간대별로 파악한다.
- 매출액을 고객별로, 예를 들면 성별, 연령별, 주문방법별로 파악한다.

측정방법	내용
❶ 금액	매출액 1,000만 원, 비용 800만 원, 이익 200만 원이라는 숫자는 금액 그 자체를 나타내는 것으로, 절대값이라고 한다. 매출액, 비용, 이익 등이 이에 해당한다.
❷ 비율	매출증가율 10%라고 할 때 10은 비율을 나타낸다. 일반적으로 퍼센트(%)로 표기한다. 매출원가율, 매출총이익률, 판매관리비율, 영업이익율, 당기이익율 등이 이에 해당한다.
❸ 지수	기준값을 말한다. 기준값을 100으로 했을 경우, 기준값 100과 비교했을 때 측정항목이 어느 수준에 있는지를 나타낸다. 계절변동지수나 요일변동지수가 이에 해당한다.

3.3 매출원가

식자재의 좋고 나쁨은 음식에 대한 고객 만족도와 이익실현 사이에는 항상 상충관계에 놓여있다. 예를 들면 좋은 식자재를 사용하면 음식에 대한 고객 만족도는 올라가지만, 좋은 식자재일수록 원가가 높기 때문에 가격을 올려야 한다. 만약 가격을 올리지 못하면 이익은 그만큼 줄어들게 된다. 반대로 저렴한 식자재를 사용하면 음식에 대한 고객 만족도는 떨어지지만 원가가 내려가기 때문에 가격을 내려도 이익이 올라가게 된다.

손익계산서에서 매출액 다음으로 나오는 항목이 매출원가이다.

「매출원가」란 제품을 생산하는데 들어가는 식자재에 대한 비용을 말한다. 예를 들면 치킨 1인분을 조리하기 위해 치킨, 치킨반죽, 튀김가루, 물엿 등이 들어가는데, 이 식자재의 원가를 합친 금액을 매출원가라고 한다.

매출원가율은 매출액에서 매출원가가 차지하는 비율로 산출한다.

$$\text{매출원가} - \text{매출액} - \text{매출원가}$$

$$\text{매출원가율} = \frac{\text{매출원가}}{\text{매출액}} \times 100$$

예를 들어 치킨 1인분을 조리하기 위해 들어간 매출원가가 7,200원, 판매가격이 20,000원일 때 매출원가와 매출원가율은 다음과 같다.

$$\text{매출원가} = 20,000\text{원} - 7,200\text{원} = 12,800\text{원}$$

$$\text{매출원가율} = \frac{7,200\text{원}}{20,000\text{원}} \times 100 = 36\%$$

치킨 1인분의 매출원가율을 월 매출원가율로 확대할 수 있다.

예를 들어 월 매출액이 5,000만 원, 매출원가가 1,800만 원일 때 매출원가율은 다음과 같다.

$$\text{매출원가율} = \frac{1{,}800\text{만원}}{5{,}000\text{만원}} \times 100 = 36\%$$

식자재의 원가를 잘 관리한다는 것은 다음과 같은 목적을 달성하기 위해서이다.[1]

- 제품을 생산하는데 들어가는 식자재의 원가율을 정확하게 산출하기 위함이다.
- 식자재의 원가율이 낮은 제품을 개발하여 이익을 높이기 위함이다. 예를 들면 새식자재의 사입처를 발굴하여 보다 낮은 가격으로 식자재를 사입하거나, 높은 이익을 실현시킬 수 있는 제품을 개발하거나 하는 것이다.
- 예전보다 낮은 가격으로 식자재를 사입하였거나, 이익을 높이는 제품을 개발하여 획득한 이익을 계속적으로 유지하기 위함이다.

매출액에서 매출원가를 차감하면 매출총이익이 된다. 매출액이 증가하더라도 매출원가가 올라가면 매출총이익이 감소하게 된다. 따라서 매출원가를 낮춰 매출총이익을 충분히 확보하고 있는지를 검토해야 한다. 매출총이익이 너무 낮은 경우에는 판매가격을 올리든지 또는 매출원가를 낮춰야 한다.

표 3-2 매출원가와 매출총이익과의 관계

항 목	금 액(만 원)	비율(%)
매출액	5,000	100
(-)매출원가	1,800	36
매출총이익	3,200	64

1 Saito Toshinari(2017), 『음식점 개업과 경영』, SE, p.224.

3.4 매출총이익

점포를 유지하고 성장시키기 위해서는 매출액을 반드시 만들어내야 한다. 이것은 당연히 이익을 내고 있다는 것이 전제가 되어야 한다. 왜냐하면 매출액은 높지만 적정한 이익을 실현하지 못하면 점포를 더 이상 발전시킬 수가 없기 때문이다.

[그림 3-2]는 치킨업계 Big 3의 매출액, 매출원가율, 매출총이익률을 나타내고 있다. 회사 A의 매출액은 1위이다. 그러나 매출총이익률은 17.3%(100-82.7)로 다른 두 회사보다 아주 낮다. 이것은 회사 A의 매출원가가 다른 회사보다 높기 때문이다. 매출총이익률이 낮으면 다음에 나오는 영업이익에 마이너스(-) 영향을 미치게 된다.

그림 3-2 치킨업계 Big 3의 매출액, 매출원가율, 매출총이익률

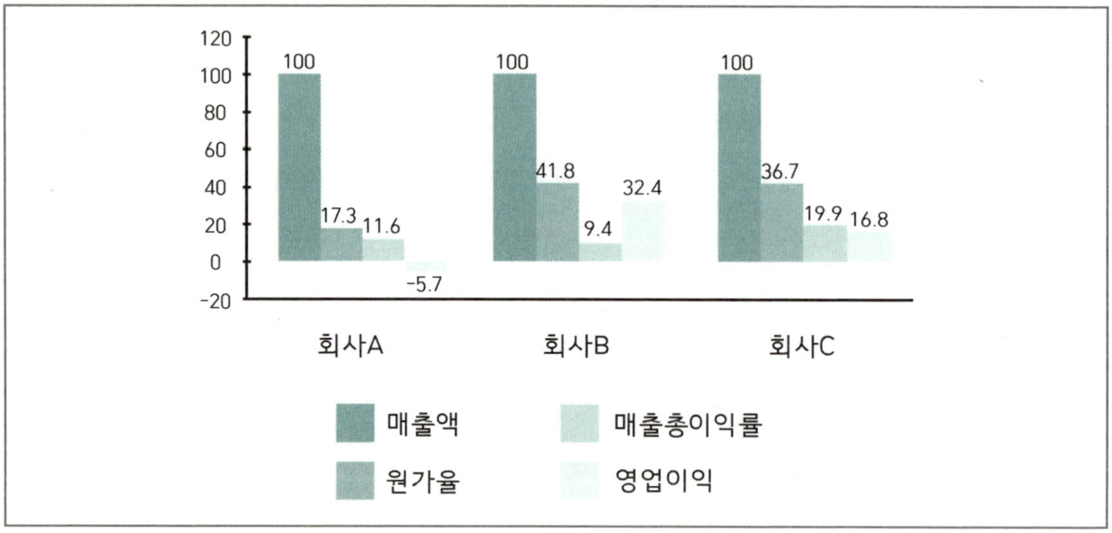

출처: 금융감독원, 전자공시시스템, 2021

손익계산서에서 가장 먼저 나오는 이익이 매출총이익이다.

「매출총이익」이란 일명 총마진이라고도 하며 매매차익을 말한다. 이는 매출액에서 매출원가를 차감하여 산출한다. 당연히 매출원가가 낮을수록 매출총이익은 올라가고, 매출원가가 올라가면 매출총이익은 내려간다.

$$\text{매출총이익} = \text{매출액} - \text{매출원가}$$

$$\text{매출총이익률} = \frac{\text{매출총이익}}{\text{매출액}} \times 100$$

PART 03

예를 들어 점포의 월 매출액이 5,000만 원, 매출원가가 1,800만 원일 때 매출총이익과 매출총이익률은 다음과 같다.

$$\text{매출총이익} = 5{,}000\text{만 원} - 1{,}800\text{만 원} = 3{,}200\text{만 원}$$

$$\text{매출총이익률} = \frac{3{,}200\text{만 원}}{5{,}000\text{만 원}} \times 100 = 64\%$$

손익계산서의 여러 이익 중에서 가장 먼저 매출총이익을 확보해야 한다. 매출총이익을 높이려면 매출액을 늘리거나 매출원가를 낮춰야 한다. 반대로 매출액이 줄어들거나, 매출원가가 올라가면 매출총이익이 내려간다. 예를 들어 매출액을 늘리기 위해 가격을 과도하게 인하한다거나 또는 식자재의 손실이 발생하게 되면 매출총이익이 내려간다.

매출총이익이 최종이익은 아니다. 매출총이익에서 제품을 판매하기 위해서 들어가는 판매관리비를 차감하여 남은 영업이익은 더 줄어든다. 따라서 매출총이익이 높을수록 영업이익에 플러스(+)의 영향을, 낮을수록 영업이익에 마이너스(-) 영향을 미치게 된다.

3.5 판매비 및 일반관리비

생산된 제품의 매출액을 늘리기 위해서, 그리고 점포를 관리하기 위해서 비용이 들어간다. 이 비용을 판매비 및 일반관리비라고 한다. 이를 줄여서 판매관리비 또는 판관비라고 한다.

[그림 3-3]은 치킨업계 Big 3의 매출액, 매출총이익, 판매관리비, 영업이익을 나타내고 있다. 판매관리비의 순위는 C〉A〉B로, 영업이익의 순위는 B〉C〉A로 나타나고 있다.

그림 3-3 치킨업계 Big 3의 판매관리비와 영업이익

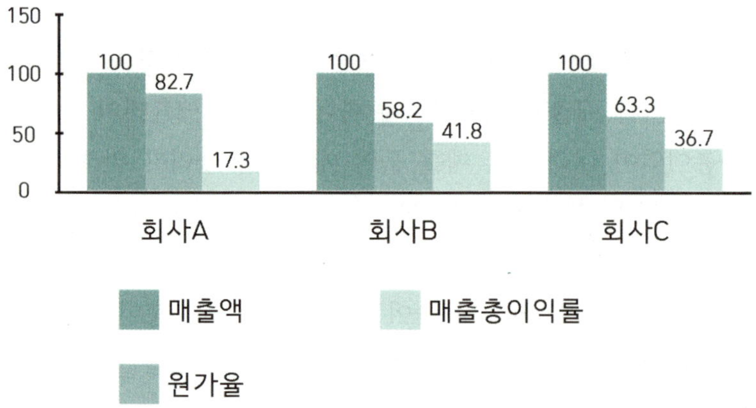

출처: 금융감독원 전자공시시스템: (2021)

「판매비 및 일반관리비」란 판매관리비를 총괄한 명칭으로, 제품을 판매하는데 들어간 비용과, 제품을 판매하는 과정을 관리하는데 들어가는 비용을 말한다. 이 두 비용을 줄여서 판매관리비 또는 판관비라고 한다. 왜냐하면 동일한 인건비라도 영업직 직원의 인건비는 판매비, 총무직 직원의 인건비는 일반관리비로 구분해야 하지만, 이 둘을 명확하게 구분하기가 어렵기 때문이다.

❶ 판매비

판매비는 제품을 판매하기 위해 들어가는 비용을 말한다. 예를 들면 인건비, 임대료, 수도광열비. 배달 수수료, 신용카드 수수료, 감가상각비 등이 포함된다. 판매관리비 중에서 가장 비중이 높은 비용이 인건비이다.

❷ 일반관리비

일반관리비는 점포를 관리하고 유지하기 위해 들어가는 비용을 말한다. 예를 들면 수선유지비, 통신비, 차량유지비, 보험료, 청소비 등이 포함된다.

판매관리비는 판매관리비에 해당하는 항목을 합계하여 산출하고, 판매관리비 비율은 매출액에서 판매관리비가 차지하는 비율로 산출한다.

$$\text{판매관리비} = \text{인건비} + \text{임대료} + \text{수도광열비} + \text{복리후생비} + \text{기타 비용}$$

$$\text{판매관리비비율} = \frac{\text{판매관리비}}{\text{매출액}} \times 100$$

예를 들어 점포의 월 매출액이 5,000만 원, 판매관리비가 2,700만 원일 때 판매관리비 비율은 다음과 같다.

$$\text{판매관리비 비율} = \frac{2{,}700\text{만 원}}{5{,}000\text{만 원}} \times 100 = 54.0\%$$

영업이익은 매출총이익에서 판매관리비를 차감하여 산출하고, 영업이익률은 매출액에서 영업이익이 차지하는 비율로 산출한다.

$$\text{영업이익} = \text{매출총이익} - \text{판매관리비}$$

$$\text{영업이익률} = \frac{\text{영업이익}}{\text{매출액}} \times 100$$

예를 들어 점포의 월 매출액이 5,000만 원, 매출총이익이 3,200만 원, 판매관리비가 2,700만 원일 때 영업이익과 영업이익률은 다음과 같다.

$$\text{영업이익} = 3{,}200\text{만 원} - 2{,}700\text{만 원} = 500\text{만 원}$$

$$\text{영업이익률} = \frac{500\text{만 원}}{5{,}000\text{만 원}} \times 100 = 10\%$$

memo

3.6 인건비와 매출액 대비 인건비 비율

판매관리비에서 높은 비용을 지급하는 것이 인건비와 임대료이다. 일반적으로 그중에서 가장 높은 항목은 인건비이다.

2023년 법정 최저임금이 9,620원으로 인상되었다. 법정 최저임금이 9,620원으로 인상됨에 따라 직원 1인에게 지급해야 할 월 급여를 개략적으로 산출하면 다음과 같다.

표 3-3 직원 1인에 대한 월급명세서

항목	금액 (원)	산출
시급	9,620	1시간×9,620원
일급	76,960	1일에 8시간 근무할 경우(9,620원×8시간)
주급	384,800	1주에 5일을 근무할 경우(76,960원×5일)
월급	1,539,200	1달에 4주 근무할 경우(384,800원×4주)
주휴 수당	307,840	76,960원×4일
월 지급 합계	1,847,040	

아울러 한국노동연구원의 연구에 따르면, 외식업에서 종사하는 상시 근로자의 직무별 인건비를 보면 남성의 경우 약 203만 원이고, 여성의 경우 171만 원 정도로 나타나 있다.[2]

표 3-4 상시 근로자의 직무별 인건비 (단위: 만 원)

성별	주방장	주방, 조리보조	카운터 및 홀서빙	배달	전체
남성	253.6	206.3	164.0	172.9	203.1
여성	201.0	170.6	162.8	-	171.5

2 최규완 · 허재준 · 이규석 · 방도형 · 장혜린(2017), 『프랜차이즈점 확산이 음식서비스업 고용에 미치는 영향』, 한국노동연구원, p.15.

외식업에서 활용하고 있는 중요한 지표 중 하나가 FL 비용이다.

「FL 비용」이란 전체 비용 중에서 F(Food=원가)와 L(Labor=인건비)의 비용을 합친 것으로, 이 FL 비용이 전체 비용의 60% 이내로 제한되어야만 이익을 실현할 수 있다는 것이다.[3]

따라서 이 FL 비용을 매출액의 60% 이내로 제한해야 하기 때문에 매출액 대비 매출원가가 약 40%일 경우, 매출액 대비 인건비를 20% 이내로 제한해야만 인건비를 제외한 기타 비용을 지급할 수 있게 된다.

그림 3-4 FL 비용

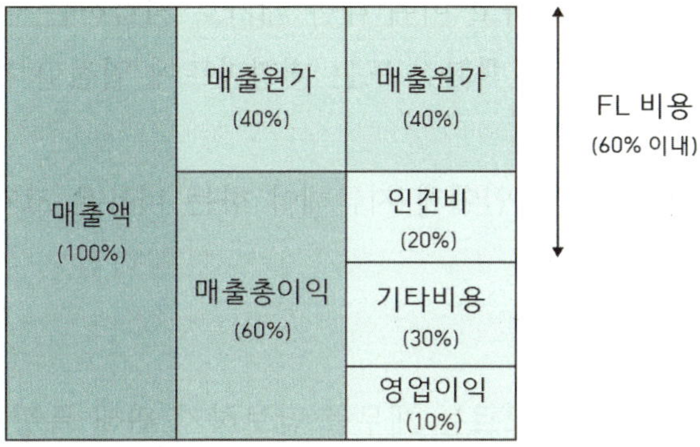

「매출액 대비 인건비 비율」은 매출액에서 인건비가 차지하는 비율로 산출한다.

$$\text{매출액 대비 인건비 비율} = \frac{\text{인건비}}{\text{매출액}} \times 100$$

예를 들어 점포의 월 매출액이 5,000만 원, 인건비가 1,000만 원일 때 매출액 대비 인건비 비율은 다음과 같다.

$$\text{매출액 대비 인건비 비율} = \frac{1{,}000\text{만 원}}{5{,}000\text{만 원}} \times 100 = 20\%$$

3 Kawano Yuji(2017), 『이익을 내는 음식점의 숫자』, 일본실업출판사, p.48 - 49.

3.7 임대료

식당의 경우에는 대부분 매장을 임대해서 서비스를 제공한다. 이 임대한 매장에 대해 지급하는 것이 임대료이다. 판매관리비 중에서 인건비 다음으로 높은 비용이 임대료이다.

앞에서 설명했던 FL 비용에 임대료 R(Rent)을 더해서 FLR 비용이라고 한다. 「FLR 비용」은 원가+인건비+임대료를 합한 비용으로, 식당의 3대 비용이라고 할 수 있다.[4]

「임대료」란 토지나 건물을 임차하고 이에 대한 대가로 지급하는 금전을 말한다. 임차인은 건물에 대해서 임대료를 지급하고, 백화점 또는 대형마트에 입점할 경우에는 임대료에 관리비나 공익비 등이 포함된다.

점포를 임차할 때 임차인이 임대인에게 지급해야 하는 비용은 크게 보증금, 권리금, 임대료이다.

❶ 보증금

「보증금」이란 장래 발생할지도 모르는 채무를 담보하기 위해 특정한 관계에 있는 사람 사이에 교부되는 금전을 말한다.

❷ 권리금

「권리금」이란 토지 또는 건물의 임대차에 부수해서 그 부동산이 가지는 특수한 장소적 이익의 대가로서, 임차인이 임대인에게 지급하는 금전을 말한다.

❸ 임대료

「임대료」란 부동산이나 동산을 임차받고 이에 대한 대가로 지급하는 금전을 말한다.

[표 3 - 5]는 치킨업계 Big 3의 프랜차이즈 가맹점을 창업할 때 매장면적과 관련된 비용을 나타낸 것이다. 각 점포의 기준 평수는 20평~30평이고, 월 임대료는 약 360만 원~540만 원 정도이나.

---

4 Kawano Yuji(2017), pp.50 - 51.

표 3-5 치킨업계 Big 3의 가맹조건 (단위: 원)

항목	회사 A	회사 B	회사 C
기준 평수	30평	20평	20평
보증금	10,000,000	5,000,000	5,000,000
적정 임대료	5,439,083	3,625,775	4,815,625
가맹비	8,827,000	11,000,000	11,000,000
평당 인테리어 비용	2,207,333	2,255,000	2,035,000
평당 창업비용	32,328,485	24,281,818	27,511,818

임대료가 높은지 낮은지는 평당 임대료로 판단할 수 있다.

「평당 임대료」는 임대료를 매장면적으로 나누어서 산출한다. 그리고 「매출액 대비 임대료 비율」은 매출액에서 임대료가 차지하는 비율로 산출한다.

$$\text{평당임대료} = \frac{\text{임대료}}{\text{매장면적}}$$

$$\text{매출액 대비 임대료 비율} = \frac{\text{임대료}}{\text{매출액}} \times 100$$

예를 들어 월 매출액이 5,000만 원, 임대료가 500만 원, 매장면적이 30평일 때 평당 임대료와 매출액 대비 임대료 비율은 다음과 같다.

$$\text{평당임대료} = \frac{\text{500만 원}}{\text{30평}} = \text{16만 원}$$

$$\text{매출액 대비 임대료 비율} = \frac{\text{500만 원}}{\text{5,000만 원}} \times 100 = 10.0\%$$

임대료 비율이 10%일 경우, 원가율(36%)+인건비 비율(22%)+임대료 비율(10%)를 합하면 FLR 비용은 68%가 된다. FLR 비용이 70% 이하이기 때문에 나머지 32%로 식자재, 인건비, 임대료를 제외한 나머지 비용을 지급할 수 있게 된다.

3.8 수도광열비

매출액을 증가시키기 위해서는 그만큼 판매관리비를 많이 지출해야 하지만, 그러나 불필요한 비용은 절감해야 한다. 그중에 하나가 수도광열비이다. 특히 점포 내부를 밝게 하는 개방형 점포에서 또는 대형 냉장고나 냉동고를 여러 개 사용하는 점포에서는 수도광열비도 결코 무시할 수 없는 비용이다.

「수도광열비」는 판매관리비 중에서 점포에서 사용하는 수도, 전기, 가스 등의 사용에 대한 요금을 말한다.

「매출액 대비 수도광열비 비율」은 매출액에서 수도광열비가 차지하는 비율로 산출한다.

$$\text{매출액 대비 수도광열비 비율} = \frac{\text{수도광열비}}{\text{매출액}} \times 100$$

예를 들어 월 수도광열비가 200만 원, 매출액이 5,000만 원일 때 매출액 대비 수도광열비 비율은 다음과 같다.

$$\text{매출액 대비 수도광열비 비율} = \frac{\text{200만 원}}{\text{5,000만 원}} \times 100 = 4.0\%$$

수도광열비는 비용절감뿐만 아니라 에너지 절약이라는 두 마리 토끼를 잡기 위해서라도 대책을 강구해야 한다.

수도요금, 전기요금, 가스요금 등의 청구서를 복사하여 게시판에 게재함으로써 매월 지급되는 수도광열비가 어느 정도인지를 직원들에게 상기시켜야 한다.

점포에서 수도, 전기, 가스를 절약할 수 있는 방법을 찾아보자.[5]

5 박진우(2019), pp.299 - 300.

❶ 수도의 체크 포인트

- 수압은 항상 조절하여 적정한 수압으로 유지되고 있는가?
- 밸브를 반으로 줄이면 엄청난 수도요금을 줄일 수 있는가?
- 수도꼭지와 수도관은 깨진 곳이 없고 잘 작동하고 있는가?
- 불필요한 물을 틀어놓고 사용하고 있지는 않는가?

❷ 전기의 체크 포인트

- 영업시간 외의 불필요한 조명이 ON으로 되어 있지는 않는가?
- 주방기기의 온도 설정은 적정한가?
- 백열등보다 형광등의 효율이 좋기 때문에 형광등 사용이 가능한 곳은 형광등을 사용하고 있는가?

❸ 가스의 체크 포인트

- 한가한 시간이나 필요 없는 시간에 가스를 틀어두고 있는가?
- 필요 없는 주방기기가 운영되고 있지 않는가?
- 너무 과하게 가스를 틀어서 조리를 하고 있지 않는가?

3.9 광고선전비

점포는 고객에게 자신들의 가치제안을 전달해야 하고, 고객과 소통하는 것을 운에 맡겨서는 안 된다. 제롬 맥카시(Jerome McCarthy)가 주창한 것처럼, 매출액을 높이기 위해 또는 고객의 니즈를 충족시키기 위해 사용할 수 있는 마케팅 수단에는 제품(Product), 가격(Price), 유통경로(Place), 프로모션(Promotion)이 있다. 이것을 「마케팅 믹스(Marketing Mix)」 또는 「4P's」라고 한다.[6]

마케팅 믹스 중에서 「프로모션(Promotion)」은 제품을 고객에게 알리고, 고객가치를 설득하고, 고객관계를 구축하는 것이다. 프로모션 믹스에는 광고, 인적판매, 판매촉진, 공중관계, 다이렉트 마케팅 등을 포함하고 있다.

❶ 광고(Advertising)

공개된 후원사에 비용을 지급하고 이루어지는 제품에 대한 비대면적 프레젠테이션를 말한다(TV, 라디오, 신문, 잡지, 인터넷, 전단지 등).

❷ 인적판매(Personal Sale)

제품을 직접 고객에게 판매하고 고객관계를 구축하기 위한 목적으로 실행되는 판매사원의 대면적인 프레젠테이션을 말한다.

❸ 판매촉진(Sales Promotion)

제품의 구매 또는 판매를 촉진하기 위한 단기적인 인센티브를 말한다(시식, 쿠폰, 가격할인, 경품 등).

❹ 공중관계(Public Relation)

긍정적인 공중과의 관계를 확보하고, 우호적인 점포 이미지를 구축하고, 부정적인 루머, 소문 또는 사건에 대처하거나 이를 시정함으로써, 다양한 공중과 우호적인 관계를 구축하는 것을 말한다.

---

6 Jerome E. McCarthy(1960), *Basic Marketing: A Managerial Approach*, Homewood, Illinois, Richard D. Irwin, Inc.

⑤ 다이렉트 마케팅(Direct Marketing)

즉각적인 고객반응을 확보하고, 지속적인 고객관계를 키워나가기 위해 우편, 전화, TV, 이메일, 인터넷 등 다양한 통신수단을 사용하는 것을 말한다.

고객이 제품의 존재를 인식하고 최종적으로 구매행동에 도달하기까지의 과정을 단계적으로 나타낸 것이 구매결정과정이라고 한다. 가장 전통적인 것은 1920년에 롤랜드 홀(Rolland Hall)이 제안한 AIDMA 모델이다.

「AIDMA」란 고객이 제품의 존재를 알고부터 실제로 구매할 때까지의 과정을 나타낸 것으로, 주의 → 관심 → 욕구 → 기억 → 구매의 순으로 진행된다.

PART 03

표 3-6 AIDMA 모델

단계	AIDMA		광고의 역할
인지단계	Attention	주의	• 고객에게 노출빈도를 높여 제품에 대한 인지도를 높인다
감정단계	Interest	관심	• 제품에 대해 고객이 잘 이해할 수 있도록 관련 정보를 제공한다
	Desire	욕구	• 고객의 목소리나 제품에 대한 정보를 제공하여 고객의 니즈를 환기시킨다
	Memory	기억	• 고객이 제품을 잊어버리지 않고, 생각나도록 한다
행동단계	Action	구매	• 고객이 행동으로 옮길 수 있도록 기회를 만든다

위와 같이 산출된 광고선전비가 매출액에서 어느 정도 차지하고 있는지는 매출액 대비 광고선전비 비율로 파악한다.

「매출액 대비 광고선전비 비율」은 매출액에서 광고선전비가 차지하는 비율로 산출한다.

$$\text{매출액 대비 광고선전비비율} = \frac{\text{광고선전비}}{\text{매출액}} \times 100$$

예를 들어 월 광고선전비가 50만 원, 매출액이 5,000만 원일 때 매출액 대비 광고선전비 비율은 다음과 같다.

$$\text{매출액 대비 광고선전비 비율} = \frac{\text{50만 원}}{\text{5,000만원}} \times 100 = 1.0\%$$

3.10 감가상각비

점포를 운영하기 위해서는 주방설비를 구입하거나, 자동차를 구입하거나, 세월이 지나 오래된 건물이나 인테리어를 리뉴얼하게 된다. 이때 점포는 이러한 설비자산을 구입하면서 5년 또는 10년이라는 기간에 걸쳐 매출액 증가에 공헌하기를 기대하게 된다. 따라서 설비자산에 투자한 투자금을 회수가능한지, 회수할 수 있다면 몇 년 후에 회수가능한지를 예상해야 한다.

「자산(assets)」은 크게 유동자산과 고정자산으로 구분한다.

- 유동자산: 고정자산에 대응하는 개념으로, 1년 이내에 환금할 수 있는 자산 또는 전매할 목적으로 보유하는 자산을 말한다.
- 고정자산: 토지, 건물, 차량, 기계장치 등 비교적 장기간에 걸쳐 영업활동에 사용할 목적으로 보유하고 있는 물리적 실체가 있는 자산을 말한다. 즉 고정자산은 판매 또는 처분을 목적으로 하지 않고, 비교적 장기간에 걸쳐 영업활동에 사용하려고 취득한 각종 자산이다.

고정자산 중에서 유형자산(property)은 점포가 영업활동에 사용하기 위해 보유하는 물리적 형태가 있는 자산으로서, 1년을 초과하여 사용할 것으로 예상되는 자산을 말한다. 예를 들면 토지, 건물, 설비자산, 기타자산 등이 해당된다.

설비자산(equipment)은 점포의 영업활동에 사용되는 자산을 말한다. 예를 들면 주방설비, 냉장고, 냉동고, 컴퓨터, 자동차 등이 해당된다.

이러한 주방설비, 냉장고, 차량 등의 설비자산은 시간이 경과함에 따라 그 가치가 떨어지기 때문에 감가상각을 통해 자산의 구입가격을 매년 일정액씩 계상해야 한다.

설비자산을 구입하여 자산으로 보유하는 것만으로는 얼마의 이익을 발생시켰는지를 알 수가 없다. 그래서 언제 어느 정도의 가격의 설비를 구매할 것인지에 대해서, 그리고 몇 년 동안에 얼마의 비용으로 처리해나갈 것인지에 대해서 검토해야 한다. 이것을 감가상각이라고 한다.

「감가상각(depreciation)」이란 유형자산의 취득가격에서 잔존가치를 차감한 감가상각 대상금액을 그 자산의 내용연수 기간에 체계적인 방법을 통해 각 회계기간으로 배분시키는 절차를 말한다.

감가상각 대상자산과 내용연수는 세법에서 다음과 같이 정해져 있다.[7]

표 3-7 감가상각 대상 자산과 내용연수

감가상각 대상 자산	내용연수
음식업	8년
시설 인테리어	8년
집기 비품 (냉장고, 냉동고, 가전제품 등)	5년
차량 및 운반구	5년
영업권	5년
특허권	7년

7 법인세법 시행규칙(별표 4).

3.11 감가상각비

감가상각의 방식에는 정액법, 정률법, 생산량 비례법 등이 있다.[8]

「정액법」은 고정자산의 가치가 매년 동일한 금액으로 하락한다고 가정하고, 매 기간 동일한 금액을 상각하는 방법이다. 정액법은 매년 일정액이 비용으로 처리되기 때문에 손익에 미치는 영향도 매 기간 동일하다. 계산이 매우 단순하여 사용하기 편리하다.

정액법에서의 매기 감가상각비는 다음과 같이 산출한다.

$$\text{감가상각비} = \text{취득가격} \times \text{감가상각률}$$

$$\text{감가상각비} = (\text{취득가격} - \text{잔존가치}) \times \frac{1}{\text{내용연수}}$$

예를 들어 대형 냉장고의 취득가격이 200만 원, 내용연수가 5년, 5년 후의 잔존가치가 0원일 때 매기의 감가상각비는 다음과 같다.

$$\text{감가상각비} = 200\text{만원} \times 0.2 = 40\text{만원}$$

$$\text{감가상각비} = (200\text{만 원} - 0) \times \frac{1}{5} = 40\text{만 원}$$

8 이효익 · 최관 · 백원선 · 최영수(2019), pp.432 - 439.

정액법에 의한 감가상각비 산출

• 취득가격: 200만 원 • 잔존가치: 0원 • 내용연수: 5년

(단위: 만 원)

년수	취득가격❶	상각률❷	감가상각비❸ (❶×❷)	미상각액
1년	200	0.2	40	160
2년	200	0.2	40	120
3년	200	0.2	40	80
4년	200	0.2	40	40
5년	200	0.2	40	0

참고로 법인세법 시행규칙에는 감가상각자산의 상각률을 아래와 같이 제공하고 있다.[9]

표 3-8 감가상각자산의 상각률표

내용연수	정액법에 의한 상각률	정률법에 의한 상각률
2년	0.500	0.777
3년	0.333	0.632
4년	0.250	0.528
5년	0.200	0.451
6년	0.166	0.394
7년	0.142	0.349
8년	0.125	0.313
9년	0.111	0.284
10년	0.100	0.259

9 법인세법 시행규칙(별표 4), 제15조제2항 관련에서 발췌함.

3.12 감가상각비

「정률법」은 유형자산의 기초 장부금액에 매기간 동일한 감가상각률을 적용하여 산출하는 방법이다. 정률법에서는 감가상각누계액 차감 후의 장부금액은 매년 감가상각액만큼 감소된다. 따라서 초기에는 많은 금액이 상각되고, 기간이 경과함에 따라 감가상각액이 점차 감소하게 된다.

정률법에서의 매기 감가상각비는 아래 식으로 산출한다.

$$\text{감가상각비} = \text{장부금액} \times \text{감가상각률}$$

$$\text{단, 감가상각률} = 1 - \sqrt[n]{\frac{\text{잔존가치}}{\text{취득원가}}}$$

$$n = \text{내용연수}$$

예를 들어 대형 냉장고의 취득가격이 200만 원, 내용연수가 5년, 잔존가치가 0원일 때 매기의 감가상각비는 다음과 같다.

$$\text{1차년도 감가상각비} = (2{,}000{,}000) \times 0.451 = 1{,}098{,}000\text{원}$$

정률법에 의한 감가상각비 산출

(단위: 원)

년수	장부금액❶	상각률❷	감가상각비❸ (❶×❷)	미상각액❹ (❶ - ❸)
1년	2,000,000	0.451	902,000	1,098,000
2년	1,098,000	0.451	495,198	602,802
3년	602.802	0.451	271,864	330,938
4년	330,938	0.451	149,252	181,686
5년	181,686	0.451	81,940	99,746

위와 같이 산출된 감가상각비가 매출액에서 어느 정도 차지하고 있는지는 매출액 대비 감가상각비 비율로 파악한다.

「매출액 대비 감가상각비 비율」은 매출액에서 감가상각비가 차지하는 비율로 산출한다.

$$\text{매출액 대비 감가상각비비율} = \frac{\text{감가상각비}}{\text{매출액}} \times 100$$

예를 들어 월 감가상각비가 250만 원, 월 매출액이 5,000만 원일 때 매출액 대비 감가상각비 비율은 다음과 같다.

$$\text{매출액 대비 감가상각비비율} = \frac{250\text{만 원}}{5{,}000\text{만 원}} \times 100 = 5.0\%$$

그림 3-5 정액법과 정률법의 차이

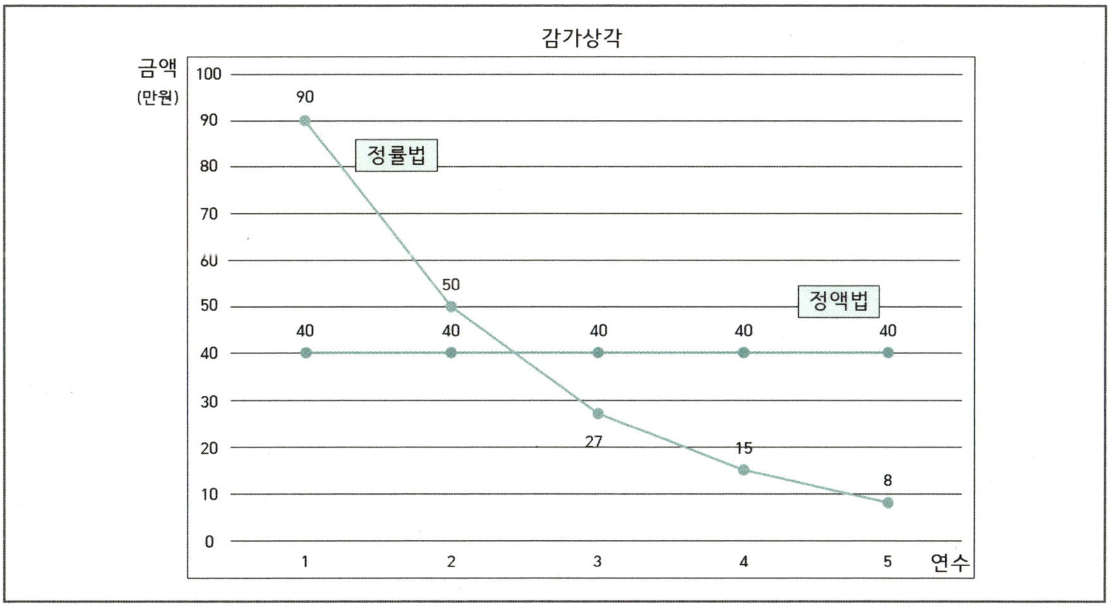

3.13 지급이자

점포를 창업하거나 경영할 때는 본인이 가지고 있는 자기자금 외에도 은행으로부터 대출을 받게 된다. 은행으로부터 받은 대출금에 대해 상환해야 할 부채를 「이자발생부채」 또는 「지급이자」라고 한다. 간단하게 말하면 이자가 발생하는 부채라고 보면 된다.

은행으로부터 대출금을 받을 때 확인해야 할 사항은 다음과 같다.

❶ 대출금액: 신청할 대출금은 어느 정도로 할 것인가?

은행에 신청한 만큼 실제로 대출받을 수 있을지 미지수이지만, 이 단계에서는 기대하는 예상금액을 근거로 산출한다.

❷ 상환기간: 대출금을 상환해야 할 기간은 몇 년으로 할 것인가?

상환기간은 일반적으로 3~5년이 된다. 점포 입장에서는 상환기간이 길수록 자금운용에 있어서 유리하기 때문에 상환기간을 가능한 길게 정한다. 실제로 사업이 계획한 대로 이익이 실현되면 상환일을 앞당겨 상환할 수 있다.

❸ 이자율: 예상되는 이자율은 얼마인가?

이자율은 은행에 따라 또는 자사의 재무상태에 따라 달라진다.

❹ 상환방식: 어떤 상환방식을 선택할 것인가?

상환방식에는 만기일시상환, 원리금균등상환, 원금균등상환이 있다. 이 중에서 점포에 유리한 방식을 선택한다. 일반적으로 원리금균등상환을 선택한다.

- 만기일시상환 방식: 약정기간 동안 이자만 지급하고 만기에 대출금을 모두 상환하는 방식이다.
- 원리금균등상환 방식: 대출 원금과 이자를 합산한 원리금을 만기일까지 동일한 금액을 균등하게 상환하는 방식이다. 대출 상환기간 내에 매달 지출하는 비용이 차이가 없이 돈이 빠져나가기 때문에 정량적으로 자금관리를 원할 때 유리하다. 단점은 원금균등상환 방식보다 원금상환 시점이 더 늦기 때문에 상대적으로 총이자에 대한 부담이 크다.
- 원금균등상환 방식: 대출받은 원금을 기준으로 매달 같은 금액을 갚는 방식이다. 이자는 남은 원금에 대해 부과하기 때문에 최초에 납부하는 금액이 가장 높고 매달 납부하

는 금액은 줄어든다. 초기에 비용부담은 높지만, 장기적으로 보면 총이자 금액이 낮기 때문에 이자비용을 최소화하고자 할 때 유리하다.

그림 3-6 상환방식의 차이

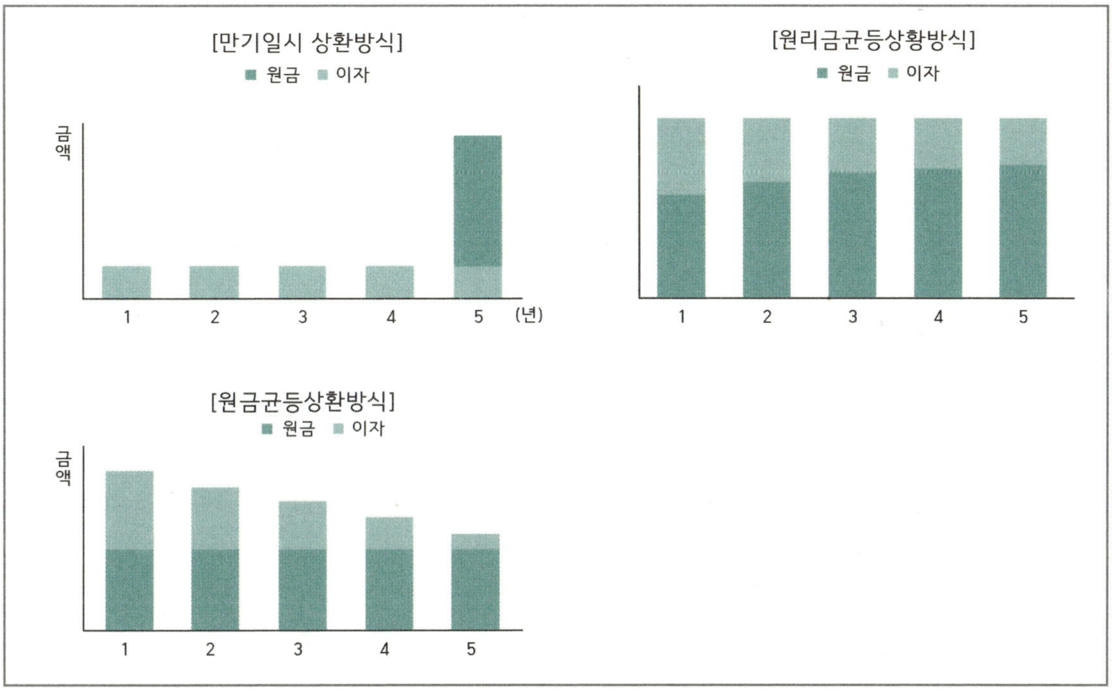

예를 들어 ○○은행으로부터 1억 원을 융자받고, 상환기간 1년(12개월), 이자율 5%, 원리금균등상환방식(또는 원금균등상환방식)을 선택했을 경우 대출금 내역과 상환계획표는 다음과 같이 작성할 수 있다.[10]

10 대출이자에 대한 계산은 네이버에서 〈대출이자계산기〉 앱을 이용하면 쉽게 산출할 수 있음.

표 3-9 대출금 내역

[대출금 상환계획표]

• 거래은행: ○○은행
• 대출금 원금: 1억 원 • 상환기간: 1년
• 이자율: 5% • 상환방식: 원리금균등상환 · 원금균등상환

(단위: 원)

	원리금균등상환 방식	원금균등상환 방식
대출금 원금	100,000,000	100,000,000
이자	27,278,618	25,208,333
총 상환금액	127,278,618	125,208,333
1회차 월 상환금액	1,060,655	1,250,000

위와 같이 산출된 지급이자가 매출액에서 어느 정도 차지하고 있는지는 매출액 대비 지급이자 비율로 파악한다.

「매출액 대비 지급이자 비율」은 매출액에서 지급이자가 차지하는 비율로 산출한다.

$$\text{매출액 대비 지급이자 비율} = \frac{\text{지급이자}}{\text{매출액}} \times 100$$

예를 들어 월 지급이자가 106만 원, 매출액이 5,000만 원일 때 매출액 대비 지급이자 비율은 다음과 같다.

$$\text{매출액 대비 지급이자 비율} = \frac{\text{106만 원}}{\text{5,000만 원}} \times 100 = 2.1\%$$

memo

3.14 세금과 공과

사업을 통해 실현된 이익에 대해서는 세금을 납부해야 한다.

「세금과 공과」는 영업활동과 관련하여 납부한 각종 세금과 공공적 지급비용인 공과금을 말한다.

「세금(稅金)」은 제조원가에 포함되어 있는 각종 세금과 유형자산의 원가에 포함되는 등록세, 법인세, 소득세 등을 제외한 영업과 관련되는 조세, 즉 재산세, 자동차세 등의 세금에 대한 부담을 말한다.

「공과(公課)」는 상공회의소 부과금, 연합회 부과금, 조합 갹출금 등과 같이 영업과 관련이 있는 공공적 지출로서, 제조원가에 포함되지 않는 것을 말한다.[11]

세금에는 1년 매출액에 따라 적용하는 방법이 다르다.

❶ 간이 과세자

1년 매출액이 4,800만 원 이하일 경우

❷ 일반 과세자

1년 매출액이 4,800만 원 이상일 경우

개인사업자가 납부해야 할 세금에는 개인 자영업자일 경우 부가가치세, 종합소득세가 있다. 그리고 직원을 채용했을 경우에는 원천세를 납부해야 한다.

❶ 부가가치세(부가세)

「부가가치세」는 상품의 거래나 서비스의 제공 과정에서 얻어지는 부가가치(이익)에 대하여 과세하는 세금이다. 최종소비자가 부가세를 포함하여 지급하면 사업자가 부가가치세를 대신 세무서에 납부한다. 부가가치세는 매출세액에서 매입세액을 차감하여 산출하고, 세율은 10%이다.

❷ 종합소득세

「종합소득세」는 개인이 획득한 소득을 합산하여 자진 신고 및 납부(또는 환급)하는 세금

---

11 우문석(1998), 『유통회계』, 두남출판사, p.223.

이다. 신고대상소득은 근로, 이자, 배당, 부동산, 사업, 기타 소득이 해당된다.

❸ 원천세(원천징수)[12]

「원천세」는 사업자가 직원에게 각종 급여 등을 지급할 경우, 소득자가 납부해야 할 세금을 미리 징수하여 국가에 대신 납부하는 세목이다.

일용직에 대한 급여일 당시 원천세가 1,000원 미만인 경우에는 소액부징수라고 하여 원천세를 징수하지 않는다. 즉 이 원천세에는 소득세 원천세만을 의미하기 때문에 4대보험에 대해 원천징수한 금액을 제외한 금액이 1,000원 미만인 경우에는 원천징수를 하지 않아도 된다는 의미이다.

일용직 근로자에게 인건비를 지급하는 경우에는 원천세 신고 외에 근로복지공단 또는 고용노동부에 일용직 '근로내용 확인서'를 매달 근로내역에 대해서 다음달 15일까지 제출해야 한다.

위와 같이 산출된 세금과 공과가 매출액에서 어느 정도 차지하고 있는지는 매출액 대비 세금과 공과 비율로 파악한다.

「매출액 대비 세금과 공과 비율」이란 매출액에서 차지하는 세금과 공과의 비율로 산출한다.

$$\text{매출액 대비 세금과 공과 비율} = \frac{\text{세금과 공과}}{\text{매출액}} \times 100$$

예를 들어 월 세금과 공과가 100만 원, 매출액이 5,000만 원일 때 매출액 대비 세금과 공과 비율은 다음과 같다.

$$\text{매출액 대비 세금과 공과 비율} = \frac{\text{100만 원}}{\text{5,000만 원}} \times 100 = 2.0\%$$

12 〈국세청 홈텍스〉나 〈이지샵〉과 같은 셀프 세무신고 서비스를 이용할 수 있음.

3.15 영업이익

지금까지 설명한 것처럼, 매출액에서 매출원가를 차감하면 매출총이익이 산출되고, 매출총이익에서 판매관리비를 차감하면 영업이익이 산출된다.

영업이익은 매출총이익에서 판매관리비를 차감하여 얻은 이익, 즉 영업이익은 점포가 식당이라고 하는 본업으로 어느 정도의 이익을 발생시켰는지를 알 수 있는 중요한 성과지표의 하나이다. 따라서 회사에서는 영업이익이 반드시 플러스(+)가 되도록 매출총이익은 높이고, 판매관리비는 줄여야 한다.

[그림 3-7]은 치킨업체 상위 3위의 매출액, 매출총이익률, 영업이익률을 나타내고 있다. 영업이익률의 순위는 B>C>A로 나타나 있다.

그림 3-7 Big 3의 판매관리비와 영업이익

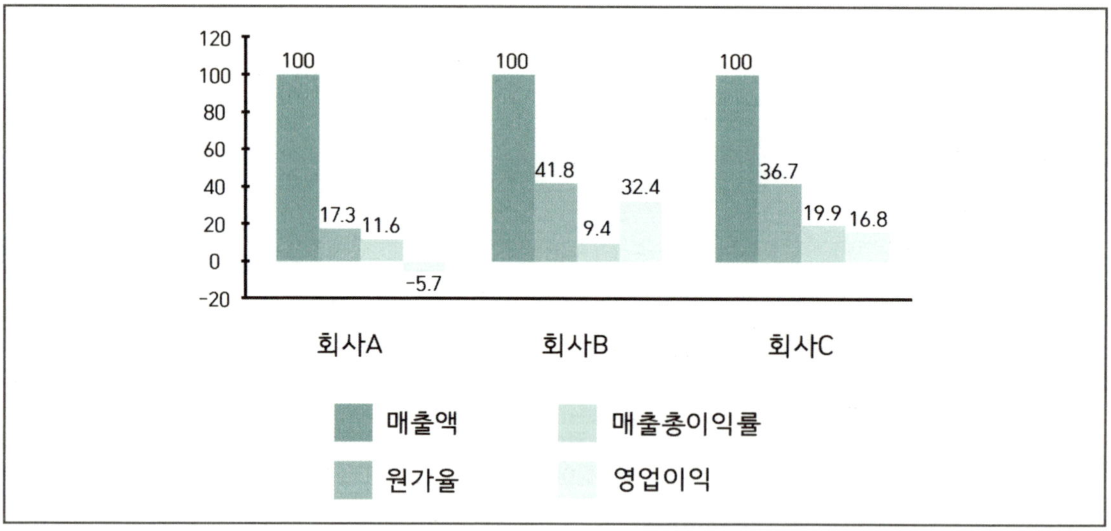

출처: 금융감독원 전자공시시스템: (2021)

영업이익은 매출총이익에서 판매관리비를 차감한 금액으로 산출하고, 영업이익율은 매출액에서 영업이익이 차지하는 비율로 산출한다.

$$\text{영업이익} = \text{매출총이익} - \text{판매비와 일반관리비}$$

$$\text{영업이익} = \text{매출액} - \text{매출원가} - \text{판매비와 일반관리비}$$

$$\text{영업이익율} = \frac{\text{영업이익}}{\text{매출액}} \times 100$$

PART 03

예를 들어 매출총이익이 3,200만 원, 판매관리비가 2,700만 원일 때 영업이익과 영업이익율은 다음과 같다.

$$\text{영업이익} = 3{,}200\text{만 원} - 2{,}700\text{만 원} = 500\text{만 원}$$

$$\text{영업이익률} = \frac{500\text{만 원}}{5{,}000\text{만 원}} \times 100 = 10.0\%$$

영업이익에서 특별손익을 감하여 경상이익을 산출하고, 경상이익에서 법인세(소득세) 등의 세금을 차감하면 점포의 최종이익에 해당하는 당기순이익을 산출하게 된다.

memo

PART 04

매출관리에 강해지자!

4.1 왜 매출액이 중요한가?

“오늘의 매출액은 어느 정도인가요?”

“매출액은 어제와 비교해서 어떤가요?”

“이번 달 매출목표에 어느 정도 달성하고 있나요?”

이처럼, 매출액이라는 용어는 업종과 업태에 상관없이 많은 사람들의 입에 자주 오르는 단어라고 할 수 있다. 그만큼 매출액이라는 지표는 점포를 경영하는데 있어서 매우 중요한 지표라고 할 수 있다.

[그림 4 - 1]은 치킨업계 Big 3의 매출액과 영업이익을 나타내고 있다. 각 사의 매출액의 규모를 통해 점포에 대한 경영성과, 강점, 성장성을 파악할 수가 있다. 예를 들면 회사 A가 시장점유율에서 No.1의 지위를 차지하고 있다고 예상하게 된다.

그림 4 - 1 치킨업계 Big 3의 매출액과 영업어익 (단위: 억 원)

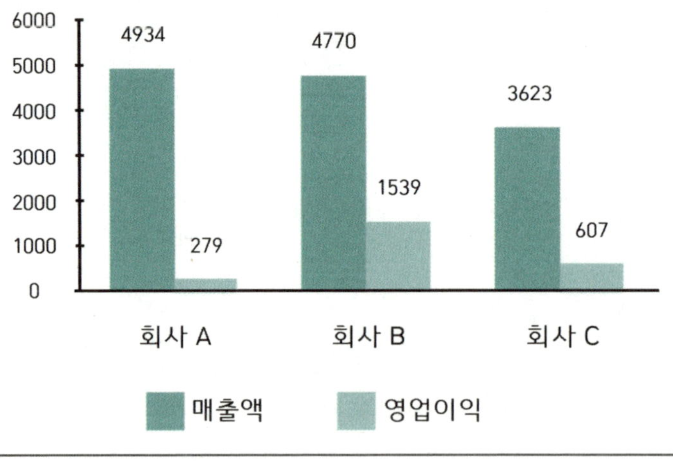

출처: 금융감독원 전자공시시스템(2021)

매출액이란 회사가 제품이나 서비스를 제공함으로써 벌어들인 매출금액의 총액을 말한다. 이 매출액이 높으면 회사의 벌이가 좋다는 것을 알 수 있고, 반대로 낮으면 회사의 벌이가 나쁘다는 것을 알 수 있다.

예를 들면 제품 A를 10,000원에 판매하여 1개를 판매하였다고 하면, 매출액은 10,000원이 된다. 여기에서 원가와 인건비 등의 비용이 6,000원이라면 이익은 4,000원이 된다.

손익계산서에서 가장 먼저 나오는 계정과목이 매출액이다. 왜냐하면 매출액은 매출총이익을 포함하여 여러 가지 이익을 확보하기 위한 출발점, 즉 이익의 원천이 되기 때문이다. 아무리 매입원가나 비용을 절감하였다 하더라도, 적정한 매출액을 달성하지 못하면 이익은 실현되지 않기 때문이다.

아울러 식자재의 사입, 직원의 인건비, 임대료 등을 지급하기 위해서는 매출액을 올리지 않으면 이것 또한 불가능하다. 따라서 점포가 최소한 현재 상태를 유지하고, 나아가 점포를 발전시켜나가기 위해서는 무엇보다도 먼저 매출액을 확보해야 한다.

물론 점포에 있어서 매출액의 증가는 점포의 1차적 목표에 해당하지만, 그러나 최종 목표는 아니다. 점포의 최종 목표는 매출액이 증가함에 따라 적정한 이익을 실현하였는가에 달려있다고 할 수 있다.

이익을 실현함으로써 식자재의 사입을 원활하게 주문할 수 있고, 주방설비나 인테리어를 개선하여 점포의 격을 높일 수 있고, 또한 우수한 직원을 채용하여 접객서비스를 높일 수도 있게 된다.

매출액이 증가함으로써 적정이익을 확보하고, 그것을 다시 점포의 발전을 위해 재투자하는 것, 이것이 매출액과 이익이 점포에 있어서 중요한 성과지표로 인식할 수 밖에 없는 근본적인 이유이다.

최근에는 불경기와 물가상승에 따른 소비둔화로 매출액의 증가를 기대할 수 없어 매출액보다 이익을 중시하려는 경향이 강해지고 있다. 그렇지만 매년 이익을 실현시켜 그 자금을 점포의 발전에 재투자하기 위해서는 우선적으로 매출액을 확보해야만 한다.

4.2 매출액의 발생구조와 산출방법

매출액은 이익의 원천이라고 할 수 있다. 아무리 매입원가나 비용을 절감하더라도, 적정한 매출액을 확보하지 못하면 이익을 실현시킬 수 없기 때문이다.

「매출액」이란 고객에게 제품 또는 서비스를 판매하는 거래를 수익 거래라고 하며, 이러한 수익 거래를 통해 유입되는 수입 금액을 말한다.

매출액을 산출하는 방법 중에서 가장 일반적인 방법이 간이법이다. 간이법에 의한 매출액은 객수에 객단가를 곱하여 산출한다.[1]

객수는 점포를 방문하여 상품을 구매하는 고객의 수를 말하며, '객수 = 내점객수 × 구매율'로 산출한다. 객단가는 고객 1인이 점포를 1회 방문해서 상품을 구매한 금액을 말하고, '객단가 = 구매가격 × 구매점수'로 산출한다.

이 구매가격과 구매점수는 한쪽이 올라가면 다른 한쪽은 내려가는 관계에 있다. 특별세일을 통해 매출액이 올라가는 경우에는 구매점수는 올라가지만 구매가격은 내려간다. 반대로 번들세일을 실시하게 되면 구매점수는 내려가지만 구매가격은 올라간다.

1일 매출액은 객수에 객단가를 곱하여 산출한다.

1일 매출액 = 객수 × 객단가

예를 들어 식당의 1일 객수가 100명, 객단가가 20,000원일 때 1일 매출액은 다음과 같다.

1일 매출액 = 100명 × 20,000원 = 200만 원

위 공식에서 알 수 있는 것처럼, 매출액은 객수가 많을수록 객단가가 높을수록 증가한다. 따라서 점포에서는 매출액을 올리기 위해 객수나 객단가를 잘 관리해야 한다.

아울러 1일 매출액에 영업일수를 곱하면 주별, 월별, 연간 매출액을 산출할 수 있다.

「영업일수」는 점포가 영업하는, 가게의 문을 여는 날의 수를 말한다. 영업일수를 주간 영업일수로 곱하면 주 매출액을, 월간 영업일수로 곱하면 월 매출액을, 연간 영업일수로 곱하

---

1 Hiramatsu Youich(2003), 『가게의 이익』, PHP 연구소, p.106.

면 연 매출액을 산출할 수 있다.

매출액 = 객수 × 객단가 × 영업일수

예를 들어 1일 객수가 100명, 객단가가 20,000원, 한 달 영업일수가 25일일 때 월 매출액은 다음과 같다.

월 매출액 = 100명 × 20,000원 × 25일 = 5,000만 원

아울러 연간 매출액은 월 매출액에 12개월을 곱하여 산출한다.

연 매출액 = 5,000만 원 × 12개월 = 6억 원

표 4-1 간이법에 의한 매출액의 산출

객수	객단가	일 매출액❶	월 매출액❷ (❶×25일)	연 매출액❸ (❷×12개월)
100명	20,000원	200만 원	5,000만 원	6억 원

매출액이 높은지 낮은지는 자사의 과거 실적과 비교하거나, 경쟁사의 실적 또는 산업평균과 비교하면서 평가하게 된다.

4.3 매출예측, 매출목표, 판매계획과의 관계

[그림 4 - 2]는 매출예측, 매출목표, 판매계획과의 관계를 나타내고 있다.[2] 먼저 일정 기간에 시장분석을 통한 매출예측 후에, 달성해야 할 매출목표를 세우고, 매출목표를 달성하기 위한 판매계획을 세우게 된다. 따라서 매출액을 달성하기 위한 판매계획은 계획의 출발점이라고 할 수 있다.

(1) 매출예측

「매출예측」이란 일정 기간에 상품의 매출액이나 매출수량을 추정하여 매출액을 예측하는 것을 말한다. 예를 들면 "올해 ○○상권의 시장규모는 100억 원이 될 것이다." 따라서 이 상권에서 "우리 점포의 예상 매출액은 10억 원 정도가 된다."라고 말할 때, 이것이 매출예측에 해당한다.

(2) 매출목표

매출예측에 근거해서 달성해야 할 매출목표를 정하게 된다.[3]

「매출목표」란 매출예측에 근거해서 일정 기간에 점포가 달성해야 할 매출액을 말한다. 예를 들면 "금년도 우리 점포의 매출목표는 6억 원이다! 이를 달성하기 위해 월 매출목표는 5,000만 원이다!"라고 할 때, 이것이 매출목표에 해당한다.

(3) 판매계획

매출목표가 정해지면 매출목표를 달성하기 위한 판매계획을 세우게 된다.

「판매계획」이란 매출목표를 달성하기 위해 매출목표를 할당하는 것을 말한다. 「매출목표 할당」이란 1년간 필요한 비용이나 실현해야 할 이익 등을 고려하여 달성해야 할 연간 매출액을 정한다. 그런 후 연간 매출액을 계절변동이나 요일변동 등을 반영하여 월별, 주간별,

---

2 Hiramatsu Youich(2003), p.102.
3 Hiramatsu Youich(2003), p.102.

일별 매출액으로 할당하는 과정을 말한다.[4]

미래에 발생할 매출액을 정확하게 예측할 수는 없지만, 실현가능한 판매계획을 세워 추진함으로써 매출목표를 최대한 달성할 수 있게 된다.

그림 4-2 매출예측, 매출목표, 판매계획의 관계

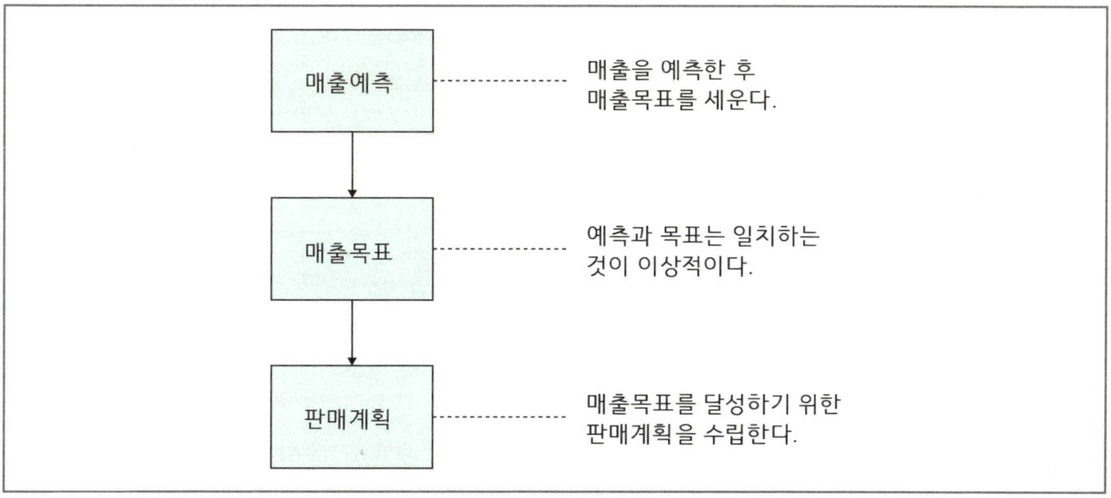

PART 04

4 Irie Naoyuki(2005), 『작은 음식점이 이익내는 방법』, 일본실업출판사, p.187.

4.4 매출예측 (1): 이동평균법

매출목표를 정하기 위해서는 우선 매출액에 대한 예측부터 시작해야 한다. 왜냐하면 매출에 대한 예측은 매출목표와 판매계획의 출발점이 되기 때문이다.

매출예측은 시간별, 상품별, 고객별 등으로 다양하게 예측할 수 있지만, 매출액이라는 것은 매일의 판매활동의 축적에 의해 창출되기 때문에 시간의 경과를 고려하여 매출액을 예측해야 한다.

시간의 경과와 함께 매출을 예측하는 방법으로 이동평균법을 활용할 수 있다. 이동평균법에는 단순이동평균법, 가중이동평균법, 3개월 이동평균법 등이 있다.

(1) 단순이동평균법

「단순이동평균법」은 가장 최근의 기간(N)의 매출액의 합계에 대한 단순평균을 나누어 산출한다. 이 방식은 시간의 경과에 따라 매출액의 평균이 크게 변하지 않는 상품에 적용되며, 계절변동이나 특별한 판촉활동 등이 없을 때 주로 사용한다.

$$\text{예상 매출액} = \frac{\text{최근연도의 매출액 합계}}{\text{기간}(N)}$$

예를 들어 과거 3년간의 연간 매출액이 아래와 같을 때, 4차 년도의 예상매출액은 다음과 같다.

년도	매출액 (만 원)
1차년도	45,000
2차년도	50,000
3차년도	54,000

$$\text{4차년도 예상매출액} = \frac{\text{4억5,000만 원} + \text{5억} + \text{5억4,000만 원}}{3} = \text{4억 9,666만 원}$$

그림 4-3 단순이동평균법에 의한 매출액 예측 (단위: 만 원)

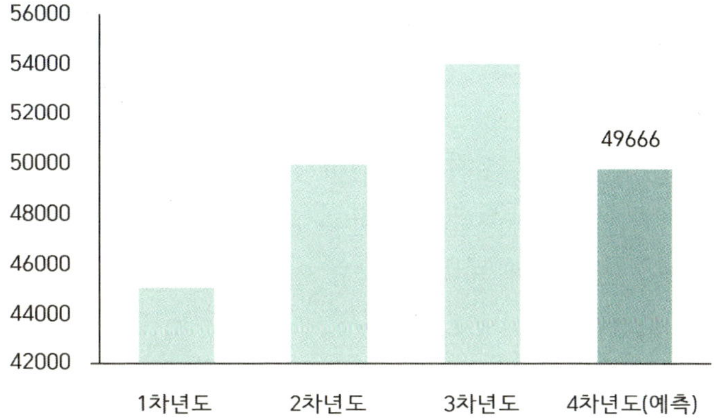

(2) 가중이동평균법

단순이동평균법은 바로 전기의 자료나 그보다 오래된 자료나 모두 동일한 가중치를 활용한다. 그러나 오래된 자료보다 최근의 자료가 의미가 더 클 경우에는 최근 자료에 더 큰 가중치를 주어 이동평균을 구할 수 있다.

「가중이동평균법」은 단순이동평균법의 한계를 보완한 방법으로서, 먼저 기간별 매출액과 함께 기간별로 가중치들을 부여하게 되는데, 최근연도에 더 높은 가중치를 부여하는 방법이다.

예를 들어 과거 3년간의 매출액과 가중치가 아래와 같을 경우, 4차 년도의 예상매출액은 다음과 같다.

년도	매출액 (만 원)	가중치
1차 년도	45,000	0.2
2차 년도	50,000	0.3
3차 년도	54,000	0.5

4차년도 예상매출액 = (4억5,000만 원 × 0.2) + (5억 × 0.3) + (5억4,000만 원 × 0.5)
= 9,000만 원 + 1억5,000만 원 + 2억7,000만 원 = 5억 1,000만 원

4.5 매출예측 (2): 3개월 이동평균법

「3개월 이동평균법」은 극단적인 수치를 조정하기 위해서 해당하는 달의 매출액에 전후 한 달의 매출액을 더해서 매출액을 예측하는 방법을 말한다. 즉 3개월 매출액의 평균을 구하여 3개월 이동평균 매출액을 산출하게 된다. 그리고 월별 매출액을 3개월로 제한하지 않고 6개월의 이동평균으로도 예측할 수도 있다.

3개월 이동평균법에 의한 매출예측은 전년도 1년간의 매월의 매출액이 [표 4 - 2]와 같을 경우 다음과 같다.[5]

❶ 실제 매출액: 매월에 해당하는 실제 매출액을 기입한다.

- 전년도 12월 매출액 = 4,500만 원
- 금년도 1월 매출액 = 4,050만 원

❷ 3개월분의 매출액 합계: 해당 월을 기준으로 전후 1개월, 즉 3개월분의 매출액을 합산한다.

- 1월의 3개월분 매출액 합계 = 4,500 + 4,050 + 3,750 = 1억 2,300만 원
- 2월의 3개월분 매출액 합계 = 4,050 + 3,750 + 4,400 = 1억 2,200만 원

❸ 3개월의 이동평균 매출액: 1월에 해당하는 3개월 매출액 합계를 3개월로 나누어 평균을 구한다.

- 1월의 이동평균 = 12,300 ÷ 3 = 4,100만 원
- 2월의 이동평균 = 12,200 ÷ 3 = 4,067만 원

❹ 차기년도 연간 예상매출액: 12개월의 3개월 이동평균 매출액을 합하여 차기년도 예상매출액 4억 9,900만 원을 산출한다.

3개월 이동평균법에 의한 월별 매출액을 그래프로 나타내면 [그림 4 - 4]와 같다.

---

5 Hiramatsu Youichi(2003), p.120.

표 4-2 3개월 이동평균에 의한 매출예측 (단위: 만 원)

월별	실제 매출액 ❶	3개월 매출액 합계 ❷	3개월 이동평균 매출액 ❸ (❷÷3개월)
전년도 12월	4,500	-	-
금년도 1월	4,050	12,300	4,100
2월	3,750	12,200	4,067
3월	4,400	12,300	4,100
4월	4,150	12,850	4,283
5월	4,300	12,400	4,133
6월	3,950	12,500	4,167
7월	4,250	12,600	4,200
8월	4,400	12,600	4,200
9월	3,950	12,400	4,133
10월	4,050	12,100	4,033
11월	4,100	12,800	4,267
12월	4,650	12,650	4,217
차기년도 1월	3,900	-	-
예상매출액			49,900

그림 4-4 3개월 이동평균법에 의한 월별 매출액 (단위: 만 원)

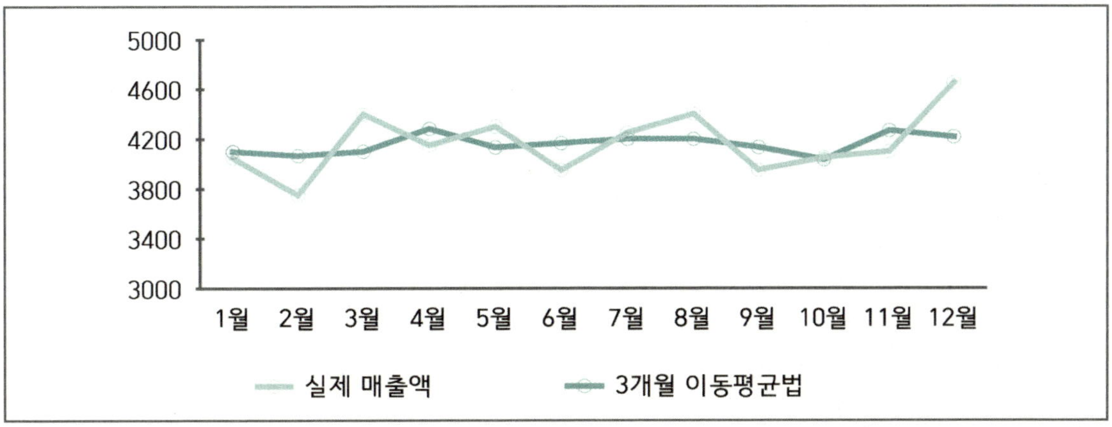

4.6 매출목표의 할당

매출을 예측한 후에는 매출예측에 근거해서 달성해야 할 매출목표를 할당하게 된다. 그리고 할당된 매출목표를 달성하기 위해서 판매계획을 세우게 된다.

「매출목표」란 매출예측에 근거하여 일정 기간에 판매활동을 통해 달성해야 할 매출액 또는 매출수량을 정하는 것을 말한다.

「매출목표의 할당」이란 매출을 올리기 위해서 필요한 비용과 실현해야 할 이익 등을 고려하여 달성해야 할 연간 매출액을 정한다. 그런 후 연간 매출액을 계절변동이나 요일변동 등을 반영하여 월별, 주별, 일별 매출액으로 할당하는 과정을 말한다.[6]

매출목표의 할당은 경영의 나침반과 같은 역할을 한다. 즉 매출목표의 정도(精度)가 높아질수록 목표값과 실제값의 차이가 좁아지고, 가설과 검증 작업도 쉬워진다.

매출목표를 할당하는 절차는 다음과 같다.[7]

❶ 매출 추이의 파악

과거로부터 현재까지의 연도별 매출액 추이를 파악한다. 매출액의 추이가 증가 추세인지 감소 추세인지, 그 방향성을 확인한다.

❷ 연간 매출목표의 할당

실제적인 연간 매출목표는 과거 3년간의 매출액 추이를 검토하면서 할당하든지 또는 목표이익을 고려하여 할당한다.

❸ 월별 매출목표의 할당

월별 매출목표는 연간 매출목표에 과거 실적으로부터 산출된 월별 매출구성비를 곱하여 할당한다. 월별 매출구성비는 날씨나 경쟁사의 상황 등의 변동요인이 강하게 영향을 미치기 때문에 3기 평균을 이용한다.

---

6 Irie Naoyuki(2005), p.187.

7 Kamitani Yosinobu(2016), 『사용할 수 있는 계수 핸드북』, 상업계, p.172.

❹ 주별 매출목표의 할당

주별 매출목표는 월별 매출목표에 과거 실적(3기 평균)으로부터 산출된 주별 매출구성비를 곱하여 할당한다.

경쟁사의 출점 또는 그에 대한 자점의 대책으로 인해 매출액에 큰 변화가 발생할 경우에는, 주별 매출목표 할당을 전년도의 주별 구성비로 산출한 후에 가장 근접한 값으로 수정한다.

❺ 일별 매출목표의 할당

일별 매출목표는 월별 매출목표에 과거 실적으로부터 산출된 주별 · 요일별 매출구성비를 곱하여 할당한다. 공휴일과 휴일, 경쟁사의 동향에 대한 대책 등에 따라 주별 · 요일별 구성비는 해마다 변한다.

요일별 차이, 경쟁사의 출점, 그에 대한 자사의 대책으로 인해 매출액에 큰 변화가 발생될 경우에는, 전년도의 주별 · 요일별 매출구성비로 일별 매출목표를 할당한 후에 가장 근접한 값으로 수정한다.

❻ 차이 분석

매출목표를 관리하기 위해서는 목표에 대한 평가단계가 반드시 필요하다. 매출목표에 대해 어느 정도 달성하였는지를 달성률이나 차이율로 확인하고, 그 대책을 강구해야 한다. 그리고 그 대책을 다음 번의 사업계획에 반영하고, 판매 노하우를 축적한다.

4.7 매출목표의 할당 (1)

앞 절에서 설명한 것처럼, 매출을 예측한 후에는 매출예측에 근거해서 달성해야 할 매출목표를 할당하게 된다. 그리고 할당된 매출목표를 달성하기 위해 판매활동을 어떻게 전개해야 할지 판매계획을 세운다.

「매출목표」란 매출예측에 근거하여 일정 기간에 판매활동을 통해 달성해야 할 매출액 또는 매출수량을 정하는 것을 말한다.

(1) 연간 매출목표의 할당

연간 매출목표는 다양한 방법을 통해 정할 수 있으나, 여기서는 전년도 매출액을 기준으로 정하는 방법에 대해서 설명하고자 한다.

연간 매출목표는 전년도 매출액에 금년도 목표성장률을 곱하여 산출한다.

연간 매출목표 = 전년도 매출액 × (1 + 금년도 목표성장률)

예를 들어 전년도 매출액이 5억 원, 금년도 목표성장률을 전년 대비 20%로 정했을때 매출목표는 다음과 같다.

$$\text{연간 매출목표} = 5\text{억 원} \times (1 + 0.2) = 6\text{억 원}$$

연간 매출목표를 6억 원으로 정했다면, 이 6억 원을 먼저 월별로 할당하고, 다음으로 주별, 일별, 시간대별로 순서를 따라 할당하게 된다.[8]

(2) 월별 매출목표의 할당

연간 매출목표가 정해지면 연간 매출액을 월별로 할당하게 된다. 연간 매출액을 우선 월별로 파악하게 되면 보다 짧은 기간에 매출추이를 파악할 수 있고, 그것을 바탕으로 판매활

8 Kamitani Yosinobu(2016), p.172.

동을 효율적으로 전개할 수 있게 된다. 월별 매출액은 계절변동에 의해 크게 영향을 받는다는 특징을 가지고 있다.

연간 매출액을 월별 매출액으로 할당하는 방법은 연간 매출목표를 평균으로 할당하는 방법과 월별 매출구성비로 할당하는 방법이 있다.

❶ 평균으로 할당하는 방법

이 방법은 연간 매출액을 12개월로 나누어 할당한다.

$$\text{월별 매출액} = \frac{\text{연간 매출액}}{\text{12개월}}$$

예를 들어 연간 매출목표가 6억 원일 때 월별 매출액은 다음과 같다.

$$\text{월별 매출액} = \frac{\text{6억 원}}{\text{12개월}} = \text{5,000만 원}$$

❷ 월별 매출구성비로 할당하는 방법

이 방법은 연간 매출목표에 월별 매출구성비를 곱하여 할당한다.

$$\text{월별 매출액} = \text{전체매출액} \times \text{월별 매출액구성비}$$

예를 들어 연간 매출목표가 6억 원, 전년도 1월 매출구성비가 8.1%일 때 1월의 매출액은 다음과 같다.

$$\text{1월 매출액} = \text{6억 원} \times 0.081 = \text{4,860만 원}$$

월별 매출액을 매출구성비로 산출하면 [표 4 - 3]과 같다.

(3) 주별 및 일별 매출액의 할당

월별 매출액을 주별 매출액과 일별 매출액으로 할당하는 방법은 [표 4 - 4]를 예로 설명하면 다음과 같다.

- 1월의 매출목표가 4,980만 원이기 때문에 대략 5,000만 원으로 정하였다.
- 요일변동지수는 주중(월~금): 주말(토, 일) = 100: 150으로 반영하였다.
  1월에는 주중이 22일, 주말이 8일이기 때문에
  (22일×1)+(8일×1.5) = 22+12 = 34
- 주중 1일 매출액 = 5,000만 원×1÷34 = 147만 원[9]
- 주중 전체 매출액 = 47만 원×22일 = 3,234만 원
- 주말 1일 매출액 = 5,000만 원×1.5÷34 = 220만 원[10]
- 주말 전체 매출액 = 220만 원×8일 = 1,760만 원
- 주별 매출목표
  (147만 원×5일)+(220만 원×2일) = (735만 원+440만 원) = 1,175만 원
- 1월의 매출목표
  3,234만 원+1,760만 원 = 4,994만 원

표 4-3 월별 매출목표의 할당 (단위: 만 원)

월별	전년도 매출액	매출구성비 (%)	차기년도 매출목표
1월	4,050	8.1	4,860
2월	3,750	7.5	4,500
3월	4,400	8.8	5,280
4월	4,150	8.3	4,980
5월	4,300	8.6	5,160
6월	3,950	7.9	4,740
7월	4,250	8.5	5,100
8월	4,400	8.8	5,280
9월	3,950	7.9	4,740
10월	4,050	8.1	4,860
11월	4,100	8.2	4,920
12월	4,650	9.3	5,580
합계	50,000	100	60,000

9 5,000만 원×1÷34 = 1,470,588원임. 계산을 단순화하기 위해 147만 원으로 함.
10 5,000만 원×1.5÷34 = 2,205,882원임. 계산을 단순화하기 위해 220만 원으로 함.

표 4-4 주별 및 일별 매출액 할당 (단위: 만 원)

월	화	수	목	금	토	일	주별 매출
1	2	3	4	15	6	7	
147	147	147	147	147	220	220	1,175
8	9	10	11	12	13	14	
147	147	147	147	147	220	220	1,175
15	16	17	18	19	20	21	
147	147	147	147	147	220	220	1,175
22	23	24	25	26	27	28	
147	147	147	147	147	220	220	1,175
29	30						
147	147						294
							4,994

4.8 월별 매출목표의 할당 (1)

연간 매출목표가 정해지면 연간 매출액을 월별로 할당하게 된다. 연간 매출액을 먼저 월별로 파악하게 되면 보다 짧은 기간에 매출추이를 파악할 수 있고, 그것을 바탕으로 판매활동을 효율적으로 전개할 수도 있다. 월별 매출액의 특징은 계절변동에 의해 크게 영향을 받는다.

[그림 4-5]는 치킨업체 중 하나인 회사 A의 월별 매출액 추이를 나타내고 있다. 연간 매출액은 5억 원, 월평균 매출액은 4,168만 원을 나타내고 있다. 그래프에서 나타나는 것은 매출액이 월별로 다르다는 것이다.

그림 4-5 월별 매출액 추이 (단위: 만 원)

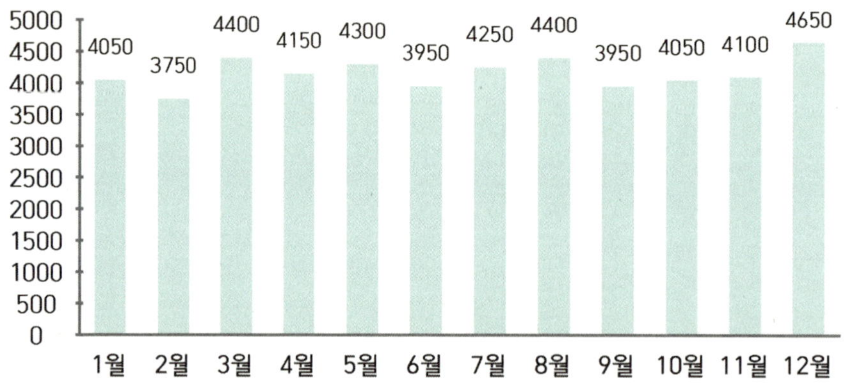

월별 매출목표는 차기년도 매출목표에 월별 매출구성비를 곱하여 산출한다.

월별 매출목표 = 차기년도 매출목표 × 월별 매출액구성비

월별 매출액 할당은 연간 매출액을 월별의 매출구성비를 사용하여 매달로 할당한다. 이때 월별 매출구성비를 산출하는 방법은 다양하다.

연간 매출목표를 월별 매출액으로 할당하는 방법은 다음과 같다.

❶ 평균으로 할당하는 방법

이 방법은 연간 매출액을 12개월로 나누어 월별 매출액을 평균으로 할당한다.

$$월별\ 매출액 = \frac{전체\ 매출액}{12개월}$$

예를 들어 연간 매출목표가 6억 원일 때 월별 매출액은 다음과 같다.

$$월별\ 매출액 = \frac{6억\ 원}{12개월} = 5{,}000만\ 원$$

❷ 월별 매출구성비로 할당하는 방법

이 방법은 연간 매출목표와 월별 매출구성비를 곱하여 할당한다.

$$월별\ 매출액 = 연간\ 매출목표 \times 월별\ 매출액구성비$$

예를 들어 연간 매출목표가 6억 원, 전년도 1월 매출구성비가 8.1%일 때 1월의 매출액은 다음과 같다.

$$1월\ 매출액 = 6억\ 원 \times 0.081 = 4{,}860만\ 원$$

4.9 월별 매출목표의 할당 (2): 계절변동

「계절변동」이란 1년간의 매출액이 계절적인 원인에 따라 규칙적으로 변동하는 것을 말한다. 이 계절변동을 파악하기 위해 계절변동지수를 활용한다.

「계절변동지수」란 계절요인이 제거된 지수를 말한다. 최근 수 개월간의 매출추이를 보려면 지난 달과 비교해야 하는데, 계절변동요인이 포함된 지수를 그대로 이용하면 순수한 추이변동을 파악할 수 없게 된다. 따라서 계절변동요인을 제거한 지수, 즉 계절적 요인을 제거한 지수를 산출하여야 한다.

[표 4 - 5]를 이용하여 계절변동지수를 산출하는 방법은 다음과 같다.

❶ 전년도의 월별 매출액을 작성한다. 그리고 월별 매출액의 전체 합계와 평균을 산출한다.

❷ 월 평균 매출액을 이용하여 계절변동지수를 산출한다. 계절변동지수는 월 평균 매출액에서 월별 매출액이 차지하는 비율로 산출한다.

$$\text{계절변동지수} = \frac{\text{월별 매출액}}{\text{월 평균 매출액}} \times 100$$

예를 들어 1월의 매출액이 4,050만 원, 월 평균 매출액이 4,167만 원일 때 1월의 계절변동지수는 다음과 같다.

$$\text{1월의 계절변동지수} = \frac{\text{4,050만 원}}{\text{4,167만 원}} \times 100 = 97.2$$

❸ 계절변동지수를 이용하여 차기년도의 월별 매출목표를 산출한다.

$$\text{월별 매출목표} = \text{매출목표} \times \frac{\text{월별 계절변동지수}}{100}$$

예를 들어 금년도 매출목표가 6억 원, 1월의 계절변동지수가 97.2일 때 1월의 매출목표는 다음과 같다. 동일한 방법으로 2월 이후의 월별 매출목표를 산출한다.

$$1\text{월의 매출목표} = 6\text{억 원} \times \frac{97.2}{100} = 5,832\text{만 원}$$

표 4-5 계절변동지수와 매출목표 (단위: 만 원)

월별	전년도 실제 매출액 ❶	계절변동지수 ❷	차기년도 매출목표 ❸
1월	4,050	97.2	5,832
2월	3,750	90.0	4,500
3월	4,400	105.6	5,280
4월	4,150	99.6	4,980
5월	4,300	103.2	5,160
6월	3,950	94.8	4,740
7월	4,250	102.0	5,100
8월	4,400	105.6	5,280
9월	3,950	94.8	4,740
10월	4,050	97.2	4,860
11월	4,100	98.4	4,920
12월	4,650	111.6	5,580
합계	50,000	1200	60,000
평균	4,167		

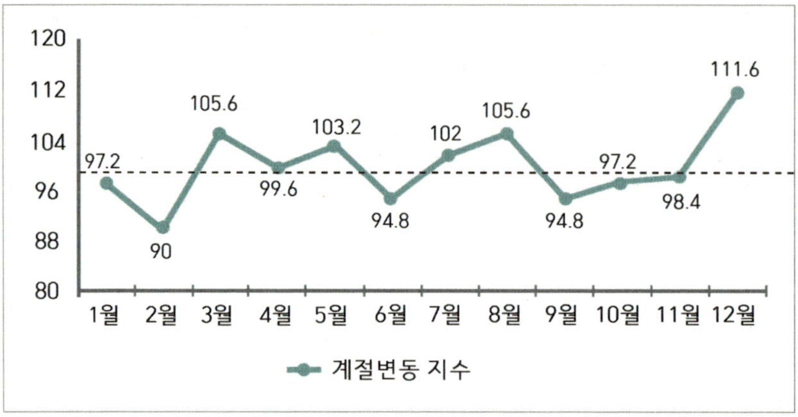
120
112
104
96
88
80
97.2
90
105.6
99.6
103.2
94.8
102
105.6
94.8
97.2
98.4
111.6
1월
2월
3월
4월
5월
6월
7월
8월
9월
10월
11월
12월
계절변동 지수

memo

4.10 주별 매출액과 요일별 매출액

월별 매출액을 할당한 후에는 요일별 매출액을 할당해야 한다. 요일별 매출액은 점포가 입지하고 있는 입지 또는 상권의 특성에 따라 크게 영향을 받는다. 예를 들어 오피스형 상권에서는 주중의 매출액이 주말보다 높고, 아파트형 상권에서는 주중보다는 주말의 매출액이 높다.

(1) 주별 매출액

「주별 매출액」은 월 매출목표를 해당하는 월에 속한 주의 수(4주 또는 5주)로 나누어 산출한다.

$$\text{주별 매출목표} = \frac{\text{월 매출액}}{\text{4주 또는 5주}}$$

예를 들어 1월 매출액이 5,832만 원일 때 한 주의 매출목표는 다음과 같다. 단, 한 달을 4주로 가정한다.

$$\text{주별 매출목표} = \frac{\text{5,832만 원}}{\text{4주}} = \text{1,458만 원}$$

(2) 일별 매출액

「일별 매출액」은 주별 매출액에서 1일 매출액이 차지하는 비율로 산출한다.

$$\text{1일 매출액} = \frac{\text{1주 매출액}}{\text{7일}}$$

예를 들어 1주일 매출액이 1,458만 원일 때 1일 매출액은 다음과 같다.

$$1\text{일 매출액} = \frac{1,458\text{만 원}}{7\text{일}} = 2,082,857\text{원}$$

(3) 요일별 매출액

「요일별 매출액」은 1주일 매출액에서 요일별 매출액이 차지하는 비율로 산출한다.

$$\text{요일별 매출액 구성비} = \frac{\text{요일별 매출액}}{1\text{주}(1\text{달})\text{ 매출액}} \times 100$$

예를 들어 한 달간 월요일 매출액의 합계가 480만 원, 월 매출액이 5,832만 원일 때 월요일의 매출구성비는 다음과 같다.

$$\text{월요일의 매출액구성비} = \frac{480\text{만 원}}{5,832\text{만 원}} \times 100 = 8.23\%$$

4.11 요일변동지수

월별 매출목표를 계절변동지수를 활용하여 조정하였던 것처럼 요일별 매출목표도 요일변동지수를 활용할 수 있다.[11]

「요일변동지수」란 시간요인이 제거된 지수로서, 월 1일 평균 매출액을 100으로 하여, 요일별로 매출액이 어느 정도 되는지를 나타내는 수치를 말한다. 이 지수가 100보다 높으면 매출액이 평균보다 높은 요일, 100보다 낮으면 매출액이 평균보다 낮은 요일, 100이면 평균과 동일한 요일이라는 것을 알 수 있다.

[표 4-6]을 이용하여 요일변동지수를 산출하는 방법에 대해서 설명하고자 한다.

❶ 한 달간의 매일의 실제 매출액을 작성한다.

❷ 요일별로 실제 매출액의 합계와 평균을 산출한다. 평균은 1달이 4주 또는 5주이기 때문에 요일별로 4 또는 5로 나눈다.

❸ 1달간의 1일 평균매출액을 산출한다(176만 원=4,920만 원÷28일).

❹ 요일변동시수를 산출한다. 요일변동지수는 1일 평균 매출액에서 요일별 평균 매출액이 차지하는 비율로 산출한다.

$$\text{요일변동지수} = \frac{\text{요일별 평균매출액}}{\text{1일 평균매출액}} \times 100$$

예를 들어 월요일의 평균 매출액이 120만 원, 1일 평균 매출액이 176만 원일 때 월요일의 요일변동지수는 다음과 같다.

$$\text{월요일의 요일변동시수} = \frac{\text{120만 원}}{\text{176만 원}} \times 100 = 68.2$$

$$\text{일요일의 요일변동지수} = \frac{\text{200만 원}}{\text{176만 원}} \times 100 = 113.6$$

---

11 Irie Naoyuki(2005), pp.177-179.
Kamitani Yosinobu(2016), p.140.

표 4-6 요일별 변동지수 산출 (단위: 만 원)

요일	월	화	수	목	금	토	일	합계	
첫째 주	**100**	**100**	**120**	**120**	**160**	**200**	**180**	2,250	
둘째 주	**120**	**120**	**160**	**140**	**220**	**240**	**200**	2,190	
셋째 주	**120**	**120**	**180**	**140**	**220**	**260**	**200**	2,290	
넷째 주	**140**	**180**	**220**	**200**	**240**	**300**	**220**	2,510	
다섯째 주	**140**	**180**							
힙게	480	520	680	600	840	1,000	800	**4,920**	**÷28**
평균	120	130	170	150	210	250	200	**1,230**	÷7
❼ 요일변동지수 =(평균÷176만 원)	68.2	73.9	96.6	85.2	119.3	142.0	113.6	699 (700)	

상기한 요일변동지수를 그래프로 나타내면 다음과 같다. 주중의 매출액은 평균보다 낮고, 금요일을 포함한 주말의 매출액은 평균보다 높게 나타나고 있다.

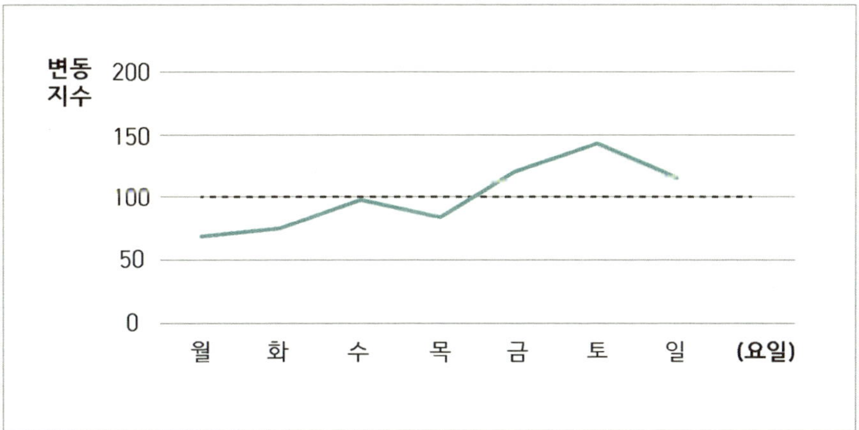

4.12 시간대별 매출액

보통 식당의 영업시간은 보통 오전 10시부터 저녁 10시까지 영업한다. 식당의 매출액은 영업시간 내에서도 시간대에 따라 다르게 나타난다.

[그림 4 - 6]은 시간대별 매출액 추이를 나타내고 있다. 1일 전체 매출액은 126만 원, 1일 평균 매출액은 96만 원이다. 매출액의 추이를 보면 오전 11시부터 5시까지는 낮고, 6시 이후부터 밤 10시까지가 높다. 매출액이 높은 시간대가 몇 시인지, 객수가 가장 많은 시간대가 몇 시인지를 파악하고 있어야 직원이나 알바생을 배치할 때도 도움이 된다.

그림 4 - 6 시간대별 매출액의 추이

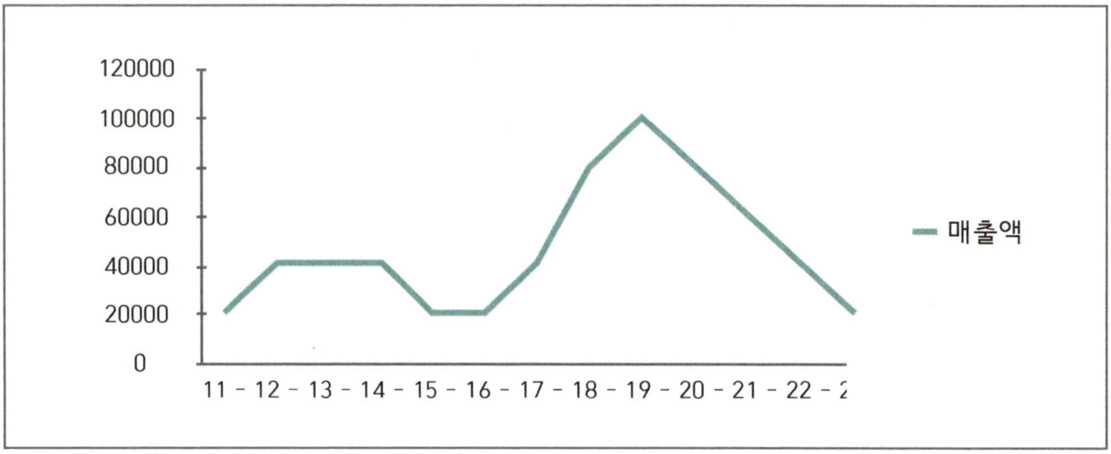

시간대별 매출액은 지수로 나타내기보다는 개략적인 금액으로 파악하는 것이 관리하기가 쉽다. 예를 들면 "점심식사 시간대에는 평균 10만 원, 저녁식사 시간대에는 평균 30만 원 정도의 매출액을 올리고 있다."라고 기억하고 있으면 시간대별 매출액이 기준값보다 크게 낮을 때에 즉시 그에 대한 대책을 강구할 수 있게 된다.

시간대별 매출구성비는 1일의 전체 매출액에서 시간대별 매출액이 차지하는 비율로 산출한다. 시간대별 매출구성비는 주중과 주말에도 차이가 있기 때문에 주중과 주말 이틀을 파악하는 것이 좋다.

$$시간대별\ 매출액\ 구성비 = \frac{시간대별\ 매출액}{1일의\ 전체매출액} \times 100$$

예를 들어 월요일 오전 11시~12시까지 한 시간 동안의 매출액이 2만 원, 1일 전체 매출액이 126만 원일 때, 11시~12시까지의 매출구성비는 다음과 같다.

$$11시 \sim 12시\ 매출액 = \frac{20{,}000원}{1{,}260{,}000원} \times 100 = 1.59\%$$

아울러 시간대별 매출액뿐만 아니라, 시간대별 객수에 대한 데이터를 수집할 수 있다면 시간대별 객수구성비도 파악할 수 있다.

시간대별 객수구성비는 1일 전체 객수에서 시간대별 객수가 차지하는 비율로 산출한다.

$$시간대별\ 객수구성비 = \frac{시간대별\ 객수}{1일의\ 전체객수} \times 100$$

예를 들어 월요일 오전 11시~12시까지 1시간의 객수가 2명, 1일 전체 객수가 300명일 때 11시~12시의 객수구성비는 다음과 같다.

$$11시부터\ 12시까지의\ 객수 = \frac{2명}{300명} \times 100 = 0.67\%$$

PART 04

4.13 차이분석 (1): 매출목표 달성률

매출목표를 관리하기 위해서는 매출목표를 어느 정도 달성하였는지, 그리고 그 차이가 어느 정도인지를 확인해야 한다. 즉 매출목표와 실제매출을 비교함으로써 점포의 실제 상태를 보다 선명하게 나타낼 수 있다.

매출목표의 할당 부분에서 설명한 것처럼, 기간별로 세분화하여 연간, 월간, 주간, 일별로 파악하여 그 차이를 분석해야 한다.

「차이분석」이란 매출목표와 실제매출과의 차이를 분석하고, 그 차이가 발생한 원인을 찾아내고, 그 원인에 대한 대책을 강구하는 것을 말한다.

차이분석을 통해 얻게 되는 장점은 다음과 같다.[12]

- 차이가 큰 항목을 중점적으로 관리할 수 있다.
- 차기의 매출계획에 활용할 수 있다.
- 통제기능을 수행할 수 있다.
- 진행상황을 파악할 수 있다.
- 직원의 근로의욕을 향상시킬 수 있다.

차이분석의 절차는 다음과 같다.

❶ 실제 매출액을 작성한다.

❷ 매출목표와 실제매출을 비교하여 그 차이를 구한다.

❸ 차이가 크게 난 항목을 찾아낸다.

❹ 차이가 발생하게 된 원인을 분석한다.

❺ 원인을 해결할 수 있는 대책을 강구한다.

❻ 대책을 차기 계획에 반영한다.

차이분석에는 매출목표 달성률과 차이율로 파악할 수 있다. 이 절에서는 매출목표 달성률을, 다음 절에서는 차이율에 대해서 설명하고자 한다.

---

12 Katagiri, Tadashi(2002), 『계수관리』, Kanki 출판, p.171.

❶ 연간 매출목표 달성률

「매출목표 달성률」은 매출목표에서 실제매출이 차지하는 비율로 산출한다. 아울러 매출목표 달성률은 연간, 월별, 주별, 일별로 보다 단기적으로 분석하게 되면, 그만큼 세세한 대책을 강구할 수 있다.

$$\text{연간 매출목표 달성률} = \frac{\text{실제매출}}{\text{매출목표}} \times 100$$

예를 들어 금년도 매출목표가 6억 원, 실제매출이 6억 2,000만 원일 때 매출목표 달성률은 다음과 같다.

$$\text{매출목표달성률} = \frac{\text{6억 2,000만 원}}{\text{6억원}} \times 100 = 103.3\%$$

❷ 월별 매출목표 달성률

「월별 매출목표 달성률」은 월별 매출목표에서 실제매출이 차지하는 비율로 산출한다.

$$\text{월별 매출목표 달성률} = \frac{\text{실제매출}}{\text{매출목표}} \times 100$$

예를 들어 1월의 매출목표가 4,860만 원, 실제매출이 5,000만 원일 때 매출목표 달성률은 다음과 같다.

$$\text{1월의 매출목표달성률} = \frac{\text{5,000만 원}}{\text{4,860만 원}} \times 100 = 102.9\%$$

동일한 방식으로 월별 매출목표 달성률과 누계 매출목표 달성률을 산출하면 [표 4 - 7]과 같다.

(1) 매출목표 달성률

❶ 1월의 매출목표 달성률

$$1월\ 매출목표달성율 = \frac{5{,}000만\ 원}{4{,}860만\ 원} \times 100 = 102.9\%$$

❷ 2월의 매출목표 달성률

$$2월\ 매출목표달성률 = \frac{4{,}300만\ 원}{4{,}500만\ 원} \times 100 = 95.6\%$$

(2) 누계 매출목표 달성률

❸ 2월의 누계 매출목표 달성률

$$2월의\ 누계\ 매출목표\ 달성률 = \frac{9{,}300만\ 원}{9{,}360만\ 원} \times 100 = 99.4\%$$

▶ 표 4-7 월별 매출목표, 실제매출, 달성률 (단위: 만 원)

일시	구분	매출목표 (만원)	실제매출 (만원)	달성률 (%)
1월	한달	4,860	5,000	102.9❶
	누계	-	-	-
2월	한달	4,500	4,300	95.6❷
	누계	9,360	9,300	99.4❸
3월	한달	5,280	5,200	98.5
	누계	14,640	14,500	99.0
4월	한달	4,980	4,800	96.4
	누계	19,620	19,300	98.4
5월	한달	5,160	4,900	95.0
	누계	24,780	24,200	97.7
6월	한달	4,740	5,000	105.5
	누계	29,520	29,200	99.0
	한달			
	누계			
12월	한달	5,580	6,000	107.5
	누계	60,000	62,000	103.3
합계		60,000	62,000	103.3

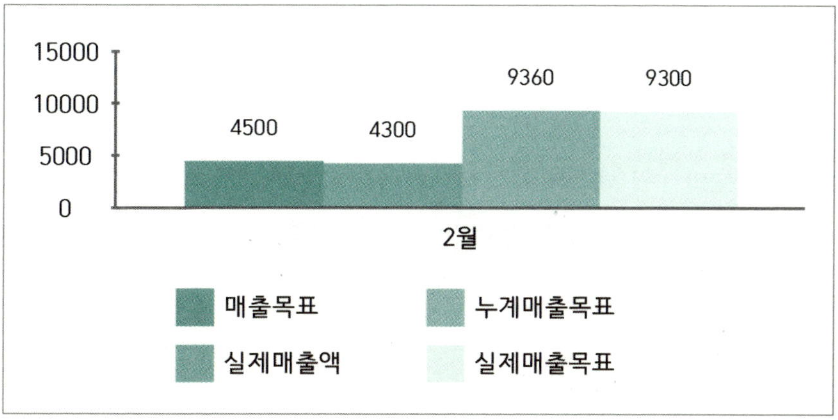

4.14 차이분석 (2): 차이율

「차이율」은 매출목표와 실제매출과의 차이를 나타내는 비율로, 매출목표와 비교하는 방법과 비교년도의 매출목표와 비교하는 방법이 있다.

❶ 매출목표와 비교하는 방법

이 방법은 매출목표와 실제매출을 비교하는 방법이다.

$$\text{차이율} = \frac{\text{실제매출} - \text{매출목표}}{\text{매출목표}} \times 100$$

예를 들어 1월의 실제매출이 4,050만 원, 매출목표가 4,860만 원일 때 차이율은 다음과 같다. 이 수치가 플러스(+)이면 매출목표의 달성, 마이너스(-)이면 매출목표의 미달을 나타낸다.

$$\text{차이율} = \frac{\text{4,050만 원} - \text{4,850만 원}}{\text{4,860만 원}} \times 100 = -16.5\%$$

❷ 비교년도의 매출액과 비교하는 방법

기준년도의 매출액과 비교년도의 매출액을 비교하는 방법이다.

$$\text{차이율} = \frac{\text{비교년도 매출액} - \text{기준년도 매출액}}{\text{기준년도 매출액}} \times 100$$

예를 들어 기준년도의 1월 매출액이 4,000만 원, 비교년도의 1월 매출액이 4,860만 원일 때 차이율은 다음과 같다. 이 수치가 플러스(+)이면 기준년도의 매출목표의 달성을, 마이너스(-)이면 기준년도의 매출목표의 미달을 나타낸다.

$$\text{차이율} = \frac{\text{4,860만 원} - \text{4,000만 원}}{\text{4,000만 원}} \times 100 = 21.5\%$$

PART 05

고객관리에 강해지자!

5.1 매출액의 발생구조

점포가 매출액을 올리는데 있어서 가장 중요한 사람은 고객이다. 왜냐하면 상품을 구매하기 위해 고객이 지불한 가격이 매출액이 되기 때문이다.

매출액을 발생시키는 구조는 기본적으로 '매출액 = 객수 × 객단가'로 구성되어 있다. 즉 매출액은 점포에 몇 사람의 고객이 방문하여, 얼마의 가격을 지급했는지로 결정된다. 예를 들면 어느 치킨점에서 1일 객단가 20,000원의 치킨을 100개 판매하였다면, 1일 매출액은 200만 원이 된다.

객수는 내점객수(객수)와 구매율로 분해할 수 있고, 객단가는 구매가격과 구매점수로 분해할 수 있다. 즉 객수는 내점객수와 구매율과 관련되어 있고, 객단가는 구매가격과 구매점수와 관련되어 있다.

'매출액 = 객수 × 객단가'가 어떤 요소로 구성되어 있는지, 그 구조를 이해하고 있으면 매출액의 증감에 따른 대책을 강구하는데 많은 도움이 될 것이다.[1]

그림 5-1 매출액의 발생 구조

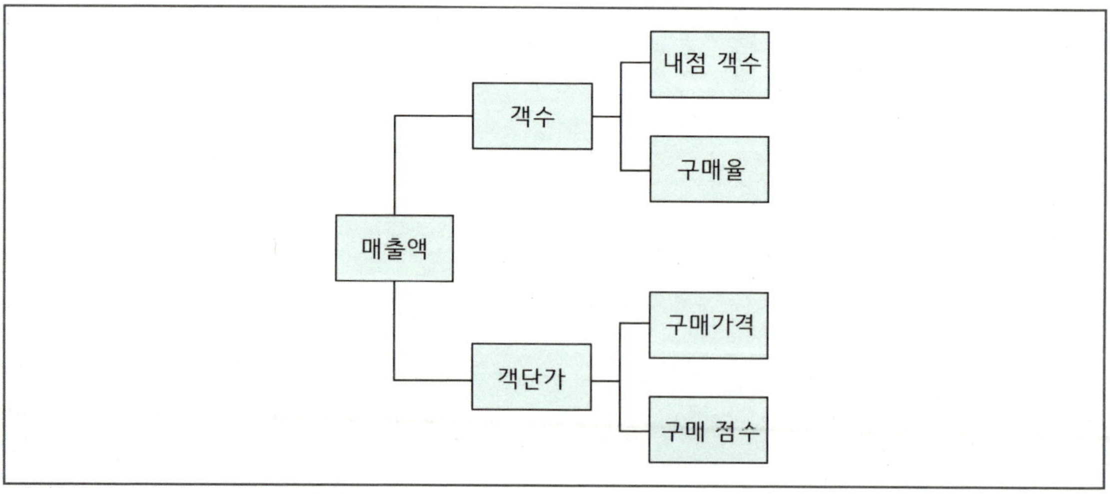

1 Katagiri Tadashi(2002) 『계수관리』, Kanki 출판, p.183.

매출액의 발생구조와 관련된 지표를 산출하는 공식은 다음과 같다.

$$매출액 = 객수 \times 객단가$$

$$객수 = 내점객수 \times 구매율$$

$$구매율 = \frac{구매객수}{내점객수} \times 100$$

$$객단가 = 구매가격 \times 구매점수 = \frac{매출액}{객수}$$

$$구매점수 = \frac{총구매점수}{객수}$$

5.2 객수

매출액을 산출하기 위해서 일반적으로 활용하고 있는 공식은 매출액 = 객수 × 객단가이다. 매출액에 대해서는 많은 관심을 보이지만, 객수에 대해서는 매출액만큼 관심을 보이지 않는 경우가 많다.

매출액을 늘리기 위해서는 먼저 고객에 대해 깊은 관심을 가져야 한다. 만약에 매출액은 줄었지만 객수가 그다지 줄지 않았다면 그 점포에 대한 고객의 선호도는 그런대로 유지되고 있다고 할 수 있다.

「객수」란 일정 기간 상품을 실제로 구매한 고객의 수를 말한 것으로, 점포에 들어왔지만 실제로 주문하지 않은 고객은 포함시키지 않는다. 객수는 점포에 설치된 POS에서 쉽게 파악할 수 있다.

평균 객수는 연간 구매객수를 연간 영업일수로 나누어 산출한다.

$$\text{연간 1일 평균객수} = \frac{\text{연간 구매객수}}{\text{연간 영업일수}}$$

예를 들어 점포에서 상품을 구매한 객수가 30,000명, 1년간 영업일수가 365일일 때 1일 평균객수는 다음과 같다.

$$\text{1일 평균객수} = \frac{30{,}000\text{명}}{365\text{일}} = 82.2\text{명}$$

간혹 점포에서 오늘 하루 객수가 몇 명인지에 대해서 직원에게 질문할 때가 있다. 그러면 대개는 "고객이 많을 때도 있고 적을 때도 있어 객수를 정확하게 파악하지 못했습니다."라고 대답하는 경우가 있다. 그러나 이제부터는 "1일 평균객수는 82명 정도이다!!"라고 정확하게 대답할 수 있도록 한다.

또한 객수의 분석범위를 기간별로 월별, 주별, 일별로 구분해서 파악하는 것도 중요하다. 왜냐하면 계절적 추이나 단기간의 경기변동을 파악하기 위한 자료로 활용할 수 있기 때문이다.

월간 평균객수는 월간 객수를 월간 영업일수로 나누어 산출한다.

$$\text{월간 1일 평균객수} = \frac{\text{월간 구매객수}}{\text{월간 영업일수}}$$

예를 들어 1월의 구매객수가 2,500명, 월간 영업일수가 30일일 때 1일 평균객수는 다음과 같다.

$$\text{1일 평균객수} = \frac{2,500\text{명}}{30\text{일}} = 83\text{명}$$

PART 05

5.3 주문방식에 따른 객수

최근에는 방문고객뿐만 아니라 테이크아웃(포장) 또는 배달로도 많은 매출액을 올리고 있다. 따라서 객수를 주문방식에 따라 방문고객, 테이크아웃, 배달로 구분하여 파악해야 한다.

[그림 5-2]는 프랜차이즈 업계에 있어서 주문방식에 따른 객수와 구성비를 나타낸 것이다. 객수는 방문고객이 프랜차이즈와 비프랜차이즈에서 가장 높게 나타나고 있다. 방문고객 다음으로 테이크아웃과 배달이다.

그림 5-2 주문방식에 따른 객수구성비

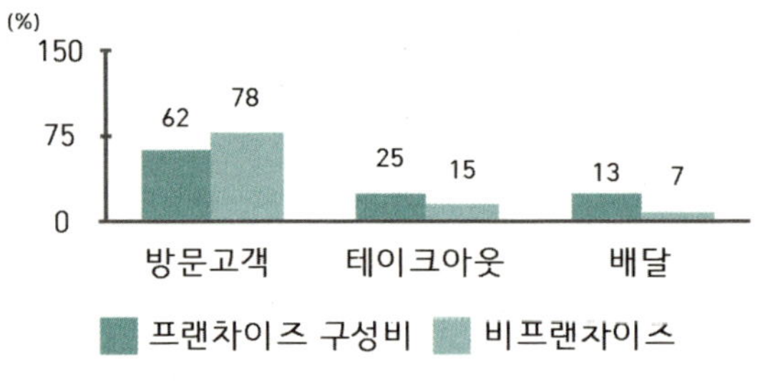

출처: KOSIS 국가통계포털(2018~2021)

1일 방문객수 구성비는 전체 객수 중에서 방문객수가 차지하는 비율로 산출한다.

$$1일\ 방문객수\ 구성비 = \frac{방문\ 객수}{전체\ 객수} \times 100$$

예를 들어 하루 동안 점포를 찾아오는 방문 객수가 64명, 전체 객수가 103명일 때 1일 방문객수 구성비는 다음과 같다.

$$1일\ 방문객수\ 구성비 = \frac{64명}{103명} \times 100 = 62\%$$

한 번 점포를 방문한 고객은 절대로 놓치지 않겠다는 마음가짐을 다져야 한다. 객수가 지속적으로 감소하고 있는 점포에서는 적색 신호가 켜진 상태라고 할 수 있다. 이럴 경우 객수를 올릴 수 있는 대책을 신속하게 강구해야 한다.

❶ 고객이 들어오기 쉬운 점포로 만들자

- 출입하기 쉽도록 점포 출입구를 넓게 만든다.
- 가능한 출입문을 열어두어 고객이 들어오기 쉽게 한다.
- 도로로부터 점포의 전망을 좋게 만든다.
- 점포 앞에 놓여있는 장애물을 제거한다.

❷ 서비스를 강화하자

- 다양한 추가 서비스를 강화한다.
- 주문 서비스나 가공 서비스를 강화한다.

❸ 판촉활동을 강화하자

- 손수 제작한 DM을 발송한다.
- 실제 수요기에 맞춰 집중적으로 전단지를 뿌린다.

❹ 점포 간판을 전략화하자

- 자가용 고객이 많은 점포에서는 취급하는 상품이 한 눈에 들어오도록 간판을 제작한다.
- 좋은 장소에 간판이 설치되어 있으면 멀리서부터 점포가 잘 보이게 된다. 예를 들어 역세권 입지가 아니더라도 지하철역에서부터 간판이 눈에 잘 보이면 역세권 입지와 동일한 효과를 얻을 수 있다.

5.4 객층별 매출액

점포에서 일하다 보면 주로 어떤 고객들이 찾아오는지를 대략 짐작할 수 있다. 그러나 실제로 데이터를 분석해보면 의외로 많은 차이를 발견할 수 있다.

[그림 5-3]은 치킨회사의 프랜차이즈 내점자 수의 특징을 나타내고 있다. 성별에 따른 차이는 거의 없으며, 20대, 30대, 40대가 약 77%를 차지하고 있다.

그림 5-3 치킨회사의 내점자 수의 특징

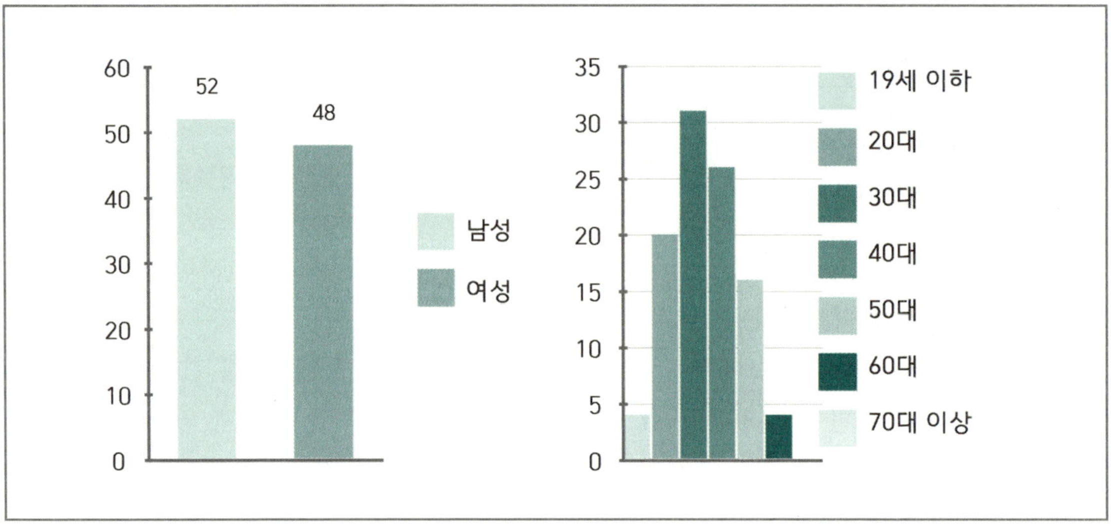

「객층」이란 점포를 방문하는 고객의 카테고리를 나타내는 것으로, 가장 쉽게 파악할 수 있는 것이 성별과 연령이다. 이처럼 객층별로 어떤 시간대에 어떤 상품을 구매했는지를 파악하게 되면, 그들에게 적합한 상품을 개발하여 제공할 수 있게 된다.

객층을 파악할 때 분류기준이 너무 많으면 데이터 입력이 번거롭기 때문에 단순하게 작성할 필요가 있다. 예를 들어 객수가 많은 점포에서는 성별과 연령만으로 분류하고, 객수가 적은 점포에서는 보다 구체적으로 조사할 수 있다.

먼저 성별로 남성과 여성으로 구분하고, 다음에는 연령, 즉 어린이, 중고생, 청년, 장년, 노년 등으로 구분한다. 그리고 해당 연령별로 선호하는 상품이나 가격을 조사한다.

객층을 조사할 때에는 객층별로 매출액과 객수로 구분하여 산출할 수 있다. 객층별 매출액은 전체 매출액에서 객층별 매출액이 차지하는 비율로 산출한다.

$$\text{객층별 매출구성비} = \frac{\text{객층별 매출액}}{\text{전체매출액}} \times 100$$

예를 들어 남성의 월 매출액이 4,160만 원, 전체 매출액이 8,000만 원일 때 남성의 매출구성비는 다음과 같다.

$$\text{남성의 매출구성비} = \frac{4,160\text{만 원}}{8,000\text{만 원}} \times 100 = 52\%$$

아울러 객층별 객수구성비는 전체 객수에서 특정 객층이 차지하는 비율로 산출한다.

$$\text{객층별 객수 구성비} = \frac{\text{객층별객수}}{\text{전체 객수}} \times 100$$

예를 들어 여성 객수가 48명, 전체 객수가 100명일 때 여성의 객수구성비는 다음과 같다.

$$\text{여성의 객수구성비} = \frac{48\text{명}}{100\text{명}} \times 100 = 48\%$$

객층별 매출구성비 또는 객수구성비에 대한 분석을 통해 객층별 매출구성비와 객수구성비에 적합한 판촉활동을 전개할 수 있다. 10대나 20대 학생들에게는 저렴한 가격을 강조하는 판촉활동을, 40대 이후의 고객에게는 고급적인 가격을 강조하는 판촉활동을 전개하게 된다. 결론적으로, 객층별 매출구성비와 객수구성비가 상관성이 있을 때 균형진 상품구성이 이루어졌다고 할 수 있다.

5.5 내점율

점포에게 있어서 좋은 입지는 어떤 요인이 중요할까? "유동인구가 많아야 한다.", "주차공간이 넓어야 한다.", "경쟁사의 경쟁강도를 판단해야 한다."라고 할 수 있다.

매출액의 발생구조에서 '객수 = 내점객수×구매율'이었다. 객수를 산출하기 위해서는 '유동인구×내점율×구매율'로 분해할 수 있다.

「유동인구」란 점포 앞을 지나가는 통행자를 말한다. 유동인구가 많을수록 점포로 들어올 고객수가 많아질 가능성은 있다. 그러나 유동인구가 많다고 해서 유동인구 전부가 점포로 들어오지 않는다. 그 일부만이 점포로 들어오게 된다. 먼저 점포에서 매출액을 늘리기 위해서는 내점객수가 많아야 한다.

「집객력」이란 흡인력이라고 하며, 점포가 고객을 끌어들이는 능력을 말한다. 집객력은 내점율로 파악할 수 있다.

「내점율」이란 점포 앞을 지나가는 유동인구 중에서 몇 명이 점포에 들어왔는지를 비율로 나타내는 것으로, 유동인구에서 내점객수가 차지하는 비율로 산출한다.

$$\text{내점율} = \frac{\text{내점객수}}{\text{유동인구}} \times 100$$

예를 들어 1일 내점객수가 75명, 점포 앞 유동인구가 2,500명일 때 내점율은 다음과 같다.

$$\text{내점률} = \frac{75\text{명}}{2,500\text{명}} \times 100 = 3\%$$

유동인구 중에서 점포로 들어오는 내점율은 보통 3% 정도라고 한다.[2] 예를 들면 점포 앞을 지나가는 유동인구가 100명일 때 고객이 점포로 들어올 가능성은 약 3명에 불과하다는 것이다. 내점율은 저가격 점포에서는 높고, 고가격 점포에서는 낮다.

---

2 신봉규(2008), 『외식산업 입지상권 분석기법』, 백산출판사, p.63.

그렇다면 '하나의 점포를 유지하기 위해 유동인구는 어느 정도 되어야 하는가?'에 대한 질문이 자동적으로 나오게 된다. 결론적으로 말하면 이 질문에 답하는 것은 쉽지 않다. 왜냐하면 내점율은 다양한 변수의 영향을 받기 때문이다.

'한 개의 점포를 유지하기 위해 어느 정도의 객수가 필요한가?'라는 질문에 굳이 답을 하자면, 역산해서 기준을 설정하는 것이 필요하다.

예를 들어 월 매출액이 5,000만 원이고, 객단가가 20,000원일 때 필요한 객수는 약 2,500명(5,000만 원÷20,000원)이다.

이것을 1일 매출액으로 환산하면 166만 원(5,000만 원÷30일)이 된다. 이 매출액을 달성하기 위해 필요한 내점객수는 약 83명(166만 원÷20,000원)이다. 그리고 83명의 내점객수를 확보하려면 만약 내점율이 3%이라고 한다면, 1일 유동인구는 약 2,766명(83명÷3%)이상이어야 한다.

점포의 내점율을 객관적으로 파악하려면 객수를 이용할 수도 있지만, 이럴 경우 대형식당에서는 객수가 많고, 소형식당에서는 적을 수 있다. 따라서 매장면적을 반영하여 평당 집객력으로 효율성을 측정해야 한다.[3] 최근에는 평(坪) 대신에 제곱미터(㎡)를 표준형으로 사용한다.[4]

평당 내점율은 내점객수를 총매장면적으로 나누어 산출한다.

$$\text{평당내점율} = \frac{\text{내점객수}}{\text{총매장면적}} \times 100$$

예를 들어 내점객수가 75명, 매장면적이 20평일 때 평당 내점율은 다음과 같다.

$$\text{평당내점율} = \frac{75\text{명}}{20\text{평}} = 3.75\text{명}$$

내점율이 낮다는 것은 점포 안에 고객이 거의 없다는 것을 말한다. 따라서 점포의 생동감을 높이기 위한 대책을 강구해야 한다.

---

3 Irie Naoyuki(2005), p.177 - 176.

4 m^2를 평으로 환산하는 방법은 매장면적÷3.3하면 됨. 매장면적 $60m^2$를 3.3으로 나누면 18.1평이 됨.

5.6 실구매율

전 항에서 설명한 것처럼, 객수를 구성하는 요소는 유동인구×내점율×실구매율이다. 여기서는 객수를 구성하는 세 번째 요소인 실구매율에 대해서 설명하고자 한다.

「실구매율」이란 매상율이라고도 하며, 내점객수 중에서 구매객수가 차지하는 비율로 산출한다. 여기서 내점객수란 유동인구 중에서 점포로 들어온 객수를 말한다. 식당의 경우, 식당에 들어온 고객은 거의 구매하기 때문에 실구매율은 100%에 가깝다.

$$\text{실구매율} = \frac{\text{구매객수}}{\text{내점객수}} \times 100$$

예를 들어 내점객수가 75명, 구매객수가 70명일 때 실구매율은 다음과 같다.

$$\text{실구매율} = \frac{70\text{명}}{75\text{명}} \times 100 = 93\%$$

전 항에서 산출한 내점율과 실구매율을 곱하여 매출액을 예측할 수 있게 된다. 예를 들어 유동인구가 2,500명, 내점율이 3%, 실구매율이 93%, 그리고 객단가가 20,000원일 때 매출액은 다음과 같다.

$$\begin{aligned}\text{매출액} &= (\text{통행자수} \times \text{내점률} \times \text{실구매율}) \times \text{객단가} \\ &= (2{,}500\text{명} \times 0.03 \times 0.93) \times 20{,}000\text{원} \\ &= 70\text{명} \times 20{,}000\text{원} \\ &= 1{,}395{,}000\text{원}\end{aligned}$$

따라서 객수를 늘리기 위해서는 유동인구, 내점율, 실구매율을 높여야 한다. 실구매율은 일반적으로 저가식당에서는 높고 고가식당에서는 낮지만, 고객이 원하는 상품이 없다면 실구매율은 올라가지 않는다. 그러나 너무나 많은 상품을 제공하게 되면 복잡성 비용의 증가로 실효성이 떨어진다. 따라서 적절한 상품구성을 위해 ABC 분석을 통해 우수한 상품을 집중적으로 판촉활동해야 한다.

실구매율을을 높이는 방법에는 다음과 같은 것들이 있다.

❶ 적극적으로 시식 및 시음을 권장한다

무엇보다도 고객에게 시식 및 시음을 권장하는 것이 효과적이다. 특히 새로 개발한 상품에 대해서는 고객이 자유롭게 시식할 수 있도록 적극적으로 권장한다.

❷ 상품의 특징을 구체적으로 설명하자

상품에 대해 고객이 이해하기 어려운 상품은 POP 광고를 게재하거나 상품의 특징에 대해 직원이 구체적으로 설명하도록 한다.

❸ 생활제안형 판매를 실시하자

상품의 새로운 사용방식이나 신상품을 즐길 수 있는 방식을 제안하는 생활제안형 판매가 고객의 수요를 창출할 수 있다. 따라서 실구매율을 높일 수 있는 생활제안형 판매를 개발하고 강화시켜야 한다.

5.7 재구매율

점포를 찾는 고객은 신규고객과 고정고객으로 나눌 수 있다. 신규고객은 점포를 처음 이용하는 고객을, 고정고객은 특정 점포를 정해 놓고 반복적으로 이용하는 고객, 즉 단골손님을 말한다.

점포에서 매출액을 늘리기 위한 한 가지 방법은 동일한 고객이 점포를 자주 방문하여 구매해 주는 것이다. 즉 재구매율을 높여주는 것이다.

[표 5 - 1]은 서비스업에서 고객별로 방문횟수와 비율을 나타내고 있다.[5]

표 5 - 1 서비스업(미용실)의 고객구성의 예

고객유형	방문횟수	오픈 초기	6개월 후	1년 후	2년 후
신규고객	1회	40%	10%	10%	8%[2*]
재방문 고객	2~3회	10%	25%	15%	10%
고정고객	4회 이상	50%[1*]	65%	75%	82%

1*: 2점포째의 출점이나 개인독립의 경우, 원래 가게의 시절부터 고객이 있기 때문에 처음부터 고정고객이 존재함.
2*: 교외지역 모델의 예임. 도심에서는 약 10~15% 정도임.

「재구매」란 동일한 상품을 반복적으로 구매하는 행위를 말하며, 재구매율로 파악한다.

재구매율은 총구매 객수에서 재구매 객수가 차지하는 비율로 산출한다.

$$재구매율 = \frac{재구매객수}{총구매객수} \times 100$$

예를 들어 1일 재구매 객수가 40명, 총구매 객수가 100명일 때 재구매율은 다음과 같다.

$$재구매율 = \frac{40명}{100명} \times 100 = 40\%$$

5 Kitou Hiromasa(2016), p.146.

예를 들어 재구매율이 40%이라는 것은 고정고객의 구매율이 매출액의 40%를 차지하고, 나머지 60%는 신규고객이 차지하고 있다는 것을 의미한다. 한 달에 몇 회 이상의 구매를 재구매자로 간주할 것인지는 업종과 업태에 따라 다르기 때문에 기준을 정해야 한다.

재구매율을 높이는 방법에는 다음과 같은 것들이 있다.

❶ 고객의 회원화를 추진하자

점포의 규모나 예산에 맞춰 신용카드회사와 제휴하거나, PC로 직접 제작한 카드에 이르기까지 회원카드를 제작한다.

매력적인 회원카드를 만들기 위해서는 어떤 회원 서비스를 제공할 것인지가 중요하다. 일반적으로 회원할인이 많기 때문에 다양한 고객 서비스를 강화시킬 수 있는 방식을 모색해야 한다.

❷ 포인트카드 서비스를 제공하자

구매가격별로 포인트를 가산하여 쿠폰을 선물로 제공하는 포인트카드도 재구매자를 높이는 방법이다. 경품보다는 점포의 쿠폰을 제공하면 재구매로 연결되는 경우가 많다.

재구매자는 매년 감소하기 때문에 이것에만 의존해서는 안된다. 재구매율이 40% 이상이라면 나머지는 신규고객의 구매율은 60%가 된다는 것이다. 재구매자는 매년 감소하기 때문에 이것에만 의존해서도 안 된다. 항상 신규고객을 개척하고 이러한 고객을 재구매자로 만들어가는 판매전략도 필요하다.

❶ 방문하기 쉬운 점포를 만들자

신규고객을 개척하기 위해서는 고객이 점포를 방문하기 쉽도록 해야 한다. 무엇보다 점포를 한 번 찾아오게 하는 것이 중요하다. 상권 내의 잠재고객 중에는 단 한 번도 점포를 방문하지 않은 고객이 많이 있다. 이러한 고객으로의 접근이 필요하다.

❷ 정기적인 세일을 실시하자

신규고객을 개척하기 위해서는 세일을 자주 실시하게 되는데, 즉흥적으로 실시하기보다는 정기적으로 실시하는 것이 좋다.

5.8 구매빈도

고객은 즐겁게 쇼핑할 수 있는 점포를 자주 방문한다. 고객이 한 주 또는 한 달에 어느 정도의 횟수로 점포를 방문하여 구매하는지를 파악하는 것이 구매빈도이다.

「구매빈도」란 고객이 점포에 방문하여 구매하는 빈도를 말하며, 전체 고객의 지난번 구매일을 전체 객수로 산출한다.

$$\text{구매빈도} = \frac{\text{전체 고객의 지난번 구매일}}{\text{전체 객수}}$$

예를 들어 고객 5명의 지난번 구매일의 합계가 65일일 때 구매빈도는 다음과 같다.

$$\text{구매빈도} = \frac{65\text{일}}{5\text{명}} = 13\text{일}$$

즉 평균적으로 고객 1인이 2주일에 1회 정도로 점포를 방문한다는 것을 의미한다. 구매빈도가 낮다는 것은 고객의 방문이 줄어들고 있다는 것으로, 경고 신호가 켜진 상태라고 할 수 있다.

표 5-2 고객의 구매빈도 조사표

고가형 점포		저가형 점포	
고객 No.	지난 번 구매일	고객 No.	지난 번 구매일
1	20일 전	7	7일 전
2	15일 전	8	4일 전
3	10일 전	9	3일 전
4	5일 전	10	1일 전
5	15일 전	11	1일 전
합계	65일	합계	16일
평균 방문빈도	13일	평균 방문빈도	3.2일

구매빈도는 상품구성에도 적용할 수 있다. 예를 들어 고객의 구매빈도가 13일이라면 13일이라는 사이클에 맞춰서 상품구성에 변화를 주게 되면, 고객은 늘 새로운 상품을 개발하여 제공하고 있는 점포라고 생각하게 될 것이다.

구매빈도를 높이기 위한 대책은 다음과 같다.

❶ 매주, 매달, 계절별로 상품에 변화를 주자

매주 또는 매달 새로운 상품을 개발하여 제공함으로써 방문빈도를 높인다.

❷ 방문빈도에 맞춰 세일상품을 강조하자

방문빈도가 1일이라면 '금일의 세일상품', 방문빈도가 7일이라면 '금주의 세일상품', 한 달이라면 '이번 달의 세일상품'이라는 식으로 방문빈도에 맞춰 세일상품을 강조한다.

❸ 정기적으로 DM을 발송하자

전문점에서는 점포로의 방문을 촉진하기 위해 DM을 정기적으로 발송한다. DM의 내용은 계절 인사와 함께 신상품에 대한 정보를 구체적으로 설명한다.

❹ 정기적으로 고객 서비스 데이를 실시하자

매월 1일은 '10% 세일감사 데이'로 정하여 서비스를 실시한다. 쿠폰 서비스를 실시하고 있는 점포에서는 '매월 2일은 쿠폰 2배 서비스 데이'도 좋은 방식이 될 것이다.

5.9 객단가

매출액 = 객수 × 객단가에서 객단가는 구매가격 × 구매수량으로 분해된다. 점포는 차별화된 객단가 전략을 전개하고 있다. 예를 들면 가격 10,000원인 상품을 한 명의 고객이 몇 개 구매하도록 하여 고객가치를 높이도록 할 것인지를 만들어내는 것이라고 할 수 있다.

가격전략은 시장침투 가격전략과 초기고가전략으로 구분할 수 있다.[6]

「시장침투 가격전략(market - penetration pricing)」이란 처음부터 낮은 가격을 책정함으로써 빠른 속도로 시장에 깊이 침투하기 위한 전략으로, 많은 고객을 신속하게 확보하여 일찌감치 높은 시장점유율을 차지하려는 것이다. 또한 고객을 일단 자사 브랜드로 유치한 다음 충성스러운 고객으로 만들기 위해 이 전략을 사용하는 회사도 적지 않다.

반면에 「초기고가전략(market - skimming pricing)」이란 신제품을 기꺼이 구매하려는 고객을 대상으로, 초기에 높은 가격을 책정함으로써 일찌감치 최고의 수익을 올리려고 하는 것을 말한다.

빠른 시장침투를 위해 저가격으로 객수를 늘릴 것인지, 고부가가치를 더하여 객단가를 올릴 것인지를 잘 판단한 후에 그것에 맞는 객단가 전략을 전개해야 한다.

[그림 5 - 4]는 프랜차이즈와 비프랜차이즈의 객단가별 고객구성비를 나타내고 있다. 객단가 5천원~1만 원 미만의 고객이 34%, 1만 원~2만 원 미만의 고객이 35%, 이 두 고객층을 합하면 약 69.1%를 차지하고 있다. 평균 객단가는 프랜차이즈가 10,061원, 비프랜차이즈가 12,727원이다.

이미 설명한 것처럼 매출액은 객수 × 객단가로 산출한다. 객수와 객단가의 관계는 객단가가 낮으면 객수가 올라가고, 객단가가 올라가면 객수가 내려간다. 객단가는 구매가격 × 구매점수로 이루어지기 때문에, 객단가를 높이기 위해서는 구매가격을 올리거나 구매점수를 높여야 한다.

---

6 Phillip Kotler · Gary Armstrong[김건하 · 서준환 · 서찬주 · 송유진 · 송정미 역](2021), pp.302 - 303.

그림 5-4 객단가별 고객구성비

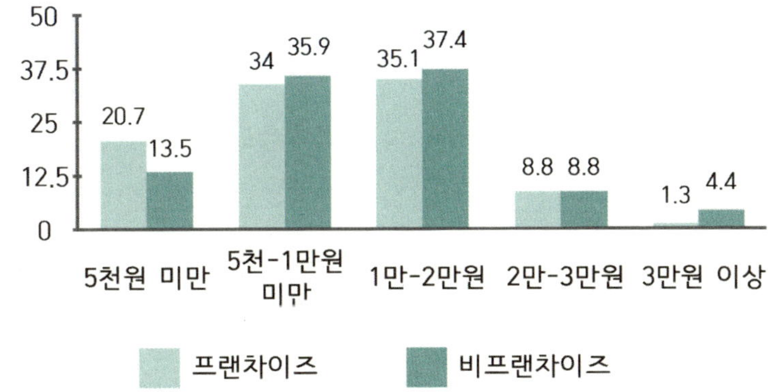

「객단가」란 고객 1인당 평균 구매액으로, 매출액을 객수로 나누어 산출한다.

$$객단가 = \frac{매출액}{객수}$$

예를 들어 1일 매출액이 160만 원, 객수가 80명일 때 객단가는 다음과 같다.

$$객단가 = \frac{160만 원}{80명} = 20{,}000원$$

객단가는 경기의 영향을 많이 받는다. 호경기에는 객단가가 올라가고 매출액도 증가한다. 반대로 불경기에는 객단가가 내려가고 매출액도 감소한다.

객단가를 높이기 위해서는 상품의 평균단가를 올리거나, 고객이 구매하는 수량을 올리거나 해야 한다.

객단가를 올리기 위해서는 먼저 고객의 신뢰를 얻어야 한다. 무작정 고가상품을 강요하여 객단가를 올리려고 해서는 안 된다. 고객 입장에 서서 판매한다면 객단가가 단기적으로는 내려가지만, 장기적으로는 고객의 신뢰를 얻게 되어 결국 올라가게 된다.

5.10 구매점수

객단가는 구매가격×구매점수로 산출한다. 따라서 매출액을 올리기 위해서는 객수와 객단가를 올려야 하고, 객단가를 올리기 위해서는 구매가격뿐만 아니라 구매점수를 올려야 한다.

고가점포에서는 고객이 1개의 상품만을 주문하는 단품주문이 많으며, 이 경우 구매점수는 1점이 된다. 그러나 프랜차이즈 점포에서는 고객이 주메뉴와 함께 다양한 서브메뉴를 주문하는 경우가 많다.

「구매점수」란 고객이 구매한 상품의 수를 말하며, 매출액을 가격으로 나누어 산출한다.

$$\text{구매점수} = \frac{\text{매출액}}{\text{가격}}$$

예를 들어 상품의 가격이 2만 원, 매출액이 300만 원일 때 구매점수는 다음과 같다.

$$\text{구매점수} = \frac{300\text{만 원}}{2\text{만 원}} = 150\text{개}$$

구매점수가 올라가면 객단가도 올라가기 때문에 점포에서는 구매점수를 올릴 수 있는 방안을 강구해야 한다.

일반적으로 호경기 때는 수요의 가격탄력성이 낮아져 객단가가 올라가지만, 불경기 때는 반대로 가격탄력성이 높아져 객단가도 내려간다.

불경기 때는 메뉴 1개당 분량을 줄여 평균가격을 내리고, 그 대신 구매점수를 올림으로써 객단가를 올릴 수 있다. 예를 들어 가격을 5,000원으로 내리고, 구매점수를 3개에서 4개로 늘리게 되면, 객단가를 20,000원(5,000원×4개)으로 올릴 수 있다. 이를 통해 고객은 다양한 메뉴를 즐기면서 만족도를 높일 수 있게 된다.

또한 식자재의 가격인상으로 판매가격이 올라가면 매출액이 감소하게 된다. 가격인상이란 메뉴 1개당 평균가격을 올리는 것을 말한다. 그러나 점포가 제공하는 메뉴, 서비스, 그리고 점포의 품격에 따라 고객이 지급해도 된다고 하는 허용한도가 있다. 그 허용한도를 넘어서 객단가를 높이면 고객수의 급격한 감소를 야기시킬 수 있다.

이러한 문제점을 해결하기 위해서 고객이 즐거운 식사가 될 수 있도록 특별메뉴나 추가메뉴를 주문하도록 한다. 특별메뉴나 추가메뉴를 추가함으로써 구매점수가 올라가면, 고객에게 크게 저항감을 주지 않고 객단가를 올릴 수 있다. 결과적으로 매출액의 증가로 이어질 수 있다.

이처럼 고객이 주메뉴와 함께 특별메뉴나 추가메뉴를 주문하도록 하는 것을 추가주문이라고 한다. 추가주문은 추가 주문율로 파악한다.[7]

「추가 주문율」은 고객이 추가로 주문한 메뉴의 구매점수를 구매객수로 나누어 산출한다.

$$\text{추가 주문율} = \frac{\text{추가메뉴 구매점수}}{\text{구매객수}} \times 100$$

예를 들어 1일 추가메뉴의 구매점수가 30개, 구매객수가 50명일 때 추가 주문율은 다음과 같다.

$$\text{추가주문율} = \frac{30\text{개}}{50\text{명}} \times 100 = 60\%$$

즉 추가 주문율 60%는 전체 고객 중에서 고객 60%가 주메뉴와 함께 서브메뉴를 추가로 주문한다는 것을 의미한다.

식당에서 추가메뉴에 적합한 상품의 특징은 다음과 같다.[8]

- 원가율이 낮은 메뉴
- 매출총이익이 높은 메뉴
- 추가메뉴를 선택해도 저항감이 낮은 저렴한 가격의 메뉴
- 메인요리와 함께 먹어도 적정한 분량의 메뉴
- 식당운영에 방해가 되지 않으며, 신속하게 제공할 수 있는 메뉴

이러한 추가메뉴를 권장하는 이유는 고객이 저항감을 느끼지 않고 주메뉴와 함께 추가로

---

7 Shimizu Hitoshi(1994),『푸드서비스 공격 계수』, 상업계, pp.174 - 175.
8 Shimizu Hitoshi(1994), p.174.

주문함으로써 객단가를 올릴 수 있다는 것이다. 그 결과 전체적으로 원가율을 낮춰 매출총이익을 실현할 수 있기 때문이다.

표 5-3 점포별 이용객수, 추가주문수, 추가주문율

	이용객수 ❶	추가 주문수 ❷	추가주문율❸ (❷÷❶×100)
점포 A	1,000명	80개	8.0%
점포 B	1,200명	90개	7.5%
점포 C	1,300명	120개	9.2%

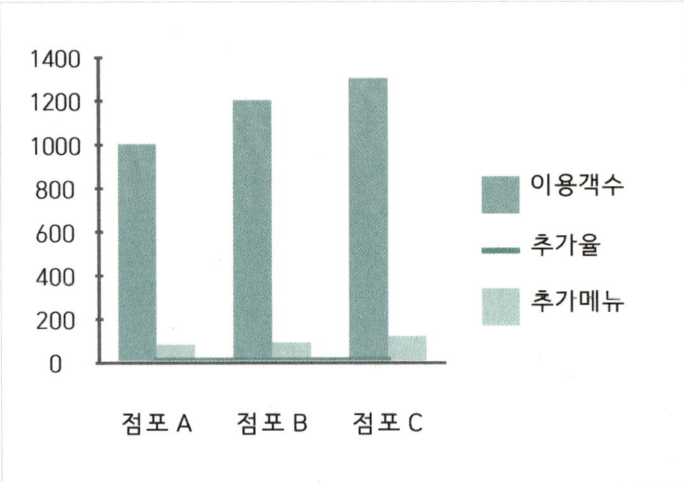

구매점수를 늘리기 위한 방법에는 다음과 같은 것들이 있다.

❶ 관련성 상품을 함께 진열하자

셀프서비스 판매를 중심으로 운영되는 점포에서는 주력상품과 관련된 상품을 함께 판매하여 구매점수를 올릴 수 있다. 예를 들어 주력상품과 추가상품을 함께 제공하면 구매점수가 올라가며, 동시에 고객에게도 편의성을 제공할 수 있게 된다.

❷ 세트상품을 개발하자

세트상품이란 예를 들어 1개에 10,000원 하는 상품 3개를 한 세트로 만들어 27,000원으로 판매하는 경우를 말한다. 가족 수가 많은 고객이나 구매빈도가 높은 단골고객에게는 크게 도움이 된다. 결국 세트상품의 판매로 매출액이 증가되고 재구매율이 올라간다.

❸ 세일상품을 대대적으로 광고하자

세일상품에 대해 대대적인 광고를 통해 고객의 충동구매를 유도한다. 세일상품을 출입구나 계산대에 가까운 곳에 제공하면 구매점수가 올라갈 수 있다. 매일 매일 상품을 번갈아가면서 제공하게 되면 고객도 세일상품을 즐거운 마음으로 기다리게 될 것이다.

memo

PART 06

상품관리에 강해지자!

6.1 매출총이익

점포를 성장시키고 발전시키기 위해서는 반드시 매출목표를 달성해야만 한다. 이것은 당연히 이익을 내고 있다는 것이 전제가 되어야 한다. 그렇지 않으면 “앞에서 남고 뒤에서 밑진다.”, “빛좋은 개살구”라는 표현처럼, 매출목표는 달성했지만 이익을 실현시키지 못하는 결과를 초래하기 때문이다.

[그림 6-1]은 치킨업계 Big 3의 매출액, 매출원가, 매출총이익률을 나타내고 있다. 회사 A는 매출액에서 원가율이 차지하는 비율이 높아 매출총이익률이 아주 낮게 나타나 있다.

그림 6-1 치킨업계 Big 3의 매출총이익률 (단위: %)

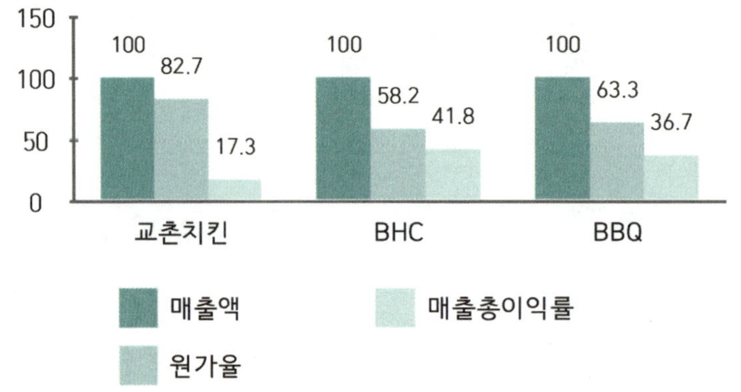

출처: 금융감독원 전자공시시스템 자료(2021년도)

손익계산서에서 가장 먼저 나오는 이익이 매출총이익이다. 매출총이익은 매출액에서 매출원가를 차감한 후 남은 금액을 말한다. 그러나 이것이 최종이익은 아니다. 매출총이익에서 영업이익, 경상이익, 법인세전이익을 거쳐 최종적으로 남은 당기순이익은 매출액 대비 몇 % 에 불과하다.

매출총이익은 영업이익에, 영업이익은 경상이익에 영향을 미치게 된다. 따라서 매출총이익이 올라가면 그만큼 영업이익에도 플러스(+) 영향을 미치지만, 반대로 매출총이익이 낮아지면 영업이익에도 마이너스(-) 영향을 미치게 된다.

「매출총이익」은 매출액에서 매출원가를 차감하여 남은 금액을 말하며, 매출총이익율은 매출액에서 매출총이익이 차지하는 비율로 산출한다.

$$매출총이익 = 매출액 - 매출원가$$

$$매출총이익률 = \frac{매출총이익}{매출액} \times 100$$

예를 들어 치킨 1인분의 가격이 20,000원, 매출원가가 7,200원일 때 매출총이익과 매출총이익률은 다음과 같다.

$$매출총이익 = 20,000원 - 7,200원 = 12,800원$$

$$매출총이익률 = \frac{12,800원}{20,000원} \times 100 = 64\%$$

아울러 분석단위를 월로 확대하여, 월 매출액이 5,000만 원, 매출원가가 1,800만 원일 때 매출총이익과 매출총이익률은 다음과 같다.

$$매출총이익 = 5,000만 원 - 1,800만 원 = 3,200만 원$$

$$매출총이익률 = \frac{3,200만 원}{5,000만 원} \times 100 = 64\%$$

매출총이익을 높이려면 매출액은 최대한 높이고 매출원가는 낮춰야 한다. 매출총이익을 높이는 가장 쉬운 방법은 매출원가를 낮추는 것이지만, 매출원가를 낮추는 일이 그다지 쉽지 않기 때문에 또 다른 대책을 강구해야 한다.

❶ 상품별로 매출총이익률을 기억하자

상품별로 매출총이익률을 기억하여, 고객이 상품을 선택할 때 매출총이익률이 높은 상품을 자연스럽게 추천하도록 한다.

❷ 매출총이익률이 높은 상품을 강화하자

일반적으로 주메뉴에서는 가격경쟁이 치열하여 매출총이익률이 낮지만, 주메뉴와 관련된 서브메뉴나 음료는 매출총이익률이 높은 편이다.

6.2 수익믹스

점포에서는 매출총이익률을 올리기 위해서는 매출액을 올리거나 매출원가를 내려야 한다. 그러나 불경기 또는 가격경쟁이 치열할 때는 가격인상이 어렵기 때문에 다른 대책을 강구해야 한다.

여기서는 상품가격을 올리지 않고 취급상품의 수에 변화를 주면서 매출총이익을 올리는 방법에 대해서 설명하고자 한다.

점포에서 취급하는 상품은 다양하다. 어떤 점포에서는 주메뉴를 중심으로 몇 가지 서브메뉴만을 제공하지만, 어떤 점포에서는 수십 개의 메뉴를 제공하기도 한다. 당연한 이야기이지만 점포에서 제공하고 있는 모든 상품의 매출총이익률은 각각 다르다. 매출원가의 높고 낮음에 따라 매출총이익률이 높은 상품도 있고 낮은 상품도 있다.

매출총이익률을 높이기 위한 한 가지 방법은 매출총이익률이 높은 상품을 최대한 많이 판매하는 것이다. 이때 사용하는 지표가 수익비율이다.

「수익비율」이란 2개의 서로 다른 비율을 곱해서 값을 내는 방법으로, 상품별로 창출하는 이익이 높은지 낮은지를 판단할 수 있는 수치를 말한다. 보다 정확하게 말한다면 이익계수라고 할 수 있다.[1]

수익비율은 개별 상품의 매출구성비와 매출총이익률을 곱하여 산출한다.

수익비율 = 개별상품의 매출구성비 × 매출총이익률

예를 들어 상품 A의 매출구성비가 40%, 매출총이익률이 20%일 때 수익비율은 다음과 같다.

$$\text{상품 } A\text{의 수익비율} = 0.4 \times 0.2 = 8.0\%$$

[표 6-1]을 보면, 상품 A의 매출구성비가 40%로 가장 높고, 다음은 B > C > D 순이다. 상품 A의 매출구성비가 가장 높기 때문에 상품 A가 다른 상품보다 매출액에 가장 크게 공

1 Kouno Hidetoshi(2002), pp.140-143.

헌하고 있는 것으로 판단할 수 있다. 그러나 매출총이익에 대해서도 상품 A가 가장 크게 공헌하고 있는지는 수익비율로 검토해야 한다. 상품 A의 수익비율은 8%이지만, 상품 B는 12%로 가장 높다. 전체 상품의 수익비율을 합계하면 28%가 된다. 이 수익비율 28%는 4개의 상품의 매출총이익률을 합한 수치와 같다.

매출총이익률의 전체 합계가 28%이기 때문에 개별 상품이 수익비율 28%를 만들어내는데 어느 정도 공헌하고 있는지를 파악해야 한다. 이때 사용하는 것이 수익비율 구성비이다.

「수익비율 구성비」란 전체 수익비율에서 개별 상품이 어느 정도 공헌하고 있는지를 나타내는 것으로, 전체 상품의 수익비율에서 해당 상품의 수익비율이 차지하는 비율로 산출한다.

$$\text{수익비율 구성비} = \frac{\text{해당상품의 수익비율}}{\text{전체 상품의 수익비율}} \times 100$$

PART 06

예를 들어 상품 A의 수익비율이 8%, 전체 상품의 수익비율이 28%일 때 상품 A의 수익비율 구성비는 다음과 같다.

$$\text{상품 } A\text{의 수익비율 구성비} = \frac{8}{28} \times 100 = 28.6\%$$

표 6-1 수익비율과 매출구성비 (단위: %)

상품	매출구성비 ❶	매출총이익률 ❷	수익비율 ❸(❶×❷)	수익비율 구성비❹ (❸÷❺)
A	40	20	8	28.6
B	30	40	12	42.9
C	20	30	6	21.4
D	10	20	2	7.0
전체 수익률	100	27.5	28❺	100

위의 표에서 매출구성비를 보면 상품 A가 높고 상품 B는 낮다. 그러나 수익비율 구성비를 보면 상품 B가 42.9%로 가장 높고, 다음으로 상품 A가 28.6%로 2위가 된다. 따라서 상품 A가 매출액이 높고 상품 B의 매출액이 낮지만, 수익비율 구성비로 보면, 상품 B가 상품 A보다 이익에 더욱 공헌하고 있다고 말할 수 있다.

6.3 교차비율

상품의 효율성을 판단하기 위해서는 매출총이익률뿐만 아니라 상품회전율도 함께 검토해야 한다. 상품회전율이란 일정 기간에 상품의 재고액이 몇 번 회전했는지를 나타내는 비율로, 재고의 효율성을 매출액과의 관계로 나타내는 지표이다. 이 재고를 매출총이익률과의 관계로 검토하는 것이 교차비율이다.[2]

「교차비율」은 상품에 투자한 자본이 어느 정도의 이익을 올리고 있는지를 나타내는 지표로, 매출총이익률과 상품회전율을 곱하여 산출한다. 아래 공식에서 알 수 있는 것처럼, 교차비율이 높은 상품은 매출총이익이 높으면서 상품회전율이 높은 상품을 말한다.[3]

- 매출총이익률이 높고 평균재고가 낮으면, 교차비율은 높아진다.
- 매출총이익률이 낮고 평균재고가 높으면, 교차비율은 낮아진다.

$$\text{교차비율} = \text{매출총이익률} \times \text{상품회전율}$$

$$\text{교차비율} = \frac{\text{매출총이익}}{\text{매출액}} \times \frac{\text{매출액}}{\text{평균재고액}} = \frac{\text{매출총이익}}{\text{평균재고액}}$$

예를 들어 상품 A의 매출총이익률이 50%, 상품회전율이 7회일 때 상품 A의 교차비율은 다음과 같다.

$$\text{상품 } A\text{의 교차비율} = 50\% \times 7\text{회전} = 350\%$$

[표 6 - 2]는 4개의 상품의 매출총이익률과 상품회전율을 예시하고 있다. 매출총이익은 상품 C가 60%로 가장 높고, 상품회전율은 상품 A가 7회로 가장 높다. 이러한 조건에서 4개의 상품 중에 어떤 상품이 점포에 가장 높게 공헌하고 있는지를 검토해야 한다.

---

2 Katagiri Tadashi(2000), p.84.

3 Hiramatsu Youichi(2003), p.94.

표 6-2 교차비율

상품	매출총이익률❶	상품회전율❷	교차비율❸ (❶×❷)
상품 A	50%	7회	350%
상품 B	40%	6회	240%
상품 C	60%	3회	180%
상품 D	30%	3회	90%

위 표에서 알 수 있는 것처럼, 상품 A의 교차비율이 350%로, 점포에 대한 공헌도가 가장 높다는 것을 의미한다. 일반적으로 교차비율의 기준치는 180~200% 이상을 요구하고 있다.[4] 이 기준을 유지하기 위해서는 매출총이익률이 낮은 점포에서는 상품회전율을 높이고, 상품회전율이 낮은 점포에서는 매출총이익률을 높여야 한다.

[그림 6-2]는 매출총이익률과 상품회전율을 결합하여 나온 4가지 판매정책을 나타내고 있다.[5] 상품별로 어떤 판매정책을 전개할 것인지를 결정해야 한다.

그림 6-2 교차비율에 의한 상품 유형

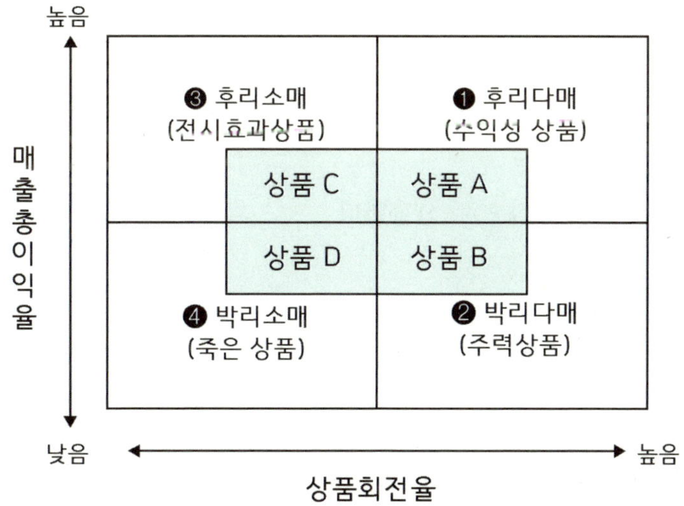

4 Hiramatsu Youichi(2003), p.95.
5 Oyama Yasushi(1996), 『경영분석의 기본을 익힐 수 있는 책』, Kanki 출판, pp.120 - 121.

6.4 상품회전율

점포에서 “상품회전율을 높여야 한다.”, “상품 A는 상품회전율이 높고 상품 B는 상품회전율이 낮다.”라고 하는 대화를 자주 듣게 된다. 그만큼 상품회전율은 점포에서 판매 효율성을 검토하는데 대표적인 지표라고 할 수 있다.

고객에게 상품을 판매하기 위해 점포에서는 다양한 식자재를 구입하여 재고로 보유해야만 한다. 이 재고로 어느 정도의 매출을 올리고 있는지를 파악할 때 활용하는 것이 상품회전율이다.

「상품회전율」이란 일정 기간에 상품의 재고액이 몇 번 회전했는지를 나타내는 비율을 말한다. 상품회전율이 높은 상품일수록 자본의 회수기간이 짧으며 많은 이익을 실현시킬 수 있다. 그뿐만 아니라, 상품의 선도가 높아져 고객에게 신선한 상품을 제공할 수 있다.

상품회전율은 매출액을 평균재고액으로 나누어 산출한다.

$$\text{상품회전율(회)} = \frac{\text{매출액}}{\text{평균재고액}}$$

재고액은 기말에 평가한 상품의 재고액을 말한다. 재고는 일정하지 않고 변동하기 때문에 평균재고액으로 산정한다. 월간 평균재고액의 경우 기초는 월초상품재고액이, 기말은 월말상품재고액이 된다.

연간 평균재고액은 다음 공식으로 산출한다.

$$\text{평균재고액} = \frac{(\text{기초상품재고액} + \text{기말상품재고액})}{2}$$

예를 들어 기초상품재고액이 800만 원, 기말상품재고액이 1,000만 원, 연간매출액이 5,000만 원일 때 평균재고액과 상품회전율은 다음과 같다.

$$\text{평균재고액} = \frac{(800\text{만 원} + 1{,}000\text{만 원})}{2} = 900\text{만 원}$$

$$상품회전율 = \frac{5,000만원}{900만원} = 5.6회전$$

상품회전율이 높다는 것은 적은 재고로 많은 매출액을 올리고 있다는 것이기 때문에 재고 투자에서 효율이 높다고 할 수 있다. 상품회전율이 너무 높을 때에는 재고부족이 발생하거나, 판매기회를 놓칠 수 있다.

반대로 상품회전율이 낮다는 것은 자금이 재고라고 하는 형태로 점포에서 잠자고 있다는 것을 의미한다. 결국 불량재고가 늘어나고, 자금회전이 악화되어 다음번의 식자재 매입이 어려워지는 악순환에 빠지게 된다.

상품회전율을 활용하고자 하는 경우 일수로 파악하면 이해하기 쉽기 때문에 자주 상품회전일수를 이용한다.

「상품회전일수」는 재고가 전부 판매되어 없어질 때까지 며칠이 걸리는지, 즉 판매에 필요한 기간을 말한다. 바꾸어 말하면 1일 매출액에 대해서 며칠분의 재고를 가지고 있는 것이라는 재고의 길이를 나타낸다.

상품회전일수는 365일을 상품회전율로 나누어 산출한다.

$$상품회전일수 = \frac{365}{상품회전율}$$

예를 들어 상품회선율이 5.6회일 때 상품회전일수는 다음과 같다.

$$상품회전일수 = \frac{365일}{5.6회} = 65.17일$$

상품회전일수를 파악할 때에는 개별 상품별로 파악하게 되면 신속하게 대응할 수가 있다. 상품회전일수가 낮을수록 재고의 회전이 빠르고 잘 팔리고 있다는 것을 의미한다.

상품회전율을 높이기 위해서는 재고를 줄이면서 매출을 올리거나, 매출을 현재 수준으로 유지하면서 재고를 줄여야 한다.

6.5 공헌도 분석

개별 상품의 매출액 변화를 검토하면서 어떤 문제점을 발견하기 위해서는 매출증가율, 매출구성비, 매출총이익률, 상품회전율, 교차비율 등 다양한 지표를 활용할 수 있다.

예를 들면 매출증가율이 1~2% 정도로 정체되어 있다거나, 매출총이익률이 5% 이하로 그다지 높지 않다거나 하는 문제점을 발견한 경우에는, 매출증가율 또는 매출총이익률을 높이기 위한 해결책을 찾아야 한다. 이처럼 어떤 문제점에 대한 대책을 강구하고자 할 때 점포의 전체 성과에 개별 상품이 어느 정도 공헌하고 있는지를 검토해야 한다. 이때 활용하는 것이 공헌도 분석이다.

「공헌도」란 점포의 전체 성과에 개별 상품이 어느 정도 공헌하고 있는지를 나타내는 것으로, 공헌비율로 측정한다.

「공헌비율」은 교차비율과 매출구성비를 곱하여 산출한다. 교차비율은 매출총이익률과 상품회전율을 곱하여 산출한다.[6]

$$\text{공헌비율} = \text{교차비율} \times \text{매출구성비}$$

$$\text{교차비율} = \text{매출총이익률} \times \text{상품회전율} \times 100$$

예를 들어 상품 A의 매출총이익률이 50%, 상품회전율이 7회전, 매출구성비가 25%일 때 교차비율과 공헌비율은 다음과 같다.

$$\text{상품 }A\text{의 교차비율} = 50\% \times 7\text{회전} \times 100 = 350\%$$

$$\text{상품 }A\text{의 공헌비율} = 350 \times 0.25 = 87.5\%$$

공헌비율이 높다는 것은 매출총이익률, 상품회전율, 매출구성비가 모두가 높기 때문에 점포에 대한 공헌도가 높은 상품이라고 판단할 수 있다.

---

6 Kouno Hidetoshi(2002), p.149.
Katagiri Tadashi(2000), p.196.

따라서 공헌비율에 근거하여 점포의 전체 성과에 공헌하는 상품의 조건은 다음과 같다. 이러한 다양한 요소들이 서로 연관되어 작용하기 때문에 상품을 종합적으로 검토하여 공헌도를 평가해야 한다.

- 매출액이 높은 상품의 매출구성비를 높인다.
- 교차비율이 높은 상품의 매출구성비를 높인다.
- 매출총이익율이 높은 상품의 매출구성비를 높인다.
- 매출구성비가 높은 상품의 교차비율을 높인다.
- 매출구성비가 높은 상품의 매출총이익율을 높인다.
- 매출구성비가 높은 상품의 상품회전율을 높인다.

PART 06

[표 6-3]은 3개의 상품에 대한 공헌도 분석 결과를 나타내고 있다. 공헌비율이나 공헌도 순위 등을 검토하면 원자료로는 평가하기 어려운 개별 상품의 판매추이나 문제점을 찾아낼 수가 있다. 단지 매출액만 높으면 당연지사 이익도 높을 것이라는 관념에서 벗어나 공헌도 분석을 통해서 개별적으로 상품을 평가해야 한다.

표 6-3 상품별 공헌도 분석

상품	상품 A	상품 B	상품 C	합계
매출액	25,000원	20,000원	15,000원	600,000원
매출총이익률❶	50%	40%	60%	
상품회전율❷	7회	6회	3회	
교차비율❸ (❶×❷)	350	240	180	
매출구성비❹	25%	20%	15%	
공헌비율❺ (❸×❹)	87.5	48	27	162.5❻
공헌도❼ (❺÷❻)	53.9	29.5	16.7	
공헌도 순위	1위	2위	3위	

6.6 구매율

「구매율」이란 매입지수라는 의미로서, 내점객수가 많은 점포에서 상품의 판매추이를 파악하는데 자주 이용하고 있다.

구매율은 구매점수로 파악하는 방식과 구매금액으로 파악하는 방식이 있다. 구매점수로 파악하는 방식은 정산대를 통과한 고객이 어떤 상품을 얼마나 구매했는지, 즉 구매점수를 기준으로 계산한다.

❶ 점수 구매율

이 방식은 내점객수에서 특정 상품의 구매점수로 산출한다.

$$\text{점수구매율} = \frac{\text{특정 상품의 구매점수}}{\text{내점객수}} \times 100$$

예를 들어 상품 A가 1일에 30개 구매되었고, 그때 내점객수가 80명일 때 점수 구매율은 다음과 같다.

$$\text{점수구매율} = \frac{30\text{개}}{80\text{명}} \times 100 = 37.5\%$$

즉, 상품 A의 점수 구매율은 37.5%가 된다. 즉 내점객수 80명 중에서 약 38명의 고객이 상품 A를 구매했다는 것을 의미한다.

❷ 금액 구매율

이 방식은 총매출액에서 특정 상품의 매출액이 차지하는 비율로 산출한다.

$$\text{금액구매율} = \frac{\text{특정 상품의 매출액}}{\text{총매출액}} \times 100$$

예를 들어 상품 A의 1일 매출액이 30만 원, 총매출액이 160만 원일 때 금액 구매율은 다음과 같다.

$$\text{금액구매율} = \frac{60\text{만원}}{160\text{만원}} \times 100 = 37.5\%$$

이 구매율의 장점은 많은 객수 중에서의 구매점수 또는 구매금액이기 때문에 고객이 구매를 결정했다는 것을 정확히 알 수 있기 때문에 상품별로 판매력을 비교할 수 있다는 전이다. 즉 히트상품의 판매추이를 파악하는데 있어서 단품이 많은지 아니면 세트상품이 많은지를 보다 구체적으로 비교하면서 분석이 가능하다는 것이다. 특히 이 지표는 상품별로 경쟁사와 비교하여 분석할 수도 있다. 또한 구매율을 요일별이나 영업시간대별로 판매추이를 파악할 수도 있다.

6.7 파레토 법칙

점포에서는 고객의 니즈에 맞춰 다양한 상품을 제공하고 있지만, 제공하는 상품의 수가 많다고 해서 반드시 매출액이 올라가지는 않는다. 즉 매출액에 대한 공헌도가 어떤 상품은 높지만 그렇지 못한 상품도 있다는 것이다.

「파레토 법칙(Pareto's law)」이란 1896년 이탈리아의 경제학자 빌프레도 파레토(Vilfredo Pareto)가 이탈리아 인구의 20%가 이탈리아 전체 부의 80%를 보유하고 있다는 것을 주장한 것이다. 이 법칙을 80:20법칙이라도 한다. 지금은 이러한 현상이 더 심화되어 10%가 90%의 부와 성공을 가지고 있다고 한다.

파레토 법칙을 점포에 적용하면, 점포에서 제공하고 있는 상품 중에서 20%의 상품 또는 20%의 고객이 총매출액의 80%를 발생시킨다는 현상을 말한다. 예를 들어 점포에서 판매하고 있는 상품이 10개라고 한다면, 그중 상위 2개의 상품이 총매출액의 80%를 발생시키고 있다는 것이다.

파레트 법칙은 고객에게도 적용되어 백화점에서 상위 20%의 고객을 타깃으로 한, 소위 「VIP」 또는 「VVIP」고객을 별도로 관리하는 이유도 바로 이 법칙에서 나온 것이다. 즉 주력상품 또는 주고객이 총매출액에서 차지하는 비중이 아주 높다는 것을 의미한다.

점포에서 상품구성을 의도적으로 변경하지 않는 한 많은 점포에서 이와 같은 경향은 뚜렷하게 나타난다. 따라서 이 상위 20%의 상품 및 고객을 잘 관리해야 한다.

파레토 법칙으로부터 파생되었다고 하는 20: 60: 20 법칙이 있다. 즉 이 법칙은 일하는 개미의 법칙이라고도 하며, 전체를 상위 20%, 중간 60%, 하위 20%로 구분한 것이다. 20%의 개미는 열심히 일하고, 60%는 보통으로 일하고, 나머지 20%는 게으름을 피운다는 것이다.

파레트 법칙과 20: 60: 20 법칙을 합쳐서 적용하면, 열심히 일하는 상품 20%가 전체 매출의 80%를 차지하고, 게으른 20%는 매출액이나 이익에 거의 공헌하지 않는다는 것이다. 따라서 이 게으른 상품 20%를 다른 상품과 교체하거나 퇴출시켜야 할지를 검토해야 한다. 이러한 것을 보다 구체적으로 분석하기 위해 ABC 분석을 활용한다.

그림 6-3 파레토 법칙

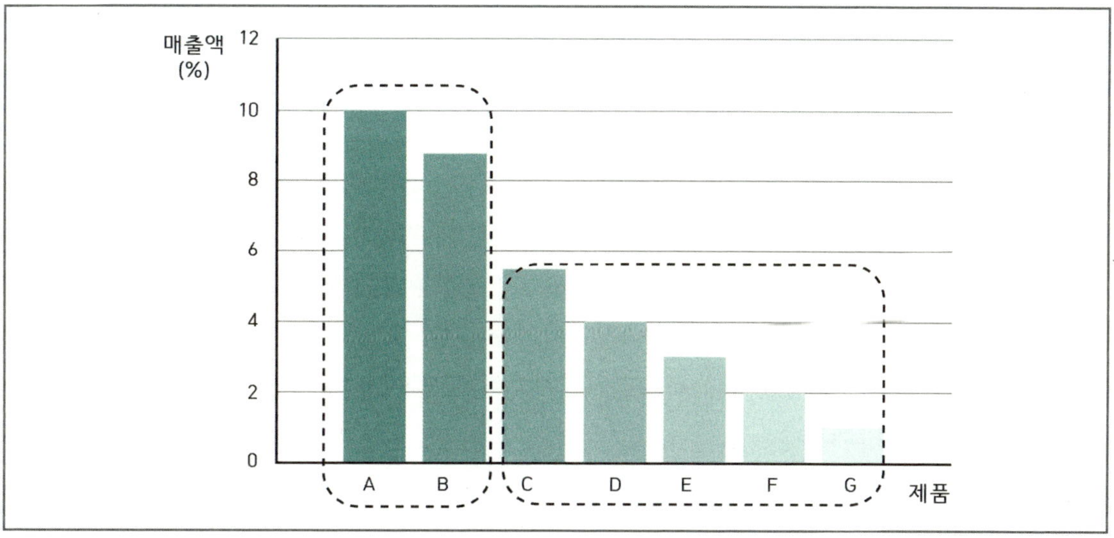

6.8 ABC 분석

「ABC 분석」이란 파레트 법칙에 근거한 분석 틀로서, 매출액, 비용, 재고 등의 지표가 높은 순으로 순위를 부여하여, 우선도를 정해서 관리하기 위한 것이다. ABC 분석은 개별 상품의 매출액 크기에 따라 A, B, C 그룹으로 순위를 정한 후, 특히 상위그룹 A를 대상으로 판매관리에 대한 노력을 집중하는 것을 말한다.

ABC 분석을 통해 식당에서 메뉴북을 새로 제작할 때에도 "매출도 높고 이익도 많은 상품은 어느 것인가?" 반대로 "매출도 낮고 이익도 낮은 상품은 어느 것인가?"에 대한 물음에 답을 제공할 수도 있다.

ABC 분석은 다음과 같이 진행한다.

❶ 점포에서 취급하고 있는 상품을 매출액이 높은 상품 순으로 작성한다.

❷ 각 상품별로 매출구성비를 계산한다.

❸ 산출한 매출구성비의 누계구성비를 산출한다. 그래프에 누계비율을 표시한다. 누계구성비를 그래프에 표시하고, 꺾은선 그래프를 완성한다. 이 완성된 곡선을 파레토 곡선이라고 한다.

❹ 누적구성비가 70%까지를 상품 A그룹, 90%까지를 상품 B그룹, 100%까지를 상품 C그룹으로 구분한다. 분석결과에 따르면 10개의 상품 중 상위 3개의 상품이 전체 매출의 68%를 차지하고 있다. 이것이 상품 A그룹에 해당된다.

ABC 분석의 활용방안은 다음과 같다.

A그룹에 속한 상품은 전체 품목 수 기준으로 대략 20%를 차지하고, 연간 매출액의 70%를 차지한다. A그룹의 상품이 품절되지 않도록 가장 높은 수준으로 안전재고를 확보해야 한다.

B그룹에 속한 상품은 전체 품목 수 기준으로 대략 40%를 차지하고, 연간 매출액의 약 20%를 차지한다. A그룹으로 승격될 가능성이 높기 때문에 재고비축에 신경을 써야 한다.

C그룹에 속한 상품은 A와 B그룹에 속하지 않는 품목으로 연간 매출의 약 10%만을 차지하지만, 분명 수요는 발생하고 있다. 그러나 장기적으로 보관 또는 유지관리가 어렵다면 비용절감을 위해서라도 품절을 허용해야 한다.

표 6-4 ABC 분석

상품	매출액(만 원) ❶	매출구성비(%) ❷	누적구성비(%) ❸	ABC 순위
A	105	35	35	A그룹
B	60	20	55	
C	39	13	68	
D	24	8	76	B그룹
E	21	7	83	
F	15	5	88	
G	12	4	92	C그룹
H	12	4	96	
I	9	3	99	
J	3	1	100	
합계	300	100	100	–

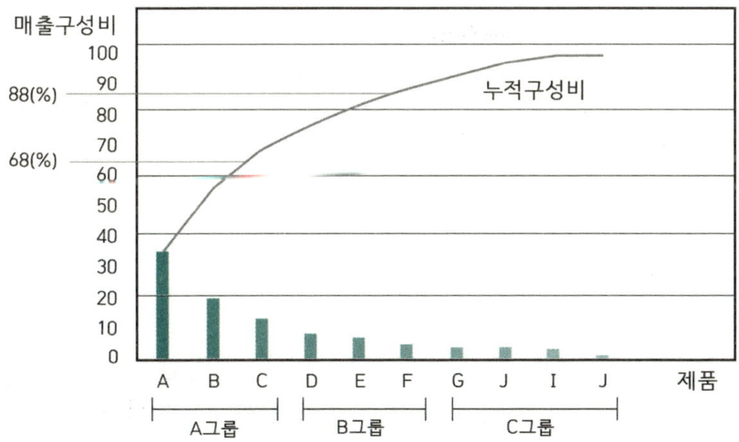

6.9 롱테일 법칙

파레토의 법칙과 상반되는 법칙이 롱테일 법칙이다.

「롱테일 법칙(Long Tail Law)」이란 주로 인터넷 판매에서 발생하는 현상으로, 매출액이 많은 주력상품(head)의 매출액보다 그다지 매출액이 많지 않은 틈새상품(tail)의 총매출액이 더 높다는 것을 말한다.

롱테일 법칙은 크리스 앤더슨(Chris Anderson)이 제창한 것으로, 주력상품과 틈새상품을 가로축으로 나열했을 때, 주력상품은 높고 짧게 나타나 공룡의 머리처럼 보이고, 틈새상품은 낮고 길게 나타나 공룡의 꼬리처럼 보이는 것으로부터 롱테일이라고 명명하였다.

롱테일 법칙의 효과는 하위 80%에 속하는 다수가 단기적으로는 매출액이 낮지만, 장기적으로는 긴 꼬리를 합산한 누적매출액이 총매출액에 크게 공헌한다는 것이다.[7]

롱테일 법칙이 주목받게 된 것은 아마존(Amazon)의 성공에 있었다. 아마존은 압도적으로 많은 다양한 상품을 홈페이지에 탑재하였다. 그러한 상품은 조금밖에 팔리지 않았지만, 총매출액에 있어서 누적매출액은 막대하였다.

그 비밀은 무한 선반 공간 효과(infinite shelf - space effect)에 있다. 즉 인터넷상에서는 상품을 진열할 수 있는 공간이 무한하기 때문이다. 그로 인해 소비자 역시 인터넷에서 손쉽게 원하는 상품을 검색할 수 있으며, 추천 시스템을 통해 다른 고객의 의견을 공유할 수 있기 때문이다.

롱테일 법칙이 반영되는 상품의 장점은 다음과 같다.

❶ 안정된 매출액

한 개의 상품에 의존하지 않고, 중간 정도의 인기있는 다양한 상품에 의해 지탱하고 있기 때문에 매출액이 안정적이다. 유행이나 붐에 좌우되지 않고 상시적으로 지속적으로 매출액을 올리고 있다는 것이다.

❷ 비용 대비 퍼포먼스가 높다

상품을 도입함에 있어서 재고의 사입 이외에는 초기비용이 거의 들지 않는다. 즉 인터넷

7 Chris Anderson[박신현 역](2012), 『롱테일 법칙』, 더숲.

사이트를 구축하는 비용만으로 시작할 수 있다. 아울러 인터넷을 통해 운영하기 때문에 인적비용도 거의 들지 않는다. 물론 사이트 갱신은 필요하지만, 반대로 말하면 그 비용만으로 장기적으로 안정적인 매출액을 올릴 수 있다.

❸ 불량재고라는 개념이 없어진다

모든 상품이 인터넷 웹상에서 상품으로 제시되기 때문에 매출을 올릴 가능성을 가지고 있다. 따라서 불량재고라는 개념이 없어진다.

그림 6-4 롱테일 법칙

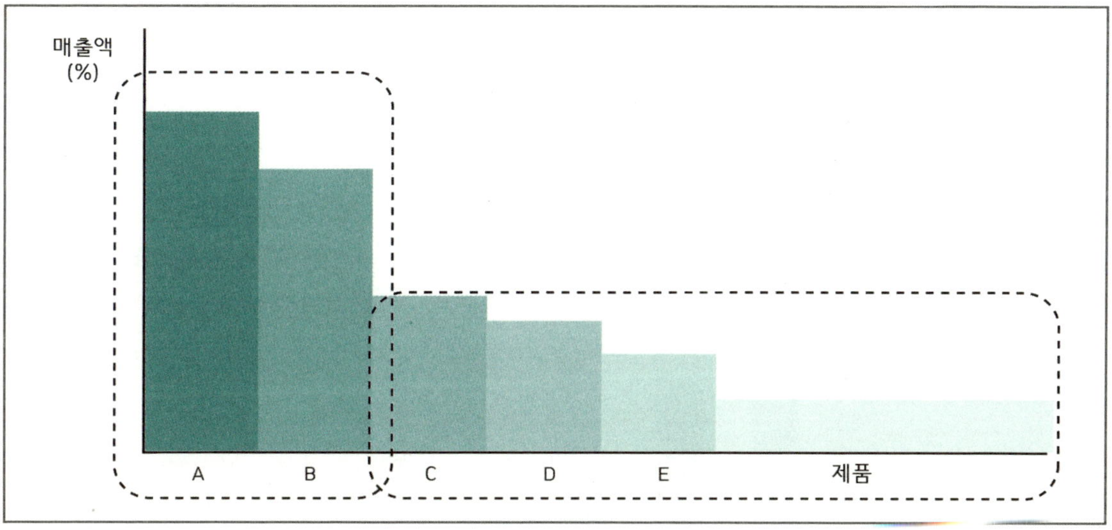

PART
06

6.10 객석 회전율

점포는 매장이라는 공간을 통해 고객에게 상품을 제공하고 있다. 따라서 점포는 고객에게 편안하고 안락한 분위기를 제공하기 위해 넓은 매장면적을 선호한다. 그러나 투자금의 많고 적음에 따라 또는 임대료의 높고 낮음에 따라 매장면적에 제한을 받게 된다.

[그림 6-5]는 프랜차이즈 점포의 객석수에 따른 점포수를 나타낸 것이다. 표를 보면, 10석 미만과 10~19석의 점포수를 합하면 64.1%로 가장 높은 비율을 차지하고 있다. 즉 프랜차이즈 점포의 약 65%는 객석수 19개 이하로 운영되고 있음을 알 수 있다.

그림 6-5 객석수에 따른 점포수

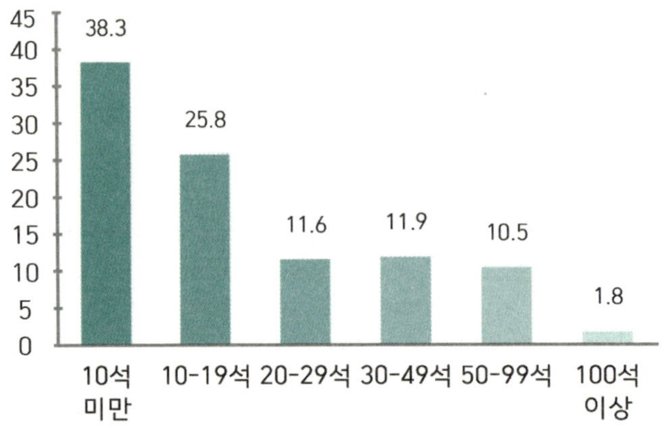

점포에서 "경쟁점의 객석 회전율은 높은데 우리 점포의 객석 회전율은 낮다. 그래서 우리는 객석 회전율을 높이기 위한 대책을 강구해야 한다!"라고 하는 대화를 자주 듣게 된다. 점포의 투자효율을 파악할 수 있는 지표 중 하나가 객석 회전율이다. 점포에서 제한된 객석수로 어느 정도의 매출을 올리고 있는지는 객석 회전율로 파악할 수 있다.

「객석 회전율」이란 1일에 객석이 몇 번 회전하였는지를 말한다. 예를 들면 객석수가 10개인 점포에서 고객 10명이 들어와서 10개의 자리를 전부 채우게 되면 1회전이 되고, 고객 20명이 왔다 가면 2회전이 된다.[8] 즉 객석 회전율이 높을수록 매장면적 대비 효율성이 높아진다.

객석 회전율은 전체 객수를 객석수로 나누어 산출한다.

$$\text{객석회전율} = \frac{\text{객수}}{\text{객석수}}$$

예를 들어 점포의 객석수가 20개, 1일 객수가 100명일 때 객석 회전율은 다음과 같다.

$$\text{객석회전율(회)} = \frac{100\text{명}}{20\text{개}} = 5\text{회전}$$

객석 회전율을 매출액으로도 나타낼 수 있다. 즉 객석당 매출액은 객석 1개로 어느 정도의 매출액을 올리고 있는지를 나타내는 것으로, 매출액을 객석수로 나누어 산출한다.

$$\text{객석당 매출액} = \frac{\text{1일 매출액}}{\text{객석수}}$$

예를 들어 점포의 객석수가 20개, 1일 매출액이 100만 원 일 때 객석당 매출액은 다음과 같다. 즉 객석 하나가 1일 매출액 50,000원을 벌어들인다는 의미이다.

$$\text{1일 객석당 매출액} = \frac{100\text{만 원}}{20\text{개}} = 5\text{만 원}$$

표 6-5 객석 회전수

주중	객석수 ❶	객수 ❷	객석 회전율 ❸ (❷÷❶)	매출액 ❹	객석당 매출액❺ (❹÷❶)
주중	20개	100명	5.0	1,000,000원	50,000원
주말	20개	140명	7.0	1,500,000원	75,000원

8 Takai Yoko[동소현 역](2016), 『작은 가게의 돈버는 디테일』, 다산 3.0, p.40.
Sakamoto Takashi[이아랑 역](2015), 『창업 2승 10패: 나의 이탈리안을 만든 남자 사카모도 다카시』, 인스토리.

6.11 객석 가동률

유명한 점포나 맛집에서는 항상 손님들로 붐비거나 긴 줄을 선다. 소위 빈자리가 없는 '만석' 상태가 이어진다.

「만석」이란 모든 객석이 손님들로 다 차서 빈자리가 없는 상태를 말한다. 그리고 「만테이블」은 테이블에는 손님이 앉아있지만 테이블에 있는 객석 전부가 채워져 있지 않은 상태를 말한다.

하나의 테이블에 몇 사람의 고객이 앉아있는지를 파악하는 것이 객석 가동률이다.

「객석 가동률」이란 테이블이 전부 채워졌을 때(만석을 의미하지 않음)를 가정하고, 총 객석수에서 몇 명의 고객이 앉아있는지를 말한다. 보통 「만석율」이라고 부른다.[9]

객석 가동률은 테이블 만석 상태의 총객수를 고객이 앉아있는 객석수로 나누어 산출한다.

$$\text{객석 가동률} = \frac{\text{테이블 만석 상태의 총객수}}{\text{객석수}}$$

예를 들어 테이블 1개에 4명이 앉을 수 있는 점포에서, 테이블 5개에 각각 2명씩 전부 10명이 앉아있다면 객석 가동률은 다음과 같다.

$$\text{객석가동률} = \frac{10\text{명}}{20\text{개}} \times 100 = 50\%$$

객석 가동률은 업태별로 영업시간대별로, 그리고 테이블의 배치에 따라 개략적으로 정해져 있다.

고객이 점포 안으로 들어오고 싶어도 들어오지 못한 경우에는 객석 가동률이 낮아지고 그로 인해 영업효율도 떨어지게 된다.

예를 들어 4인용 테이블을 중심으로 배치되어 있는 경우에, 점심시간대에는 대부분 한두

---

9 Irie Naoyuki(2005), p.56.

명 정도의 고객이 찾아오는 경우가 많아 객석 가동률은 50%로 떨어진다. 그리고 저녁시간에는 주로 3~5명의 그룹이 찾아오는 경우가 많아 객석 가동률은 75%로 올라가게 된다.

객석 가동률을 계산하여, 예를 들어 고객 한두 명이 찾아오는 비율이 높다면, 4인용 테이블을 줄이고 2인용 테이블을 늘리는 것이 바람직하다.

memo

PART 07

가격결정에 강해지자!

7.1 가격결정

점포가 매출액을 올리는데 사용할 수 있는 수단을 마케팅 믹스(Marketing Mix, 4P's)라고 한다. 마케팅 믹스 중에서 제품(Product), 유통경로(Place), 프로모션(Promotion)은 비용을 발생시키는 요소이지만, 가격(Price)은 이익을 발생시키는 요소이다.

「가격(Price)」이란 좁은 의미로 보면, 제품이나 서비스에 대해 부과된 화폐량이다. 조금 더 넓은 의미에서 보면, 가격은 제품이나 서비스의 소유나 사용으로 얻게 될 편익을 위해 고객이 포기해야 할 모든 가치의 합을 말한다.[1]

상품의 가격을 결정할 때 고려해야 할 요인은 3가지이다.

❶ 원가기반 가격결정(cost-based pricing)

「원가기반 가격결정」은 제품을 생산, 유통, 판매하는데 드는 비용과 적정 수준의 이익, 즉 회사의 노력과 위험부담에 대한 보상을 더하여 가격을 책정하는 것이다. 즉 상품의 가격결정권을 회사가 갖는 것으로, 상품의 생산비와 판매관리비를 산출한 후에 이익을 더하여 결정하는 방식이다.

이 방식은 특별한 기능을 가지고 있는 상품이거나 고부가가치를 제공할 수 있는 상품에 적합하다. 그러나 이익을 확보하기는 쉽지만, 경쟁사보다 가격이 고가인 경우에는 가격경쟁에서 밀릴 수 있다. 최저가격의 기준이 된다.

❷ 고객가치기반 가격결정(customer-value-based pricing)

「고객가치기반 가격결정」은 회사의 원가보다는 고객의 가치인식에 바탕을 둔 가격결정을 말한다. 가격결정권을 고객이 갖는 것으로, 고객이 이 정도의 가격이라면 구매할 것이라는 기대가격을 기준으로 결정하는 방식이다. 가격에 비해 품질이 높은 상품을 구매한다면 고객은 더욱 높은 가치를 느끼게 될 것이다. 이 경우 고객은 가격이 비싸도 납득할 수 있는 가격이라고 생각할 것이다. 최고가격의 기준이 된다.

---

1 Phillip Kotler · Gary Armstrong[김건하 · 서준환 · 서찬주 · 송유진 · 송정미 역](2021), 『Kotler의 마케팅 원리 제18판』, 시그마프레스, pp.281 - 290.

❸ 경쟁기반 가격결정(competition - based pricing)

「경쟁기반 가격결정」은 경쟁사의 전략, 원가, 가격, 그리고 시장 제공물(상품) 등을 고려하여 가격을 설정하는 것이다. 고객은 경쟁사가 유사한 상품에 대해 부과하는가격을 가치판단의 근거로 삼는다.

이 방식은 제품 차별화가 거의 없을 때, 경쟁사가 설정한 가격과 거의 동일한 가격으로 또는 약간 저렴한 가격으로 판매하는 경우이다.

그러나 제품의 생산비나 판매관리비보다 경쟁사의 가격전략을 너무 의식한 나머지 이익을 충분히 실현할 수 없게 되고, 결국 적자를 감수해야 하는 경우도 빌생할 수 있다.

[그림 7 - 1]은 가격결정 시 고려해야 할 3가지 요인을 나타내고 있다. 제품원가는 최저가격의 기준이 된다. 원가 이하로 가격을 설정하면 이익을 실현할 수 없게 된다.

고객의 지각가치는 최고가격의 기준이 된다. 고객의 지각가치보다 더 높은 가격을 설정하면, 고객은 해당 상품을 구매하지 않게 된다. 결국, 이 두 가격범위에서 경쟁사의 가격을 고려하여 가격을 결정하게 된다.

PART
07

그림 7 - 1 가격결정의 3요소

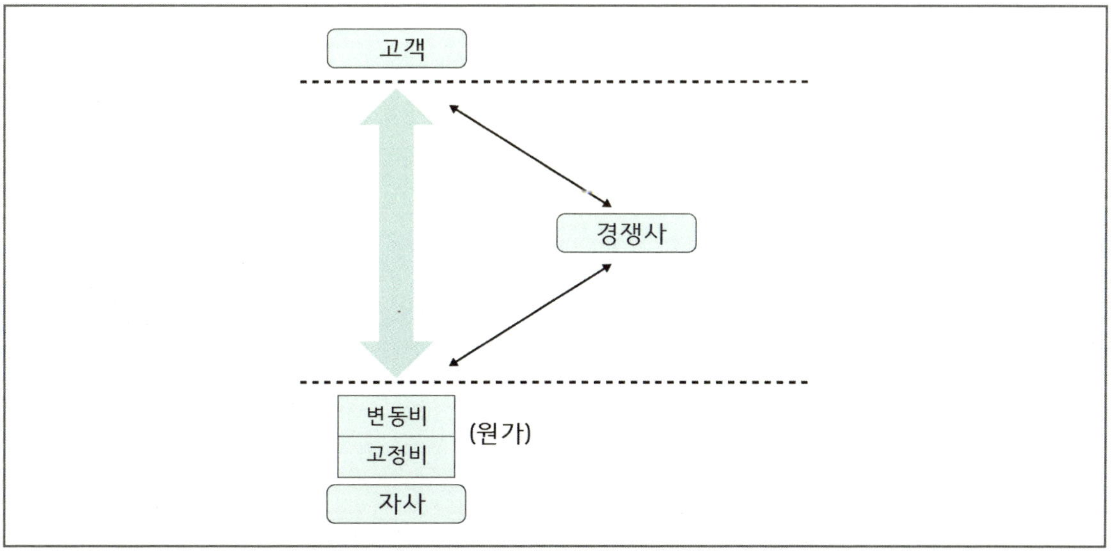

7.2 수요곡선과 가격탄력성

좋은 가격결정은 고객의 지각가치가 그들의 지불의도가격에 어떻게 영향을 미치는지를 이해하는 것으로부터 시작된다. 따라서 가격을 설정하기에 앞서 가격과 수요와의 관계를 이해해야 한다.

수요와 공급곡선에 의한 가격결정은 상품의 가격이 수요와 공급에 의해서 가격이 결정된다는 이론이다. 가격과 수요의 관계를 나타내는 것이 수요곡선(demand curve)이다.

「수요곡선(demand curve)」은 가격의 변화에 따라 고객이 구매하게 될 제품의 수요의 변화를 보여준다. 가격이 올라가면 수요는 내려가고, 반대로 가격이 내려가면 수요는 올라가는 마이너스(-) 관계에 있다. 그래서 수요곡선은 오른쪽 아래로 내려간다.

그림 7-2 수요곡선

가격 (원)	16,000	18,000	20,000	22,000	24,000
수요 (수량)	120	100	80	60	50

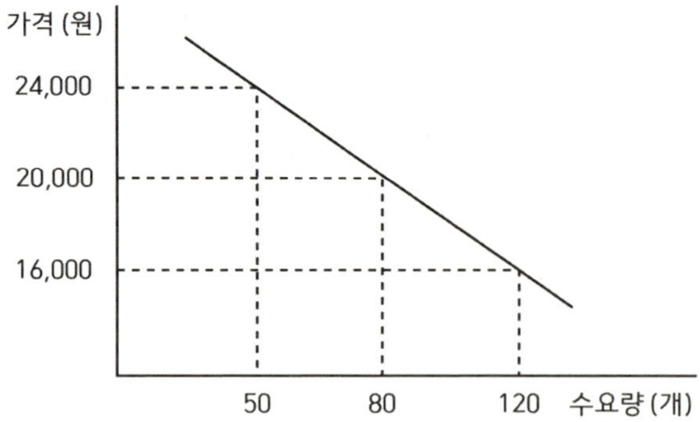

한편, 「수요의 가격탄력성(price elasticity of demand)」은 제품의 가격변화에 따라 수요가 얼마나 민감하게 반응하는지를 보여준다. 가격변화에 따라 수요의 변화가 크면 가격탄력성이 높고, 수요의 변화가 적으면 가격탄력성이 낮다.

수요의 가격탄력성은 가격의 변화율과 수요량의 변화율로 산출한다.

$$수요의\ 가격탄력성 = \frac{수요량의\ 변화율(\%)}{가격의\ 변화율(\%)}$$

예를 들면 치킨 1마리의 가격을 20,000원에서 23,000원으로 인상한 후 수요량이 80개에서 68개로 감소하였다면, 수요의 가격탄력성은 다음과 같다.

$$수요의\ 가격탄력성 = \frac{\frac{12개}{80개}}{\frac{3,000원}{20,000원}} = \frac{0.15}{0.15} = 1$$

한편 치킨 1마리의 가격을 20,000원에서 23,000원으로 인상한 후 수요량이 80개에서 50개로 감소하였다면, 수요의 가격탄력성은 다음과 같다.

$$수요의\ 가격탄력성 = \frac{\frac{30개}{80개}}{\frac{3,000원}{20,000원}} = \frac{0.375}{0.15} = 2.5$$

그림 7-3 수요의 가격탄력성

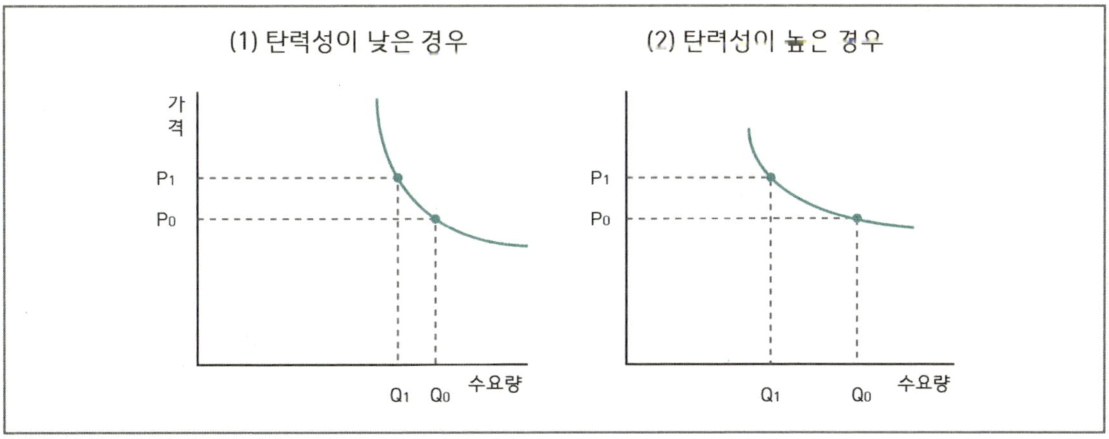

7.3 가격대

신상품을 개발하는 목적 중에 하나는 상품의 가격대를 최대한 넓혀 고객의 선택범위를 넓히려고 하는 것이다.

그러나 점포에서는 직원수와 매장면적이 한정되어 있기 때문에 광범위한 가격대의 상품을 제공하기가 어렵다. 또한 다른 상품과의 관련성이나 균형감을 유지해야 하기 때문에 효율성이 떨어질 수도 있다. 따라서 고객이 가장 선호하는 가격포인트를 중심으로 가격대가 형성되도록 상품구성을 하려고 한다.

점포에서 상품구성을 결정하기 위해서는 우선 가격대, 가격라인, 가격포인트에 대한 이해를 하고 있어야 한다.

❶ 가격대(가격존: price zone)

「가격대」는 상품별 가격의 상한선과 하한선의 범위를 말한다. 즉 점포에서 취급하고 있는 상품의 최고가격에서 최저가격까지의 가격범위 전체를 말한다. 예를 들면 치킨점에서 치킨가격을 10,000원부터 30,000원까지 제공한다면, 가격대는 1만 원부터 3만 원까지이다.

❷ 가격라인(가격선: price line)

「가격라인」은 가격대에 있는 각각의 판매가격을 말한다. 예를 들면 10,000원, 15,000원, 20,000원, 25,000원, 30,000원의 가격을 제공한다면, 가격라인은 각각 10,000원, 15,000원, 20,000원, 25,000원, 30,000원이다. 가격대 전체에서 높은 가격대를 Better Zone, 중간 가격대를 Volume Zone, 낮은 가격대를 Budget Zone이라고 한다.

❸ 가격포인트(가격정도: price point)

「가격포인트」는 가격정도라고도 하며, 점포에서 가장 많이 판매되는 가격 또는 판매하려고 하는 상품의 가격을 말한다. 즉 상품 C의 가격 20,000원이 가격포인트에 해당한다.

그림 7-4 가격대

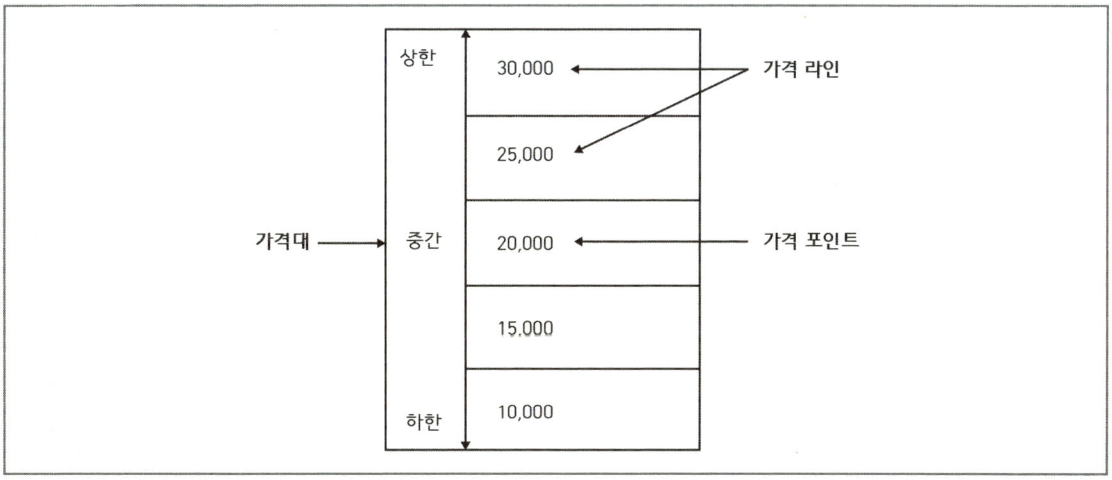

점포에서 상품의 가격대를 정하는 방법은 다음과 같다.

첫째, 목표고객에 맞춰 가격대를 정하는 방법이다. 기본적으로 목표고객이 구입가능한 가격대를 중심으로 정해야 하지만, 어느 고객층을 대상으로 하든지 너무 좁은 가격대로 압축하는 것은 바람직하지 않다. 따라서 목표고객이 구매할 수 있도록 넓은 가격대를 만들어 고객에게 접근한다.

둘째, 경쟁사의 가격대와 비교해서 정하는 방법이다. 즉 경쟁사의 최저가격과 최고가격을 알아보고 그것을 아우르는 가격대를 정한다. 고객에게 충분한 상품구성을 제공하고, 경쟁사보다 우위에 있어야 하는 것이 기본조건이다.

셋째, 현재까지의 판매실적을 근거로 가격대를 정하는 방법이다. 무난한 방법이지만 판매실적이 좋은 상품의 가격라인에 집중하기 때문에 가격대가 좁게 느껴질 가능성이 높다.

다음은 가격라인과 가격포인트를 정하는 방법이다.

가격라인을 정하는 것은 가격대에서 거의 차이가 나지 않는 여러 가격대의 상품을 하나의 가격으로 묶음으로써, 고객이 부담없이 상품을 선택할 수 있도록 하는 것이다. 이렇게 하면 가격라인별로 판매추이를 쉽게 파악할 수 있고, 가격라인별 상품구성을 효과적으로 전개할 수도 있다.

7.4 심리적 가격결정

가격은 제품과 관련된 어떤 정보를 고객에게 제공한다. 예를 들어 고객은 가격을 품질을 평가하는 근거로 삼는다.

「심리적 가격결정」이란 상품의 경제적 가치보다는 가격이 갖는 심리적 효과를 고려하여 가격을 결정하는 것이다.[2] 예를 들면, 30,000원 전후로 가격을 설정한 후에, 30,000원으로 판매할 것인지, 아니면 28,000원으로 판매할 것인지를 결정하는 일은 매우 조심스럽다. 왜냐하면 가격차이가 2,000원에 불과하지만, 고객은 30,000원대보다 20,000원대가 훨씬 저렴하게 느끼기 때문이다.

고객의 심리적 효과를 노린 심리적 가격에는 다음과 같은 방법을 활용한다.

❶ 준거가격(reference price)

「준거가격」이란 어떤 상품을 평가할 때 참조하기 위해 고객이 기억 속에 가지고 있는 가격을 말한다. 준거가격의 형성은 현재의 가격을 살펴보거나, 과거의 기억을 회상하거나, 또는 구매상황을 평가함으로써 이루어질 수 있다. 상품가격을 결정할 때 고객이 가지고 있는 준거가격에 영향을 미치거나 혹은 이를 활용할 수 있다.

❷ 관습가격(customary price)

「관습가격」이란 특정 상품군에 대해 시장에서 오랫동안 정착되어 있는 가격을 말한다. 예를 들면 햄버거 하나에 5,000원, 피자 한판에 20,000원, 치킨세트 하나에 30,000원 등이 해당된다. 햄버거나 치킨 등은 대부분의 점포에서 오랫동안 동일한 가격을 유지해 왔기 때문에 고객이 그 가격을 당연하게 받아들이게 된다,

관습가격이 형성되어 버린 상품은 예를 들어 25,000원에 판매하던 치킨세트를 23,000원으로 인하하여도 매출액이 그다지 증가하지 않지만, 반대로 가격을 32,000원으로 약간만 올려도 매출액이 급격하게 감소하게 된다.

❸ 단계가격(price lining)

「단계가격」이란 제품라인에 맞춰 가격을 단계적으로 정하는 것으로, 고객이 다양한 제품 중

---

2 Phillip Kotler · Gary Armstrong[김건하 · 서준환 · 서찬주 · 송유진 · 송정미 역](2021), p.308.

에서 쉽게 선택할 수 있다는 이점이 있다. 예를 들어 치킨점에서 기본적으로 저가 15,000원, 중가 20,000원, 고가 30,000원으로 가격을 단계로 설정하는 경우가 해당된다.

이 가격은 고객이 상품을 구매하기 전에 먼저 어느 단계의 것을 선택할 것인지를 결정하고, 그 후에 가격에 상관없이 자신이 원하는 상품을 선택할 수 있다.

❹ 단수가격(odd price)

「단수가격」이란 상품의 가격을 단수로 붙이는 것으로, 예를 들면 치킨세트가격 30,000원을 29,8000원과 같이 단수를 붙여서 판매하는 방식이다.

고객은 9나 8이라는 숫자에 대해서 '최대로 인하된 가격'이라는 이미지를 가지고 있다. 30,000원과 29,800원과의 가격차이는 200원에 불과하지만, 그 상품이 3만 원대인지 2만 원대인지에 따라 고객은 실제보다 많이 저렴하다고 느끼게 된다.

❺ 미끼가격(lose leader)

「미끼가격」이란 많은 고객을 점포로 끌어들이기 위해 한정된 기간에 원가 이하의 가격으로 판매하는 가격을 말한다. 점포가 세일 등 특별한 판매행사를 할 때 고객을 점포로 유인하기 위한 상품이라는 의미에서 유인상품 또는 미끼상품이라고 부른다.

미끼상품은 파격적으로 가격을 낮게 설정하기 때문에 그 상품의 매출만을 가지고는 이익을 실현시킬 수 없다. 그러나 미끼상품을 구매하기 위해 점포를 방문한 고객이 다른 상품을 추가로 구매함으로써, 점포 전체의 매출이 올라가 이익을 실현할 수 있게 된다.

❻ 명성가격(prestige price)

「명성가격」이란 해당 상품군의 주고객층이 지불할 수 있는 가장 높은 가격이나 시장에서 제시된 가격 중에서 최고가격을 설정하는 것으로, 프리미엄 가격이라고도 한다.

고객이 고가의 상품을 선호하는 이유는 높은 가격 자체가 품질을 보증한다고 믿기 때문이다. 가격은 고객이 상품의 품질을 판단하는 기준이 된다. 즉 "비싼 것이 좋은 것"이고 "싼 게 비지떡"이라고 믿고 있다. 그리고 고객은 품질이 좋은 상품을 구매함으로써 사회적으로도 높은 지위를 획득할 수 있다고 생각한다.

7.5 세트가격

맥도날드에서 2021년 5월 27일 시작해서 6월 30일까지만 판매한다고 하는 BTS 세트 메뉴를 출시했다. 유명 연예인의 취향과 입맛을 반영해 몇 가지 상품을 세트 구성으로 출시하는 맥도날드의 셀레브리티 시그니처 상품가격이다. 맥도날드 BTS 세트 구성을 보면 맥너겟 10조각+후렌치후라이(M)+음료(M)+소스(2개)이다. 이것은 3개의 상품가격의 합계와 비교하면 아주 저렴한 가격이다.

[표 7-1]은 치킨회사 Big 3가 판매하고 있는 대표적인 세트가격을 나타내고 있다.

표 7-1 치킨회사 Big 3의 세트가격

회사명	세트메뉴	가격 (원)
회사 A	레허반반순살	22,000
회사 B	쁘링클콤보치즈볼세트	25,000
회사 C	황금올리브치킨콤보	24,000

「세트가격(set price)」이란 매출량을 늘리기 위해 두 개 이상의 품목을 하나로 묶어서 판매하는 것을 말한다. 이 경우 단품 하나하나의 가격의 합계보다 할인된 가격을 설정하여 매출을 늘리는 방식이다. 예를 들어 치킨점에서 "치킨 10,000원, 튀김감자 3,000원, 음료 1,000원을 합쳐 단돈 10,000원으로 판매!" 하는 경우를 말한다.

세트가격의 목적은 가격의 저렴함을 고객에게 강하게 어필해서 대량판매로 연결시키는 것이다.

세트가격을 정해서 판매해서 얻게 되는 이점은 다음과 같다.

첫째, 세트가격은 단품판매보다 매출액에 크게 공헌한다. 판매수량과 객단가가 올라가고, 결과적으로 어느 정도의 매출액을 확보할 수 있다.

둘째, 단품판매일 경우에는 판매수량이 증가할수록 그에 비례해서 비용도 증가하고, 직원의 작업량도 많아진다. 상품을 판매하려면 제조원가 외에도 직원의 인건비나 사무 관련 비용이 발생한다. 그러나 치킨, 튀김감자, 샐러드, 음료를 한 세트로 판매하면 단품판매보다 직원의 작업량도 훨씬 줄어들게 된다.

셋째, 직원의 대고객 서비스 측면에서도 세트로 판매하기 때문에 접객시간은 단품판매의 절반 정도로도 충분하다. 즉 상품 1개당으로 환산하면 세트가격은 비용을 줄이는 효과가 높다.

마지막으로, 세트가격의 경우에는 매출총이익을 확보하면서 판매가격도 내릴 수가 있다. 또한 매입원가도 내려가고 필요경비도 내려간다.

7.6 특별세일

「특별세일」이란 점포가 일정 기간에 수량을 한정시켜 상품을 정상가격보다 저렴하게 판매하는 것을 말한다.

특별세일을 하는 목적은 세 가지이다.

첫째, 이월상품이나 유행이 떨어진 상품을 대상으로 재고를 정리하여 자금을 조달하기 위한 것이다.

둘째, 단순히 상품을 저렴하게 판매하는 것만은 아니다. 점포를 알리고, 많은 고객을 점포로 끌어들이는 것이다.

셋째, 특별세일 대상 외의 상품을 구매하도록 하는 것이다.

특별세일을 통해 매출액을 늘리는 것도 중요하지만, 너무 특별세일에 의존하여 평상시 매출액이 떨어져서는 안 된다. 그리고 특별세일을 통해 매출액을 늘리는 동시에 이익도 실현해야 한다. 즉 가격을 낮추면 달성해야 할 손익분기점 매출액이 올라가기 때문에 그만큼 많은 양을 판매해야 기존의 이익과 동일한 수준을 실현할 수 있게 된다.

따라서 특별세일을 실시하고자 할 때에는 점포를 방문할 고객수를 정확히 예측하여 손익분기점을 산출한 후에 특별세일을 위한 가격범위를 정해야 한다.

특별세일 매출액 비율은 기준 매출액에서 특별세일 기간에 판매된 매출액 증가분이 차지하는 비율로 산출한다.

$$\text{특별세일 매출액 비율} = \frac{\text{매출액 증가분}}{\text{일정기간 매출액}} \times 100$$

예를 들어 월 매출액이 5,000만 원인 점포에서, 특별세일을 통해 매출액이 6,000만 원으로 증가하였다면 특별세일 매출액 비율은 다음과 같다.

$$\text{특별세일 매출비율} = \frac{1{,}000\text{만 원}}{5{,}000\text{만 원}} \times 100 = 20\%$$

또한 특별세일의 집객효과를 파악하기 위해서는 특별세일 객수비율을 활용할 수 있다. 특별세일 객수비율은 기준 객수에서 특별세일 기간의 객수 증가분이 차지하는 비율로 산출한다.

$$\text{특별세일 객수비율} = \frac{\text{객수 증가분}}{\text{기준객수}} \times 100$$

예를 들어 1일 객수가 80명인 점포에서, 특별세일 기간에 점포를 방문한 객수가 100명으로 증가하였다면 특별세일 객수비율은 다음과 같다.

$$\text{특별세일 객수비율} = \frac{20\text{명}}{80\text{명}} \times 100 = 25\%$$

PART 07

7.7 POP 광고의 매출증가율

「구매시점판촉(point - of - purpose)」이란 일명 POP광고라고 부르며, 고객이 구매하는 시점에서 제공되는 진열이나 시연을 포함한다.[3] 약간 설명을 덧붙인다면, 점포 내·외에서 고객에게 직·간접적으로 상품을 부각시켜 판매촉진이 이루어지게 하는 광고 표시물로, 점포 안에 걸어 놓은 포스터, 디스플레이, 상품설명 안내판, 쇼카드, 가격표 등이 이용된다. POP광고는 광고 등의 대중매체를 통해 형성된 구매의욕을 점포에서 최종단계인 구매와 연결시키도록 하기 위한 활동을 말한다.

POP광고의 역할은 고객이 구매하는데 도움을 주어 판매촉진의 효과를 얻는 데 있다. POP광고에 의한 판매촉진의 효과는 POP광고 매출증가율로 파악한다.

POP광고 매출증가율은 전기 매출액에서 POP광고를 통한 당기 매출액의 증가분이 차지하는 비율로 산출한다.

상품에 따라 다르겠지만, 일반적으로 주간 단위로 매출증가율을 비교한다. 이때 당기 매출액은 POP광고를 게재한 금주의 매출액이며, 전기 매출액은 POP광고를 게재하지 않았던 지난 주의 매출액이다. 원칙적으로 가장 가까운 주간과 비교한다.

당연히 조사기간, 조사상품, 진열위치, 진열량, 진열방식, 가격 등 모든 조건을 동일하게 고정한 후에 조사해야 한다.

$$POP\text{광고 매출증가율} = \frac{\text{당기 매출액}}{\text{전기 매출액}} \times 100$$

예를 들어 POP광고를 게재하지 않았던 상품 A의 지난 주 매출액이 150만 원, POP광고를 게재한 금주의 매출액이 180만 원일 때 상품 A의 POP광고 매출증가율은 다음과 같다.

$$\text{상품 } A\text{의 } POP\text{광고 매출증가율} = \frac{180\text{만 원}}{150\text{만 원}} \times 100 = 20.0\%$$

3 Phillip Kotler · Gary Armstrong[김건하 · 서준환 · 서찬주 · 송유진 · 송정미 역](2021), p.201.

POP광고를 만들어 매출액이 감소하는 경우도 있다. 그러한 경우에는 POP광고의 내용, 또는 금주와 지난주에 어떠한 상황이 발생하였는지 등의 다양한 원인을 파악해야 한다.

표 7-2 POP광고 매출증가율

상품	지난주의 매출액(만 원)	금주의 매출액(만 원)	POP광고 매출증가율(%)
상품 A	700	800	14.3
상품 B	280	310	10.7
상품 C	140	150	7.1
합계	1,120	1,260	12.5

PART 07

memo

PART 08

재고관리에 강해지자!

8.1 재고관리와 재고비용

「고객 만족도(Customer Satisfaction Index; CSI)」란 제품 및 서비스에 대한 고객의 만족 정도를 나타내는 지수로서, 회사를 경영함에 있어서 고객 만족도를 하나의 지침으로 삼고자 하는 생각이라고 할 수 있다. 이 고객만족을 수치로 파악하는 지표가 서비스율이다.

서비스율 100%라는 것은 특히 셀프서비스 방식을 취하고 있는 점포일 경우, 고객이 점포를 방문해서 구매하고자 하는 상품이 전부 진열되어 있는 상태, 즉 재고품절율이 제로(0)인 상태를 말한다.

따라서 서비스율과 재고품절율과의 관계는 다음과 같다. 즉 서비스율과 재고품절율의 관계는 재고품절율이 낮아질수록 서비스율은 높아지고, 재고품절율이 높을수록 서비스율은 낮아진다는 것이다.

서비스율 = 100 − 재고품절율

그렇다면 높은 서비스율을 유지하기 위해서는 어떻게 하면 될 것인지를, 재고관리와 관련하여 설명하고자 한다.

재고는 제품이나 서비스를 생산하는 과정에서 중요한 부분을 차지하고 있다. "미국의 경우, 산업 전체의 평균재고는 3개월치 판매분량에 육박하며 재고투자가 설비투자의 2배를 상회한다. 도소매업에서는 재고가 자산의 75% 이상을 차지하고, 전체 산업재고의 43%를 점유하고 있다."고 한다.[1]

「재고(Inventory)」란 현시점 이후에 사용할 목적으로 점포가 보유하고 있는 식자재나 완제품을 말한다. 이러한 식자재나 완제품이 점포 내부로 들어오는 입고량이 출고량보다 많을 경우 재고는 증가하게 되고, 반대로 입고량보다 출고량이 많을 경우 감소하게 된다.

「재고관리」란 고객 서비스가 재고비용과 균형이 되도록 식자재, 조미료, 소모품 등을 장래를 위해 얼마만큼의 분량을 확보하여 보관할지 미리 적정재고를 결정함으로써, 판매기회

1 원석희(2001), 『서비스 운영관리』, 형설출판사, p.441.

의 손실을 최소화하기 위해서 관리하는 것을 말한다.

재고가 부족하면 재고품절이 발생하여 고객이 상품을 구매하고자 할 때 제공할 수 없게 되어 판매손실이 발생하게 된다. 반대로 재고가 과다하면 재고유지비용이 발생하게 된다.

재고를 최대한 적게 유지해야 하는 이유는 재고는 제품에 투자된 자금이고, 이 투자자금에 대해 금융비용이 발생하기 때문이다. 또한 재고를 유지하기 위해서는 재고유지비용이 많이 들어가기 때문이다.

재고유지비용을 절감하기 위해서 재고는 줄여야 하지만, 다음과 같은 이유로 적정재고를 유지해야 한다.[2]

❶ 고객 응대

점포가 적정재고를 확보하고 있지 않으면 즉각적인 고객응대가 불가능해질 수 있고, 결국 서비스율의 하락을 가져온다. 재고부족은 두 가지 유형으로 나타날 수 있다.

첫째는 품절로 인한 재고고갈이다. 이것은 수요가 발생하였음에도 불구하고 재고부족으로 수요를 충족시키지 못하는 것으로, 판매기회의 손실을 가져온다.

둘째는 미납주문이다. 이것은 고객이 주문한 수량을 점포가 약속시간을 지키지 못함으로써 고객의 신뢰도를 떨어뜨리거나, 할인으로 보상해줘야 하는 불상사가 발생하는 경우이다.

❷ 주문비용의 절감

재고를 주문할 때마다 주문비용이 발생한다. 일반적으로 1회 주문비용은 주문량에 관계없이 일정하다. 따라서 주문횟수가 많아질수록 주문비용은 올라가게 된다. 그러나 한 번에 대량으로 주문하면 주문비용은 줄일 수 있지만, 반대로 재고량이 증가하여 재고유지비용이 올라가게 된다.

❸ 구입가격의 절감

재고를 한 번에 대량으로 주문하게 되면 재고수준은 올라가지만, 구매단가는 내려가게 된다. 재고수준의 증가로 인한 추가비용보다 구매단가의 할인으로 인한 이익이 더 많을 수 있다.

---

2 유성열 · 최성훈(2015), 『생산운영관리』, 이프레스, pp.173 - 174.

8.2 재고의 유형

고객에 대한 판매기회의 손실을 막기 위해서 적정재고를 유지해야 하지만, 재고를 유지함으로 얻게 되는 손실은 다음과 같다.[3]

❶ 기회비용

재고를 보유함으로써 기회비용이 발생한다. 재고에 투입된 자금이 즉시 현금으로 전환될 수 있다면 더 좋은 투자기회에 투자할 수 있을 것이다.

❷ 상품의 보관비용

예를 들면 식자재를 보관하기 위해서는 저장창고를 보유해야 하고, 그로 인한 창고유지비용이 발생하게 된다. 또한 재고가 없다면 창고를 다른 부가가치 창출을 위한 용도로 활용함으로써 얻을 수 있는 기회비용이 발생하게 된다.

❸ 상품 훼손 및 진부화

재고의 보관기간이 길어질수록 유통기한이 지난 식자재는 상품으로 활용하지 못하게 되고, 결국 폐기 처분해야 한다.

재고는 크게 3가지 형태로 구분할 수 있다. 이를 구분하는 기준은 물리적 형태의 재고가 아니라 재고가 하는 역할이다.[4]

❶ 주기재고

「주기재고(cycle inventory)」란 전체 재고 중에서 로트 크기에 따라 직접적으로 변하는 부분을 말한다. 로트 크기(lot size)란 한 번에 주문하는 수량을 말한다. 로트 크기는 주문간격에 비례한다. 즉 수요가 일정하다면, 주문과 주문 사이의 주문간격이 길수록 주기재고의 양은 증가하고, 반대로 주문간격이 짧을수록 주기재고의 양은 감소한다.

수요율이 일정할 경우에, 1회 발주량을 Q라고 하면 평균재고는 Q÷2가 된다[그림 8 - 1]. 주기재고를 낮추기 위해서는 주문량(Q)을 낮춰야 한다.

---

3 유성열 · 최성훈(2015), pp.171 - 173.
4 유성열 · 최성원(2015), pp.174 - 176.

❷ 안전재고

「안전재고(safety stock)」란 재고가 부족하여 생기는 품절이나 미납주문으로 인해 발생할 수 있는 기회비용의 손실을 방지하기 위해 평균적인 수요량보다 더 많이 보유하는 재고를 말한다.

수요율이 일정하고, 리드 타임이 정확한 경우에는 안전재고를 가지고 있지 않아도 된다. 그러나 실제로는 수요율과 리드 타임이 불확실하기 때문에 평균 수요율에 대응한 평균재고만으로는 품절방지를 막기가 어렵다. 그것에 대비한 것이 안전재고이다.

❸ 수송재고

「수송재고(pipeline inventory)」란 한 지점에서 다른 지점으로 이동 중인 재고를 말한다. 제조업자에서 유통센터로, 유통센터에서 도매업자로, 도매업자에서 소매업자로 이동 중인 재고가 이에 해당된다. 기본적으로 이미 발주를 했지만 아직 도착하지 않은 재고를 말한다.

수송재고의 감축은 리드 타임이 짧은 공급업자와 거래함으로써 가능해진다. 또한 공급업자와의 정보공유는 신속한 수송을 통해 수송재고를 줄일 수 있다.

그림 8-1 주기재고와 안전재고

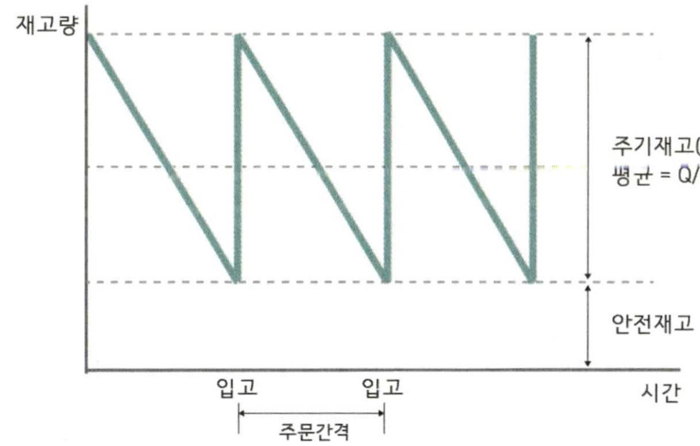

8.3 재고모형 (1): 경제적 주문량 (EOQ)

「재고모형」이란 주어진 상황에 몇 가지 가정을 추가하여 재고와 관련된 비용을 최소화하는 문제를 해결할 수 있도록 하는 모형을 말한다.

재고모형에는 확정적 모형과 확률적 모형으로 구분된다. 확정적 모형은 수요와 리드 타임이 고정되어 있는 경우에 적용한다. 한편, 확률적 모형은 수요와 리드 타임이 불확실한 경우에 적용하는 모형이다. 여기서는 확정적 재고모형에 대해서 설명하고자 한다.

[그림 8 - 2]는 특정 상품의 재고량이 시간적으로 어떻게 변하는지를 나타내고 있다. 특정 시점에서의 재고량은 평균 수요율(D)를 충족시키기 위한 재고량(Q)과 안전재고량(SS)으로 구성된다. 안전재고량(safety stock)은 발주 리드 타임 중에 예측하지 못한 수요량을 충족시키기 위해 유지해야 할 재고량을 말한다. 발주 리드 타임(lead time)은 상품을 발주하고 나서 입고까지의 기간을 말한다. 발주한 후 다음 발주까지의 기간 동안에 재고량은 시간의 경과와 함께 평균 수요율(D)만큼 감소하게 된다.

그림 8 - 2 시간에 따른 재고량의 변화

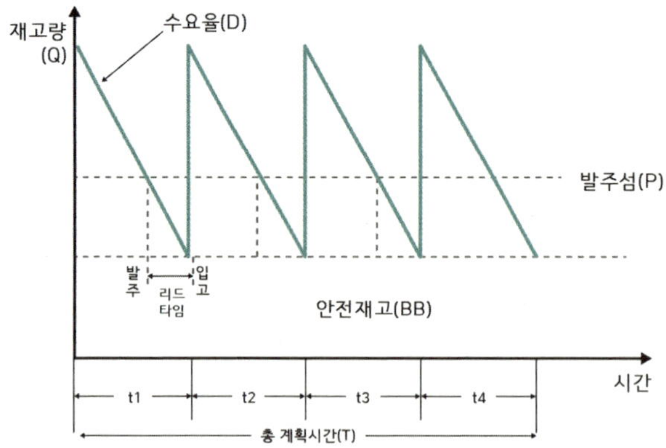

[그림 8 - 3]은 재고관리에 필요한 비용을 나타내고 있다. 발주량이 증가할수록 발주비용은 감소한다. 발주비용은 발주처리비용, 운송비, 취급비용 등을 포함한다. 그러나 발주량이 증가할수록 평균 재고량은 증가하고, 이로 인해 단위당 재고유지비용은 증가한다. 재고유지비용은 보험료, 자본비용, 상품훼손, 진부화 비용 등을 포함한다.

총비용은 발주비용과 재고유지비용을 합한 금액이다. 총비용은 발주량의 증가할수록 처음에는 감소하다가 경제적 발주량을 지나면 다시 증가한다. 이때 총비용이 최소가 되는 발주량(Q*)의 값이 1회의 최적발주량, 즉 경제적 발주량이 된다.

그림 8-3 EOQ 모형의 총비용

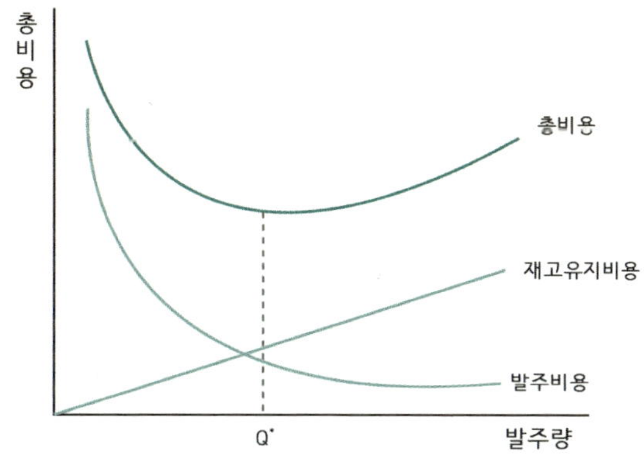

「경제적 발주량(EOQ; Economic Order Quantity)」이란 발주비용과 재고유지비용을 최소화할 수 있는 가장 경제적인 1회 발주량(Q*)을 말한다. 경제적 발주량은 수요가 안정적이고 리드 타임이나 공급의 불확실성이 낮을 때 사용할 수 있다.

경제적 발주량 EOQ(Q*)는 다음과 같이 산출한다.

$$EOQ(Q^*) = \sqrt{\frac{2 \times 1\text{회당 발주비용}(C) \times \text{수요량}(D)}{1\text{단위당 재고유지비용}(H)}}$$

$$\text{총비용} = \frac{\text{수요량}}{\text{발주량}} \times 1\text{회당 발주비용} + \frac{\text{발주량}}{2} \times 1\text{단위당 재고유지비용}$$

예를 들어 상품 A의 월 수요량이 480개, 발주비용은 1회당 1,000원, 재고유지비용은 단위당 300원일 때, 1회 발주량(EOQ)과 총비용은 다음과 같다.

$$EOQ(Q^*) = \sqrt{\frac{2 \times 1{,}000\text{원} \times 480\text{개}}{600\text{원}}} = 40\text{개}$$

$$\text{총비용} = \frac{480\text{개}}{40\text{개}} \times 1{,}000\text{원} + \frac{40\text{개}}{2} \times 300\text{원} = 18{,}000\text{원}$$

8.4 정량발주방식

확률적 재고모형은 수요와 발주 리드 타임이 불확실한 경우에 적용할 수 있는 것으로, 수요의 변화가 확률적 분포를 가지는 것을 고려한 모형이다. 확률적 모형에서는 불확실성에 대비하기 위해 안전재고를 고려하게 된다.

확률적 모형은 발주형태에 따라 정량발주방식과 정기발주방식으로 구분할 수 있다.

「정량발주방식(Fixed Order Quantity, FOQ)」이란 상품의 재고량을 일정하게 유지하기 위해 재고수준이 일정 수준(Reorder Point, ROP)에 도달하면(재발주점), 사전에 정해진 수량(Q)을 자동적으로 발주하는 방식을 말한다.

[그림 8 - 4]는 정량발주방식의 재고량의 흐름을 보여주고 있다.[5] 그림에서 발주에서 입고까지 걸리는 리드 타임은 발주 때마다 확률분포에 따라 달라진다. 또한 재고수준이 재발주점에 도달하는 시점도 수요율에 따라 확률적으로 변하기 때문에 발주간격 역시 변한다. 반면 입고수량은 항상 일정하다. 그리고 입고시점의 재고수준이 항상 다르기 때문에 최대 재고수준은 일정하지 않다.

그림 8 - 4 정량발주방식의 흐름

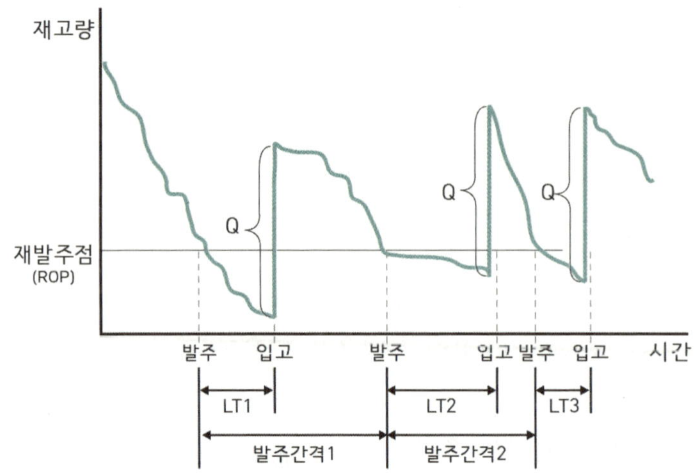

5 유성열 · 최성원(2015), p.191.

정량발주방식을 적용한 재고관리는 경제적 발주량과 재발주점에 의해 정해진다. 먼저 경제적 1회 발주량은 EOQ 모형으로부터 추정할 수 있다.

먼저, 경제적 발주량(Q*)은 평균수요(D)를 이용하여 그 추정치를 사용한다.

$$EOQ(Q^{*}) = \sqrt{\frac{2CD}{H}}$$

단, C = 발주비용

D = 평균수요

H = 재고유지비용

다음으로, 재발주점을 정해야 한다. 재발주점이란 상품을 보충하기 위해 발주하는 시점을 말한다.

재발주점을 결정하기 위해서는 발주 리드 타임(발주점에서 상품이 들어오기까지의 기간), 기간 중의 수요량(그 기간 중에 판매할 수 있는 1일 판매량), 그리고 안전재고량이 필요하다. 발주 리드 타임 기간의 수요가 많을수록, 안전재고량을 높게 책정할수록 재발주점은 높아진다.

재발주점은 발주 리드 타임 동안의 평균수요와 안전재고의 합계로 산출한다.

$$\text{재발주점(수량)} = \text{평균수요}(D) \times \text{발주 리드 타임}(LT) + \text{안전재고}(SS)$$

8.5 정기발주방식

「정기발주방식(Fixed Interval Order, FIO)」이란 재고수준을 정기적으로 조사하고, 그 때마다 재고수준을 일정한 목표재고수준까지 끌어올릴 수 있는 수량을 주문하는 방식을 말하는 것으로, 상품의 재고량을 정해진 날에 발주하는 방식이다.

예를 들어 1일에 한 번, 1주일에 한 번, 1개월에 한 번으로 발주점을 정해 두고, 그 시점에서 판매추이나 보유해야 할 재고량 등을 고려하여 발주량을 정하는 방식이다.

이 방식은 정해진 기간에만 재고를 조사하여 발주하면 되기 때문에 상품의 판매현황을 보고 매일매일 재고를 확인하지 않아도 된다. 그러나 어떤 상품이 예상보다 잘 팔리게 되면 사전에 정해진 시기까지는 발주할 수 없어 품절이 생길 가능성도 있다.

[그림 8 - 5]는 정기발주방식의 흐름을 나타내고 있다.[6] 발주간격은 정기적으로 일정하다. 발주점에서 목표재고수준(T)과 현재 재고수준의 차이만큼 발주량을 발주한다. 그러나 매번 발주량은 달라질 수 있다.

이 방식에서 결정해야 할 사항은 발주간격(P)과 목표재고수준(T)이다.

먼저, 발주간격은 EOQ를 연간 평균 수요량으로 나눈 값으로 추정할 수 있다.

$$\text{발주간격}(P) = \frac{EOQ}{D}, \text{ 여기서 } EOQ(Q^*) = \sqrt{\frac{2CD}{H}}$$

단, EOQ = 경제적 발주량

D=수요율

6 유성열 · 최성원(2015), p.194.

그림 8-5 정기발주방식의 흐름

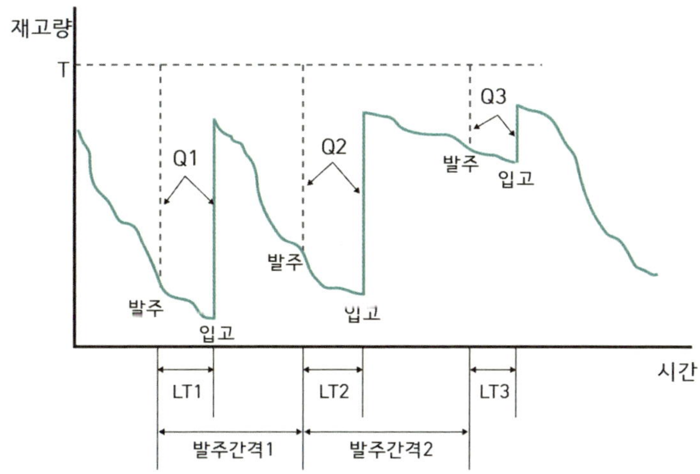

다음은 목표재고수준(T)을 결정해야 한다.

정량발주방식의 경우 재고가 일정 수준 이하로 떨어지면, 언제든지 발주할 수 있다. 그러나 정기발주방식은 정해진 시점에만 발주할 수 있다. 따라서 다음 주문 시까지의 발주간격(P)과 발주에서 입고까지의 발주 리드 타임(LT) 동안의 수요량의 변화에 대응할 수 있는 안전재고를 확보할 수 있도록 발주해야 한다. 즉 P+LT 동안의 수요의 불확실성에 대비할 수 있도록 목표재고수준을 정해야 한다.

목표재고수준은 다음과 같이 산출한다.

$$\text{목표재고수준} = (\text{발주간격} + \text{리드타임}) \times \text{수요량} + K\sqrt{\text{다음 주문시간까지의기간}}$$

단, K는 재고품절확률을 희망수준에 설정한 표준편차

8.6 평균재고액

재고를 보유하는 것은 판매계획의 차질, 수요와 공급의 불규칙 변동 등에 대응하여 생산활동과 판매활동을 원활하게 조정하기 위함이다. 적정재고를 어느 정도 보유해야 하는지를 점포 전체수준에서 또는 상품별로 아이템별로 금액으로 파악하게 되면, 자금운영에도 크게 도움이 된다.

평균재고액은 매출액을 상품회전율로 나누어 산출한다.

$$평균재고액 = \frac{매출액}{상품회전율}$$

예를 들어 월 매출액이 5,000만 원, 상품회전율이 2회전일 때 평균재고액은 다음과 같다.

$$평균재고액 = \frac{5{,}000만\ 원}{2회전} = 2{,}500만\ 원$$

즉 월 평균재고액 2,500만 원을 보유하여, 이것을 2회전시켜 매출액 5,000만 원을 달성하고 있다는 의미이다.

다음으로, 적정재고를 어느 정도 보유해야 하는지를 파악하기 위해서 상품별 평균재고액을 산출한다.

상품별 평균재고액은 평균재고액에 상품별 매출구성비를 곱하여 산출한다.

$$상품별평균재고액 = 평균재고액 \times 상품별매출구성비$$

세밀하게 분석하면, 상품별로 상품회전율에 차이가 생긴다. 이 경우에는 상품별 매출액을 상품회전율로 나누어 상품별 평균재고액을 산출한다. 상품별 평균재고액의 합계가 점포 전체의 평균재고액이 된다.

표 8-1 상품별 평균재고

상품	매출액 (만 원) ❶	상품회전율 (회) ❷	평균재고액 (만 원) ❶÷❷	매출구성비 (%) ❹	점포 전체 평균재고액 (만 원) ❸×❹
A	2,000	2	1,000	40	642
B	1,500	4	375	30	482
C	1,000	6	167	20	321
D	500	8	63	10	161
합계			1,605❸	100	1,606

PART 08

8.7 상품회전율

상품의 판매추이를 파악할 수 있는 방법으로 재고량 외에도 상품회전율을 활용할 수 있다. 상품회전율은 재고의 변화를 나타내는 대표적인 지표이며, 회 또는 회전기간으로 나타낸다.

이 상품회전율은 연간 매출액을 평균재고액으로 나누어 산출한다. 즉 어느 정도의 평균재고액으로 현재의 매출액을 올리고 있는지를 파악할 수 있다. 당연히 점포에서는 낮은 평균재고액과 높은 상품회전율을 선호한다.

$$\text{상품회전율(회)} = \frac{\text{매출액}}{\text{평균재고액}}$$

예를 들어 월 매출액이 5,000만 원, 평균재고액이 2,500만 원일 때 상품회전율은 다음과 같다.

$$\text{상품회전율} = \frac{5{,}000\text{만 원}}{2{,}500\text{만 원}} = 2\text{회전}$$

매출액이 동일하더라도 평균재고액이 낮을수록 상품회전율은 올라간다. 여기서 상품회전율이 높을수록 우수하다는 것은 재고의 현금화 가능성이 높다는 것과, 재고유지비용을 절약할 수 있다는 효과를 동시에 얻을 수 있기 때문이다.

매출액에 대한 공식은 다음과 같이 변환할 수 있다.

$$\text{매출액} = \text{평균재고액} \times \text{상품회전율}$$

예를 들어 평균재고액이 2,500만 원, 상품회전율이 2회전일 때 매출액은 다음과 같다.

$$\text{매출액} = 2{,}500\text{만 원} \times 2\text{회} = 5{,}000\text{만 원}$$

이처럼 어떤 것이 기준이 되면 월 매출액이나 평균재고액과 상품회전율을 정할 수 있게 된다.

매출액은 평균재고가 몇 번 회전했는지와 관련된다. 따라서 매출액을 늘리기 위해서는 재고를 줄이거나 상품회전율을 높이는 방법을 강구해야 한다.

❶ 재고를 줄이는 방법

평균재고를 줄이고 상품회전율을 높이는 방법이다. 그러나 재고를 줄이기 위해 다양한 대책을 강구하지만, 단순히 재고를 줄이게 되면 상품회전율이 올라가지 않고 매출액이 줄어드는 경우가 많다. 따라서 재고를 줄일 때에는 심사숙고해야 한다.

❷ 잘 팔리지 않는 상품의 매입을 중지하는 방법

잘 팔리지 않는 상품은 판매를 중지하고 잘 팔리는 상품은 재고를 늘린다. 이처럼 재고액과 재고수량에 대한 전체적인 틀은 그대로 유지하고, 재고에 대한 내용만을 변경하여 상품회전율을 높힌다.

8.8 재고 대비 매출비율

어떤 상품의 매출액이 높다하더라도 그 상품의 재고량이 너무 많으면 효율적인 판매라고 할 수 없다. 매출액으로는 판매호조로 보이는 상품도 재고가 많아 불량재고로 남게 되는 경우가 있다.

매출액 대비 재고비율은 재고액에 대해 어느 정도 판매되었는지를 나타내는 것으로, 매출액에서 재고액이 차지하는 비율로 산출한다.

$$\text{매출액 대비 재고비율} = \frac{\text{재고액}}{\text{매출액}} \times 100$$

예를 들어 1월의 재고액이 1,000만 원, 매출액이 5,000만 원일 때 매출액 대비 재고비율은 다음과 같다.

$$\text{매출액 대비 재고비율} = \frac{1{,}000\text{만 원}}{5{,}000\text{만 원}} \times 100 = 20\%$$

재고는 많을수록 그에 비례해서 재고유지비가 증가한다. 그러나 재고가 부족하면 판매기회의 손실로 인해 기회비용이 올라간다. 예를 들어 상품이 완전히 판매되는 시점이 빠를수록 품절로 인한 판매기회의 손실이 발생할 수 있기 때문에, 이때 재고량을 늘리게 되면 잘 팔리는 상품으로 이동할 수 있게 된다. 이러한 관점에서 보면 적정재고를 보유하는 것이 중요하다.

재고는 상품이 판매되어 현금으로 전환되어야 비로소 유지될 수 있기 때문에 상품이 팔리지 않고 재고로 남게 되면 경영에 압박을 주게 된다. 즉 재고비용이 늘어나게 된다.

점포에서 평균재고 1,000만 원을 보유하고 있다는 것은 1,000만 원이라는 자금이 점포에서 잠자고 있다는 것을 의미한다. 그리고 이 재고가 전부 판매되어야 비로소 1,000만 원을 회수할 수 있게 되고, 결과적으로 이익을 실현할 수 있다.

만약 그중의 절반에 해당하는 상품이 판매되지 않고 재고로 남게 되면 500만 원에 대한 이자를 지급해야만 한다. 또한 상품 자체의 가치가 하락하거나 파손되면, 그에 해당하는 만큼 손실이 발생하게 된다.

재고발생에 따른 손실은 연간 금리손실로 산출할 수 있다.

연간금리손실 = 재고금액 × 금리

예를 들어 상품재고가 1,000만 원, 은행금리가 5%, 상품이 재고로 1년간 남아있을 때 연간 금리손실은 다음과 같다.

연간금리손실 = 1,000만원 × 0.05% = 50만원

또한 재고상품을 가격할인해서 처분했을 경우에 손실은 다음과 같다. 먼저 정상적으로 정상적으로 재고상품을 판매했을 때 판매가격이 1,000만 원에 대한 수익률이 65%이라면 매출총이익은 650만 원을 예상할 수 있다. 그러나 재고상품 1,000만 원을 할인율 50%를 적용하여 500만 원으로 처분한다면 500만 원(650만 원 - 150만 원)의 손실을 입게 된다.

PART
08

8.9 재고일수

상품의 판매추이를 파악할 수 있는 방법으로 재고자산회전율과 재고일수를 활용한다.

「재고자산회전율」은 상품의 판매추이를 파악하는 지표로, 매출액(또는 매출원가)을 재고자산으로 나누어 산출한다. 이 비율이 높을수록 자본수익율이 올라가고 매입채무가 감소되며, 상품의 재고손실을 막을 수 있다. 그러나 재고자산회전율이 과대하게 높은 경우, 식자재 및 상품부족으로 생산활동 및 판매활동에 지장을 줄 수 있다.

$$\text{재고자산회전율} = \frac{\text{매출액 또는 매출원가}}{\text{재고자산}}$$

예를 들어 연간 매출액이 6억 원, 재고자산이 6,000만 원일 때 재고자산회전율은 다음과 같다.

$$\text{재고자산회전율} = \frac{6\text{억 원}}{6{,}000\text{만 원}} = 10\text{일}$$

재고자산회전율이 재고자산의 판매속도를 측정하는 것이라면, 구매와 생산활동을 평가하기 위해서는 재고자산 판매기간을 파악해야 한다.

「재고자산 판매기간」은 재고자산이 현금화되는데 소요되는 평균기간을 말하는 것으로, 1년 365일을 재고자산회전율로 나누어 산출한다.

$$\text{재고자산판매기간(일)} = \frac{365\text{일}}{\text{재고자산회전율}}$$

예를 들어 재고자산회전율이 10일일 때 재고자산 판매기간은 다음과 같다.

$$\text{재고자산 판매기간} = \frac{365\text{일}}{10\text{일}} = 36.5\text{일}$$

한편, 「재고일수」란 재고상품이 어느 정도의 기간, 즉 점포의 수중에 재고로 머물러있는지를 일수로 파악하는 것을 말한다. 즉 현재의 속도로 상품을 판매하게 되면 현재 보유하고 있는 재고가 며칠 만에 없어지는지를 나타낸다.

재고일수를 활용하면 상품회전율보다 세세한 변화를 검토할 수 있다는 장점을 가지고 있다. 예를 들어 재고의 움직임을 나타내는 상품회전율로는 12회로 나타나지만, 재고일수로는 30일(30.4일)로 나타난다.

집중적인 상품관리 노력에 의해 재고일수가 1일 개선되었다면, 상품회전율은 12회에서 11.77회가 된다. 그러나 상품회전율 0.23회의 개선이 재고일수만큼 그다지 개선된 것 같지 않은 느낌을 받을 수 있다.

재고일수를 이용하면 상품의 세세한 변화까지도 나타낼 수 있기 때문에 재고일수를 줄이거나, 목표 재고일수에 맞춰 상품을 축소해 갈 수 있는 목표를 세울 수 있게 된다.

재고일수는 연간 영업일을 상품회전율로 나누어 산출한다.

$$\text{재고일수} = \frac{365\text{일}}{\text{상품회전율}} = \frac{365\text{일}}{\text{연간매출액} \div \text{평균재고액}}$$

예를 들어 연간 매출액이 6억 원, 평균재고액이 1억 원일 때 재고일수는 다음과 같다.

$$\text{재고일수} = \frac{365\text{일}}{\frac{6\text{억 원}}{1\text{억 원}}} = \frac{365\text{일}}{6\text{회}} = 60.83\text{일}$$

[표 8 - 2]를 보면, 3개의 상품의 목표 재고일수의 평균은 45일이다. 전체적으로 3개의 상품별 재고일수를 줄이고 상품회전율을 높일 수 있는 대책을 강구해야 한다.

표 8-2 재고일수에 따른 대책

상품	재고일수	비고	대책
상품 A	25일	▲	• 상품회전율이 높은 요인을 분석. 기본적으로 재고를 늘린다.
상품 B	65일	▽	• 상품회전율이 낮은 원인을 분석. 기본적으로 재고를 줄인다.
상품 C	45일	-	• 현재 상태를 유지한다. 앞으로의 추이를 주시한다.
평균	45일	-	

memo

8.10 판매속도

재고를 보다 정확하게 파악하려면 판매속도로 검토할 수 있다.

「판매속도」란 판매하는 속도를 발주량이나 보유해야 할 재고량으로 결정하는 방식을 말한다.

판매속도는 수량 또는 금액으로 구할 수 있다. 수량으로 구하는 경우에는 1일에 상품이 몇 개 팔렸는지를 파악하게 된다.

$$판매속도 = \frac{판매수량(금액)}{판매기간(일수)}$$

예를 들어 상품 A를 한 달(30일)에 2,400개를 판매하였다면 판매속도는 다음과 같다.

$$판매속도 = \frac{2,400개}{30일} = 80개$$

판매속도를 상품별로 또는 품목별로 검토하게 되면 상품별 또는 품목별로 판매되는 진행속도를 보다 정확하게 파악할 수 있게 된다. 또한 각각의 판매속도에 대하여 현재의 재고액과 비교하여 며칠 분의 재고를 보유하고 있는지도 간단하게 파악할 수 있다.

반대로 며칠 분의 재고를 보유해야 하는지를 정해 두면 현재 시점에서 어느 정도의 재고를 보유해야 하는지도 알 수 있다.

현재의 재고와 보유해야 할 재고와의 차이가 발주량이 된다.

$$발주량 = 현시점에서 보유해야 할 재고량 - 현재 재고량$$
$$보유해야 할 재고량 = 판매속도 \times 재고일수$$

예를 들어 현 시점에서 보유해야 할 재고량이 160개, 현재 재고량이 80개, 판매속도가

80개일 때 발주량과 보유해햐 할 재고량은 다음과 같다.

$$발주량 = 160개 - 80개 = 80개$$

$$보유해야할 재고량 = 80개 \times 2일 = 160개$$

memo

PART 09

직원관리에 강해지자!

9.1 인건비와 인건비 비율

점포에서 지출하는 비용 중에서 매출원가 다음으로 인건비가 높은 비중을 차지하고 있다. 인건비는 판매관리비에 속하기 때문에 인건비가 증가할수록 영업이익에 마이너스(-) 영향을 미치게 된다.

근로기준법 제50조에 따르면, "상시 근로자 5인 이상인 사업장의 경우, 1주간의 근로시간은 휴게시간을 제외하고 40시간을 초과할 수 없고, 1일의 근로시간은 휴게시간을 제외하고 8시간을 초과할 수 없다."라고 규정하고 있다.

아울러 최저임금위원회는 2023년부터 법정 최저임금을 2022년 법정 최저임금 시간당 9,160원에서 9,620원으로 의결했다. 1주 40시간을 근무한다고 가정하면 월 환산액이 200만원을 넘게 된다.

[표 9-1]은 법정 최저임금이 9,620원으로 인상됨에 따라 직원 1인에게 지급해야 할 급여 내역서를 나타내고 있다.

표 9-1 직원 1인에게 지급해야 할 급여 내역서

항목	금액 (원)	산출
시급	9,620	시간당 법정최저임금 9,620원 적용
일급	76,960	1일 8시간 근무 (9,620원×8시간)
주급	384,800	1주 5일 근무 (76,960원×5일)
월급	1,693,120	76,960원×22일
주휴 수당	307,840	76,960원×4회
월급 합계	2,000,960	1,693,120원+307,840원

근로기준법 제정과 법정 최저임금의 인상에 따라 채용해야 할 직원의 수나 인건비에 대한 부담이 그만큼 증가되었다고 할 수 있다.

「인건비」란 노무에 대한 대가로서, 판매관리비 중에서 급여, 상여금, 제수당, 복리후생비, 퇴직금 등의 합계를 말한다.

「매출액 대비 인건비 비율」은 매출액에서 인건비가 차지하는 비율로 산출한다.

$$\text{매출액 대비 인건비 비율} = \frac{\text{인건비}}{\text{매출액}} \times 100$$

예를 들어 월 매출액이 5,000만 원, 인건비가 1,000만 원일 때 매출액 대비 인건비 비율은 다음과 같다.

$$\text{매출액 대비 인건비 비율} = \frac{\text{1,000만 원}}{\text{5,000만 원}} \times 100 = 20\%$$

외식업계에서 활용하고 있는 지표 중에 중요한 지표가 FL 비용이다.

「FL 비용」이란 F(Food = 원가)와 L(Labor = 인건비)의 비용을 합한 금액으로, 이 FL 비용이 전체 비용의 60% 이내로 제한되어야만 영업이익을 확보할 수 있다는 것이다.

그림 9-1 FL 비용

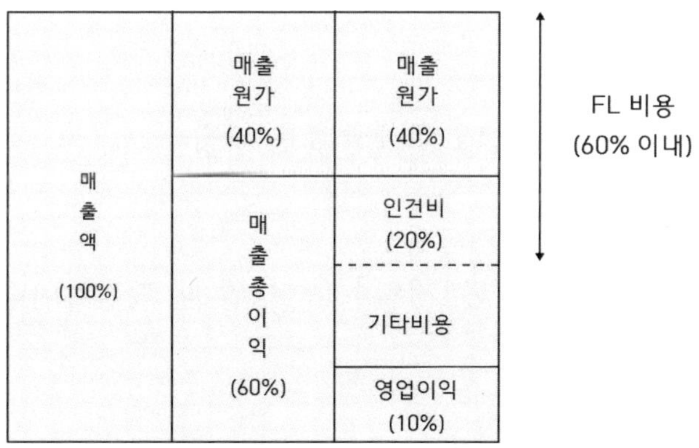

예를 들어 매출액에서 차지하는 매출원가가 40%, 인건비가 20%일 때 FL 비용은 60%가 된다. 매출총이익 60%에서 인건비 20%를 뺀 나머지 40%로 인건비 이외의 판매관리비를 지급할 수 있게 된다. 만약 FL 비용이 60%를 초과하게 되면 그만큼 영업이익을 확보하기가 어려워진다.

9.2 직원별 매출목표의 할당

2023년 법정 최저임금이 9,620원으로 인상됨에 따라 인건비 지급에 대한 부담이 한층 무거워지고 있다. 따라서 점포는 소수정예의 직원으로, 직원의 업무능력을 높여서 매출목표를 달성해나가야 한다.

점포의 효율성을 측정하기 위한 대표적인 지표로 상품효율, 매장효율, 인적효율을 들 수 있다. 그중에서 특히 인적효율은 판매활동을 지탱하는 것도 결국은 사람이기 때문에 점포에서 중요하게 다루어야 할 지표이다. 인적효율을 측정하는 지표가 직원 1인당 매출액과 직원 1인당 매출총이익이다.

(1) 직원 1인당 매출액

「직원 1인당 매출액」은 매출액에 대한 전체 직원의 판매능력에 대한 평균값으로, 매출액을 직원수로 나누어 산출한다. 여기서 말하는 직원수는 점포에서 근무하는 모든 직원을 포함한다.

$$\text{직원 1인당 매출액} = \frac{\text{매출액}}{\text{직원수}}$$

예를 들어 월 매출액이 5,000만 원, 직원수가 5명일 때 직원 1인당 매출액은 다음과 같다.

$$\text{직원 1인당 매출액} = \frac{5{,}000\text{만 원}}{5\text{명}} = 1{,}000\text{만 원}$$

(2) 직원 1인당 매출총이익

점포에서 직원수를 늘리면 그만큼 매출액은 늘릴 수 있지만, 이익을 실현하기는 어렵다. 왜냐하면 늘린 직원수만큼 급여 등의 비용이 증가하기 때문이다. 직원 각 개인의 능력이 향상되어야만 매출목표와 이익을 동시에 달성할 수 있게 된다.

매출액이 높더라도 매출총이익이 낮으면 경영하기가 어려워진다. 왜냐하면 매출총이익에서 인건비, 임대료, 기타비용 등을 지급해야 하기 때문이다. 따라서 직원 1인이 매출총이익에 어느 정도 공헌하고 있는지를 검토해야 한다.

「직원 1인당 매출총이익」은 직원 1인이 매출총이익을 어느 정도 올렸는지를 측정하는 지표로, 매출총이익을 직원수로 나누어 산출한다.

$$\text{직원1인당 매출총이익} = \frac{\text{매출총이익}}{\text{직원 수}}$$

예를 들어 점포의 월 매출총이익이 3,000만 원, 직원수가 5명일 때 직원 1인당 매출총이익은 다음과 같다.

$$\text{직원1인당 매출총이익} = \frac{3{,}000\text{만 원}}{5\text{명}} = 600\text{만 원}$$

직원 1인당 매출액은 급여의 약 4~5배를 넘어야 하고, 직원 1인당 매출총이익은 급여의 약 3배 정도를 넘어야 한다. 예를 들어 직원 급여가 200만 원이라면 매출액의 적정수준은 약 800만 원~1,000만 원, 매출총이익은 600만 원 정도를 달성해야 한다.

표 9-2 직원 1인당 매출액과 매출총이익의 평가기준

항목	매출액	매출총이익
평가기준	급여의 4~5배 이상	급여의 3배 이상
급여가 200만 원일 때	800~1,000만 원	600만 원 이상

9.3 직원별 매출목표의 할당1

「직원 1인당 매출액」은 매출액을 직원수로 나누어 산출한, 즉 평균적인 매출액을 말한다. 그러나 어떤 직원은 판매능력이 높고, 어떤 직원은 낮다. 따라서 매출액을 할당할 때에도 직원의 판매능력에 맞춰 개별적으로 할당해야 한다.

예를 들어 "이번 달 직원 A의 매출목표는 1,000만 원이다!!"라고 구체적으로 제시해주면, 본인도 매출목표를 달성하기 위해 오늘 하루의 매출액과 한 주의 매출액을 구체적으로 세워 노력하게 될 것이다. 특히 접객 서비스가 주로 이루어지는 점포에서는 이 수치가 아주 중요하다.

(1) 직원별 매출목표의 할당

「직원별 매출목표」는 개개의 직원이 달성해야 할 매출목표로, 전체 매출목표와 직원별 매출구성비를 곱하여 산출한다.

직원별 매출목표 = 전체 매출목표 × 직원별 매출 구성비

예를 들어 점포의 월 매출목표가 5,000만 원, 그중에서 전년도 직원 A의 매출구성비가 30%일 때 직원 A의 매출목표는 다음과 같다.

$$\text{직원 } A\text{의 매출목표} = 5{,}000\text{만 원} \times 0.3 = 1{,}500\text{만 원}$$

(2) 직원별 매출목표 달성률

직원별로 매출목표를 할당한 후에는 그 매출목표를 어느 정도 달성했는지를 직원별 매출목표 달성률로 검토한다.

「직원별 매출목표 달성률」은 예를 들어 직원 A에게 할당된 매출목표에서 직원 A가 달성한 실제 매출액의 비율로 산출한다.

$$\text{직원 } A\text{의 매출목표달성율} = \frac{\text{실제매출액} - \text{매출목표}}{\text{매출목표}} \times 100$$

예를 들어 직원 A의 월 매출목표가 1,500만 원, 실제 매출액이 1,800만 원일 때 직원 A의 매출목표 달성률은 다음과 같다.

$$\text{직원 } A\text{의 매출목표 달성율} = \frac{1{,}800\text{만 원} - 1{,}500\text{만 원}}{1{,}500\text{만 원}} \times 100 = 20\%$$

표 9-3 직원별 매출목표 달성율 (단위: 만 원)

업종	매출목표 (원)	실제 매출액 (원)	매출목표 달성율 (%)
직원 A	1,500	1,800	+20
직원 B	1,300	1,200	-7.7
직원 C	1,000	1,000	0
직원 D	800	900	+12.5
직원 E	400	300	-25.0
합계	5,000	5,200	+4

PART 09

9.4 노동생산성 (1)

매출에 대한 효율성을 분석할 때 자주 활용하는 것이 생산성이다. 즉 투입량에 대한 산출량과의 비교를 통해 매출에 대한 효율성을 평가하게 된다.

[표 9-4]는 외식업계의 연간 노동생산성을 나타내고 있다.[1] 노동생산성이 가장 높은 업종은 치킨 전문점으로 15.28로 나타났다.

표 9-4 외식업계의 업종별 노동생산성

업종	2010년	2014년	2010년 대비 2014년 노동생산성 증감률
한식 음식점업	7.96	6.57	-17.5
중식 음식점업	4.78	4.35	-9.0
일식 음식점업	5.00	4.65	-7.0
피자, 햄버거, 샌드위치 및 유사 음식점업	5.24	4.84	-7.6
치킨 전문점	17.74	15.28	-13.9
분식 및 김밥 전문점	8.10	8.72	7.7

주: $\text{외식업노동생산성} = \frac{\text{산출(인당 매출액)}}{\text{투입(종사자 1인당 인건비)}}$

「생산성(productivity)」이란 투하한 투입량과 그 결과로 얻어진 산출량과의 비율을 나타내는 지표로, 투입량(input) 대비 산출량(output)으로 산출한다. 즉 투입한 자원에 대해서 산출된 결과가 높을수록 생산성이 높다고 할 수 있다.

$$\text{생산성} = \frac{\text{산출량}}{\text{투입량}}$$

1 최규완·허재준·이규석·방도형·정혜린(2017), 『프랜차이즈점 확산이 음식서비스업 고용에 미치는 영향』, 한국노동연구원, p.27.

생산성 중에서 인적 효율성을 측정하는 「노동생산성」은 직원 1인당 생산성을 나타내는 지표로, 물적 노동생산성과 부가가치 노동생산성이 있다.

(1) 물적 노동생산성

「물적 노동생산성」은 생산의 효율성을 파악하는 지표로, 매출액을 노동량(인원수×시간)으로 나누어 산출한다.

$$\text{물적노동생산성} = \frac{\text{매출액}}{\text{노동량}}$$

예를 들어 월 매출액이 5,000만 원, 직원수가 5명일 때 물적 노동생산성은 다음과 같다.

$$\text{노동생산성} = \frac{5{,}000\text{만 원}}{5\text{명}} = 1{,}000\text{만 원}$$

(2) 부가가치 노동생산성

「부가가치 노동생산성」은 산출량에 부가가치액을 적용하는 지표이다. 부가가치액이란 매출액에서 매출원가에 포함된 식재료비 등의 비부가가치를 차감한 금액으로, 매출총이익과 거의 유사한 개념이다. 부가가치 노동생산성은 직원 1인이 창출하는 매출총이익으로, 매출총이익을 직원수로 산출한다.

$$\text{부가가치노동생산성} = \frac{\text{매출총이익}}{\text{직원수}}$$

예를 들어 월 매출총이익이 3,000만 원, 직원수가 5명일 때 부가가치 노동생산성은 다음과 같다.

$$\text{부가가치노동생산성} = \frac{3{,}000\text{만 원}}{5\text{명}} = 600\text{만 원}$$

9.5 노동생산성 (2)

불경기 또는 소비둔화로 인해 매출액이 감소하는 상황을 대비하여 현재의 노동생산성을 유지하는 방법에 대해서 생각해보자.

(1) 현재 상황

예를 들어 [표 9-5]에서 나타낸 것처럼, 연간 매출액 5억 원의 점포에서 매출총이익이 매출액의 70%인 3억 5,000만 원, 인건비는 직원 1인당 2,400만 원으로 5명을 채용하고 있을 때 1억 4,000만 원이다. 인건비를 제외한 판매관리비가 1억 6,000만 원일 때 영업이익은 5,000만 원이 된다. 이 경우 노동생산성은 2.5(35,000÷14,000)가 된다.

(2) 매출액의 감소가 예상된다면

예를 들어 차기년도 매출액이 전년도 대비 20%가 감소되어 4억 원으로 예측되었다. 이 경우 5명의 직원수를 그대로 유지할 경우 영업이익과 노동생산성은 다음과 같이 낮아진다.

매출액 4억 원에서 매출원가 1억 2,000만 원을 빼면 매출총이익은 2억 8,000만 원이 된다. 인건비는 현재 수준을 유지하기 때문에 1억 4,000만 원이 된다. 영업이익은 매출총이익 2억 8,000만 원에서 인건비와 판매관리비를 합한 3억 원을 빼면 -2,000만 원이 된다. 즉 적자가 발생하게 된다. 이 경우 노동생산성은 2.33(28,000÷12,000)로 낮아진다.

(3) 노동생산성을 유지하기 위해 직원 1명을 감원했을 때

매출액이 감소한 상황에서, 노동생산성을 유지하기 위한 대책을 강구해야 한다. 현재의 노동생산성 2.92를 유지하려면 직원을 감원하거나 급여를 삭감해야 한다. 아니면 근무시간을 줄여야 한다.

여러 안 중에서 '직원 1인을 감원하여 4명으로 운영한다!'로 결정하였다면, 영업이익과 노동생산성은 다음과 같이 개선된다.

직원 1인을 감원하기 때문에 직원 1인당 인건비는 9,600만 원으로 감소되고, 영업이익은 400만 원이 된다. 결과적으로 흑자와 함께 노동생산성은 2.5(28,000÷11,200)으로 개선전과 동일한 수준을 유지할 수 있게 된다.

표 9-5 매출액 감소에 따른 노동생산성의 변화

(단위: 만 원)

항목	개선 전		개선 후
	현재 상황	매출액 감소	
매출액	**50,000**	**40,000**	**40,000**
매출원가 (30%)	15,000	12,000	12,000
매출총이익 (70%)❶	**35,000**	**28,000**	**28,000**
인건비❷ (5명)	12,000	12,000	9.600
판매관리비	19,000	18,000	18,000
영업이익	**5,000**	**-2,000**	**800**
노동생산성❸ (❶÷❷)	2.92	2.33	2.92

9.6 직원별 노동생산성

직원 전체의 노동생산성을 개별 직원의 판매능력을 검토하기 위해 직원 한 사람에게 초점을 맞춰 직원 1인의 시간당 매출액, 시간당 주문수, 시간당 생산성에 대해서 알아보자.

(1) 직원 1인의 시간당 매출액

「직원 1인의 시간당 매출액」이란 직원 1인이 1시간 근무하여 매출액을 어느 정도 올리는지를 나타내는 지표로, 매출액을 근무시간으로 나누어 산출한다.[2] 당연히 이 수치가 높을수록 생산성도 높다고 할 수 있다. 이 지표는 객단가가 높은 업태에 높게 나타난다.

$$\text{시간당 매출액} = \frac{\text{매출액}}{\text{근무시간}}$$

예를 들어 직원 1인이 1일 8시간을 근무하고, 매출액을 30만 원 올렸을 때 직원 1인의 시간당 매출액은 다음과 같다.

$$\text{시간당 매출액} = \frac{\text{30만 원}}{\text{8시간}} = \text{37,500원}$$

알바생의 법정 최저임금으로 시급 9,620원을 지급했을 경우, 매출액의 약 3.9배를 올리고 있다는 것을 의미한다.

(2) 직원 1인의 시간당 주문수

「직원 1인의 시간당 주문수」는 직원 1인이 1시간 근무하여 주문을 어느 정도 받았는지를 나타내는 지표로, 주문수를 근무시간으로 나누어 산출한다.

2 Shimizu Hitoshi(2016), 『푸드 서비스 공격적 계수』, 상업계, p.39.

$$시간당\ 주문수 = \frac{주문수}{근무시간}$$

예를 들어 직원 1인이 1일 8시간을 근무하고, 주문을 15개 받았을 때 직원 1인의 시간당 주문수는 다음과 같다.

$$시간당주문수 = \frac{15개}{8시간} = 1.88개$$

위 공식을 활용하여, 직원 1인의 시간당 매출액은 직원 1인의 시간당 주문수와 객단가를 곱하여 산출할 수 있다.

$$시간당\ 매출액 = 주문수 \times 객단가$$

예를 들어 직원 1인당 주문수가 1.88개, 객단가가 2만 원일 때 직원 1인의 시간당 매출액은 37,500원이 된다. 여기에 1일 근무시간 8시간을 곱하면 직원 1인의 매출액을 산출할 수 있다.

$$직원1인의시간당\ 매출액 = 1.88개 \times 2만\ 원 = 37,500원$$

$$직원1인의1일\ 매출액 = 37,500원 \times 8시간 = 30만\ 원$$

$$점포의1일\ 매출액 = 30만원 \times 5명 = 150만원$$

(3) 직원 1인의 시간당 생산성

「직원 1인의 시간당 생산성」이란 직원 1인이 매출총이익을 어느 정도 올렸는지를 나타내는 지표로, 매출총이익을 근무시간으로 나누어 산출한다.

$$직원1인의시간당\ 생산성 = \frac{매출총이익}{근무시간}$$

예를 들어 직원 1인이 1일 8시간을 근무하고, 매출총이익 15만 원을 올렸을 때 직원 1인의 시간당 생산성은 다음과 같다.

$$\text{직원 1인의 시간당 생산성} = \frac{\text{15만 원}}{\text{8시간}} = 18,750\text{원}$$

memo

9.7 노동생산성 (3)

앞 절에서는 인적 효율성을 검토하기 위한 한 가지 방법으로 노동생산성에 대해서 설명하였다. 그때의 노동생산성은 매출총이익을 직원수로 나누어 산출하였다. 여기서는 매출총이익에 평당 매출액과 1인당 매장면적을 추가해서 종합적인 판매효율에 대한 생산성을 산출하는 방법에 대해서 설명하고자 한다.

평당 매출액, 1인당 매장면적, 매출총이익을 종합적으로 고려한 생산성은, 점포 1평에서 매출액을 어느 정도 올리고 있고, 직원 1인이 매장면적을 어느 정도 담당하고 있고, 매출총이익률을 어느 정도 올리고 있는지로 산출한다.

$$\text{생산성} = \text{평당 매출액} \times \text{1인당 매장면적} \times \text{매출총이익률}$$

평당 매출액은 매장면적 1평에서 매출액을 어느 정도 올리고 있는지를 나타내는 지표로, 매출액을 매장면적으로 나누어 산출한다.

$$\text{평당 매출액} = \frac{\text{매출액}}{\text{매장면적}}$$

예를 들어 점포의 매장면적이 40평, 월 매출액이 5,000만 원일 때 평당 매출액은 다음과 같다.

$$\text{평당 매출액} = \frac{\text{5,000만 원}}{\text{40평}} = \text{125만 원}$$

직원 1인당 매장면적은 직원 1인이 매장면적을 어느 정도 담당하고 있는지를 나타내는 지표로, 매장면적을 직원수로 나누어 산출한다.

$$1\text{인당 매장면적} = \frac{\text{매장면적}}{\text{직원수}}$$

예를 들어 점포의 매장면적이 40평, 직원수가 5명일 때 직원 1인당 매장면적은 다음과 같다.

$$\text{직원 1인당 매장면적} = \frac{40\text{평}}{5\text{명}} = 8\text{평}$$

예를 들어 점포 A와 B의 평당 매출액, 1인당 매장면적, 매출총이익률이 아래와 같은 경우, 두 점포의 생산성은 다음과 같다.

$$\text{점포 } A\text{의 생산성} = 125\text{만 원} \times 8\text{평} \times 0.7 = 700\text{만 원}$$

$$\text{점포 } B\text{의 생산성} = 100\text{만 원} \times 10\text{평} \times 0.65 = 650\text{만 원}$$

표 9-6 점포별 생산성의 비교

	점포 A	점포 B
월 매출액	5,000만 원	3,000만 원
평수	40평	30평
직원수	5명	3명
평당 매출액❶	125만 원	100만 원
1인당 매장면적❷	8평	10평
매출총이익률❸	70%	65%
생산성❹ (❶×❷×❸)	**700만 원**	**650만 원**

두 점포의 생산성을 비교하면 점포 A가 B보다 높다. 이러한 결과를 바탕으로 판매효율의 생산성을 높이기 위해서는 평당 매출액, 1인당 매장면적, 매출총이익률을 높여야 한다. 아울러 평당 매출액, 1인당 매장면적, 매출총이익률이 달라도 생산성이 같다면 판매효율에서의 생산성은 같다고 할 수 있다.

9.8 노동분배율 (1)

매출액에서 매출원가를 빼면 매출총이익이 된다. 매출액에서 매출원가가 차지하는 비율이 낮을수록 매출총이익은 증가한다. 매출총이익이 증가할수록 판매관리비에 해당되는 비용들, 예를 들면 직원의 급여를 올리거나 판촉활동의 강화를 시도할 수 있게 된다. 따라서 직원의 인건비를 정할 때에는 매출액보다는 매출총이익에서 인건비가 차지하는 비율, 즉 노동분배율을 검토해야 한다.

[표 9-7]은 프랜차이즈 중에서 회사 A(본사)의 최근 2년간의 노동분배율을 나타낸 것으로, 약 52~55%를 보이고 있다.

표 9-7 프랜차이즈 회사 A(본사)의 노동분배율 (단위: 만 원)

노동분배율	2019 (제34기)	2020 (제35기)
매출액	72,480,059	79,101,735
매출총이익❶	45,856,186	50,010,079
인건비❷	24,967,965	26,185,650
노동분배율❸ (❷÷❶)	54.44	52.36

「노동분배율」이란 인건비의 수준이 적정한지 아닌지를 검토할 때에 사용하는 지표로, 점포가 창출한 부가가치(매출총이익)에서 인건비가 차지하는 비율로 산출한다.

$$\text{노동분배율} = \frac{\text{인건비}}{\text{매출총이익}} \times 100$$

예를 들어 월 매출액이 5,000만 원, 매출총이익이 3,200만 원, 인건비가 1,000만 원일 때 노동분배율은 다음과 같다.

$$\text{노동분배율} = \frac{1{,}000\text{만 원}}{3{,}200\text{만 원}} \times 100 = 31.3\%$$

노동분배율 31.3%라는 것은 매출총이익 중에서 31.3%에 해당하는 금액이 인건비로 지급되고 있다는 것을 의미한다.

노동분배율에 대한 판단은 매출총이익의 30~50%를 기준으로 삼아야 한다. 일반적으로 노동분배율은 대기업에서는 낮고 중소기업에서는 높다.

표 9-8 노동분배율의 판단기준

노동분배율	판단기준
35%	우수
40%	보통
45%	약간 나쁨
50%	개선책이 필요함
50% 이상	심각한 문제 있음

공식에서 나타난 것처럼, 노동분배율은 매출총이익과 인건비의 증감에 따라 변한다.

예를 들어 연간 매출액 5억 원의 점포에서, 매출총이익이 3억 5,000만 원에서 3억 1,500만 원으로 감소되었다면, 노동분배율은 44.4%로 올라가게 된다. 노동분배율을 40%로 유지하려면, 인건비를 1억 2,600만 원(3억 1,500만 원×0.4)으로 줄여야 한다.

마찬가지로, 인건비가 1억 8,000만 원으로 상승하였다면, 노동분배율은 51%(1억 8,000만 원÷3억 5,000만 원)로 올라간다. 이때에는 직원을 감축하는 등의 내책을 세워야 한다.

추가적으로, 적정한 직원수를 정할 때에 인원수보다는 인건비 예산을 활용하면 쉽게 정할 수 있다. 노동분배율을 활용하여 인건비에 대한 예산할당은 매출총이익과 노동분배율을 곱하여 산출한다.

$$인건비\ 예산할당 = 매출총이익 \times 노동분배율$$

예를 들어 매출총이익이 3,200만 원, 노동분배율이 31.3%일 때 인건비에 대한 예산할당은 다음과 같다.

$$인건비\ 예산할당 = 3{,}200만\ 원 \times 0.313 = 1{,}001.6만\ 원$$

PART 09

9.9 노동분배율 (2)

적정한 노동분배율을 유지하기 위해서는 직원 1인이 매출액과 매출총이익을 어느 정도 달성해야 하는지도 중요한 관심사 중 하나이다. 예를 들면 월 200만 원의 급여를 받는 직원이 하루 또는 한 달에 어느 정도의 매출액과 매출총이익을 올려야 하는지를 파악해야 한다.

(1) 직원 1인당 필요 매출총이익

「직원 1인당 필요 매출총이익」은 직원 1인이 매출총이익을 어느 정도 올려야 하는지를 나타내는 지표로, 1인당 인건비를 노동분배율로 나누어 산출한다.[3]

$$\text{직원1인당필요매출총이익} = \frac{\text{1인당 인건비}}{\text{노동분배율}}$$

예를 들어 1인당 월 인건비가 200만 원, 노동분배율이 40%일 때 직원 1인당 필요 매출총이익은 다음과 같다.

$$\text{직원1인당필요매출총이익} = \frac{\text{200만 원}}{0.4} = \text{500만 원}$$

(2) 직원 1인당 필요 매출액

「직원 1인당 필요 매출액」은 직원 1인당 필요 매출총이익을 매출총이익률로 나누어 산출한다.

$$\text{직원1인당필요매출액} = \frac{\text{필요매출총이익}}{\text{매출총이익률}}$$

3 Kouno Hidetoshi(2002), 『점포의 숫자에 강해지는 책』, Kanki 출판, p.100.

예를 들어 1인당 월 필요 매출총이익이 500만 원, 매출총이익률이 70%일 때 직원 1인당 필요 매출액은 다음과 같다.

$$\text{직원1인당필요매출액} = \frac{500\text{만 원}}{0.7} = 7{,}142{,}857\text{원}$$

상기한 두 개의 공식을 하나로 합하면 다음과 같다.

직원1인당필요매출액 = 1인당인건비 ÷ 노동분배율 ÷ 매출총이익률

상기한 공식에 따라 1인당 월 인건비가 200만 원, 노동분배율이 40%, 매출총이익률이 70%일 때 직원 1인당 필요 매출액은 다음과 같다.

$$\text{직원1인당필요매출액} = 200\text{만원} \div 0.4 \div 0.7 = 7{,}142{,}857\text{원}$$

(3) 적정 직원수

인건비에 대한 예산이 정해지고, 직원 1인당 평균 급여가 정해지면 채용할 수 있는 직원의 수를 결정할 수 있게 된다.

먼저, 인건비의 범위는 매출액, 매출총이익률, 노동분배율을 곱하여 산출한다.

인건비 범위 = 매출액 × 매출총이익률 × 노동분배율

예를 들어 연간 매출액 5억 원, 매출총이익률이 70%, 노동분배율이 40%일 때 인건비의 예산은 다음과 같다.

$$\text{인건비 예산} = 5{,}000\text{만 원} \times 0.7 \times 0.4 = 1{,}400\text{만 원}$$

다음에는, 채용할 수 있는 직원수를 산출한다. 예를 들어 월 평균 인건비를 280만 원이라고 가정한다면, 고용할 수 있는 직원수는 다음과 같다.

$$직원수 = \frac{1,400만원}{280만원} = 5명$$

채용해야 할 직원수를 5명으로 정하게 되면, 직원 1인당 필요 매출액과 필요 매출총이익을 산출할 수 있게 된다.

memo

9.10 직원 1인당 매장면적

지금까지는 적정한 직원수의 결정에 대해서 노동생산성과 노동분배율을 적용하여 검토하였다.

적정한 직원수는 인건비나 세밀한 직무분석을 통해 정할 수 있지만, 매장면적을 고려해서 검토할 수도 있다. 이때 활용하는 것이 직원 1인당 매장면적이다.

「직원 1인당 매장면적」은 직원 1인이 매장면적을 어느 정도 담당하고 있는지를 파악하는 지표로, 매장면적을 직원수로 나누어 산출한다.

$$\text{직원 1인당 매장면적} = \frac{\text{매장면적}}{\text{직원수}}$$

예를 들어 점포의 매장면적이 40평, 직원 5명이 담당할 경우 직원 1인당 매장면적은 다음과 같다.

$$\text{직원 1인당 매장면적} = \frac{40\text{평}}{5\text{명}} = 8\text{평}$$

소수의 인원수로 점포를 운영하기 위한 방법은 다음과 같다.

❶ 작업동선을 짧게한다

작업동선이란 직원이 주방에서 요리를 만들거나 주문을 받거나 또는 홀에서 서비스를 제공하는 활동을 포함하여 여러 가지 업무를 수행하는 동선을 말한다. 이 작업동선을 가능한 한 짧게 할수록 작업능률이 올라간다.

❷ 셀프판매 상품과 대면판매 상품을 구분하여 레이아웃한다

셀프판매 상품과 대면판매 상품이 혼재하고 있는 점포에서는 이 두 상품을 구분하여 레이아웃하면 효율이 올라간다.

❸ 점포 전체의 전망을 개선한다

고객의 동향을 늘 파악할 수 있도록 점포의 전망을 좋게 만들면 적은 인원으로도 운영이 가능하다. 진열집기의 높이를 1.3m 정도로 제한하면 전망이 좋아진다.

PART 09

memo

10

상권분석에 강해지자!

10.1 입지의 중요성

모든 경제활동은 공간적인 입지에서 이루어진다. 특히 고객을 직접 판매대상으로 삼고 있는 점포 또는 식당에서 입지는 매출액의 증감에 영향을 미치는 중요한 요소 중 하나이다. 그래서 "첫째도 입지, 둘째도 입지, 셋째도 입지"라고 강조한다.

점포의 입지선정은 다음과 같은 이유로 매우 전략적인 결정이라고 할 수 있다.[1]

첫째, 입지는 일반적으로 고객이 점포를 선택할 때 고려하는 가장 중요한 요소 중 하나이다.

둘째, 입지는 비용이 많이 들고, 일단 한 번 결정되면 여러 해 동안 그 입지에서 영업을 해야 한다.

셋째, 좋은 입지는 이미 다른 경쟁사가 차지하고 있기 때문에 적합한 입지를 발견하는 것이 그다지 쉽지 않다.

입지선정은 점포경영의 성공을 좌우할 만큼 크게 영향을 미치는 요인이기 때문에 그것에 대한 의사결정에 신중을 기해야 한다. 물론 업종이나 업태에 따라 다소 차이를 보이겠지만, 일반적으로 점포경영의 성공 여부는 70% 이상이 입지에 의해 좌우된다고 해도 과언이 아니다.

이 언급의 주된 핵심은 입지선정이 점포경영에 미치는 영향이 아주 크다는 것을 의미한다. 보다 엄밀하게 말한다면 다음 두 가지 문제를 생각할 수 있다.

- 입지하는 장소에 따라 점포의 경영성과에 큰 차이가 발생한다는 것.
- 입지가 동일하더라도 입지환경이 변함에 따라 경영성과에도 차이가 발생한다는 것.

전자는 점포에 적합한 입지를 어떻게 선택할 것인지 하는 입지선정의 문제이며, 후자는 이미 입지하고 있는 장소에서 어떻게 점포를 적응시켜 나갈지 하는 입지적응의 문제이다.

이 두 가지가 구별되어야 하는 것은 입지문제가 능동적인 입지선정과 수동적인 입지적응이라는 서로 다른 특성을 가지고 있기 때문이다.

「입지(location)」란 점포를 경영하는 경우, 이것에 필요한 장소(용지), 건물(점포) 및 여러 시설이 점유하고 있는 위치, 또는 그 상태, 또는 점포를 경영하기 위한 장소(용지, 위치)를

1 Michael L. Levy · Barton A. Weitz[오세조, 박진용, 권순기 역](2002), 『소매경영』, 한울출판사, p.235.

결정하는 행위를 말한다.

입지에는 이미 특정 입지를 선정하여 실현하고자 하는 입지주체, 또는 앞으로 입지를 정해야 하는 입지주체가 존재한다.

점포의 기본적인 성장전략은 두 가지이다.

- 첫째, 동일한 입지에서 점포의 규모를 확대하는 것이다.
- 둘째, 다른 입지에서 점포수를 늘리는 것이다.

전자는 기존의 입지에서 보다 많은 고객을 흡인하면서 객단가를 올리는 것이며, 후자는 다점포, 즉 프랜차이즈의 출점전략에 근거하여 새로운 입지를 찾는 것이다.

경우에 따라서는 기존의 입지가 축소되어 점포규모를 확대하는 것이 어렵게 때문에 새로운 입지를 찾아 점포를 이전할 수도 있다.

어떤 경우이든 점포의 출점은 자사의 성장전략과 밀접하게 관련되기 때문에 출점정책의 좋고 나쁨은 경영성과에 중대한 영향을 미친다고 할 수 있다.

출점정책은 기본적인 경영방침 또는 사업주의 의도에 의해 달라지며, 해당 점포의 업종·업태 또는 규모에 따라 달라진다.

그러한 이유로 인해 점포는 도심으로, 교외로, 또는 주택지로 출점하게 된다. 또한 전국적으로 전개하기도 하며 한정된 지역에 집중하기도 한다. 그리고 단독점포로 또는 다른 점포와 공동으로 출점하기도 하며, 백화점이나 대형점으로 출점하기도 한다.

10.2 상권과 상권범위

상권에 대한 정의는 다양하게 언급되고 있다.

「상권」이란 "점포의 매출과 점포의 고객들이 창출되는 지리적으로 인접한 구역"을 말하고, 두 세 개의 구역으로 분리될 수 있으며, 동심원적인 다각형으로 나타난다.[2]

「상권」이란 "단독 또는 집적의 상업시설이 고객을 흡인할 수 있는 지리적 범위"를 말한다.[3]

상권의 범위는 1차, 2차, 3차상권으로 분류하고 있고 영향권 또는 주상권으로 표현하고 있다.[4]

❶ 1차상권

1차상권은 고객의 60~70%가 거주하는 범위를 말한다. 고객들이 다른 상권의 고객들보다 점포에 가장 근접해 있으며, 고객수나 고객 1인당 매출액이 가장 높은 지역이다.

❷ 2차상권

2차상권은 고객의 20~25%가 거주하는 범위를 말하며, 1차상권의 외곽에 위치하며 고객의 분산도가 상당히 높다.

❸ 3차상권

3차상권은 1, 2차상권에 포함되는 고객 이외의 나머지 고객들이 거주하는 범위로서, 고객들의 거주지역은 넓게 분산되어 있다.

❹ 영향권

1차상권~3차상권 밖에 있지만, 문자 그대로 점포로부터 '영향'을 받는 지역을 말한다.

❺ 주상권

일본 통산성에서는 1992년 개정대점포법 시행과 관련해서 〈대규모 신규출점의 새로운 심사요령〉을 발표했다. 그 본문 중에는 「주상권」이라는 용어를 포함하고 있다.[5]

---

2 Michael L. Levy · Barton A. Weitz[오세조, 박진용, 권순기 역](2002), p.265.
3 Ichihara Minoru(1997), 『상권과 매출액 예측』, 동우관, pp.3 - 4.
4 이상윤(2019), 『상권분석론 개정판』, 도서출판 두남. pp.25 - 26.
5 Ichihara Minoru(1997), pp.4 - 5.

즉 「주상권」은 점포의 매장면적에 따라 아래 표와 같이 규정하고 있다. 단, 신규출점의 해당지로부터 상권설정의 반경 두 배의 범위 내에 해당점포의 매장면적과 동일 이상의 면적을 가지고 있는 점포가 없는 경우는 규정의 2배의 반경 범위가 「주상권」이 된다.

표 10-1 주상권의 설정거리

매장면적	상권설정반경
3,000m^2	2km
3,000~6,000m^2	3km
6,000~15,000m^2	4km
15,000~30,000m^2	5km
30,000m^2 이상	10km

상권의 실제적인 경계선은 점포의 접근성, 자연적 혹은 인공적 장애, 쇼핑구역 유형, 점포 유형, 경쟁에 의해 결정된다.

음식점과 관련된 업종의 상권(시가지형)은 다음과 같다.[6] 개별점포에 있어서 상권거리는 일반적으로 반경 500m까지, 상권인구는 1만 명까지를 1차상권이라고 할 수 있다.

표 10-2 음식점의 상권

구분	상권거리	상권인구	특기사항
중화요리점	~500m	5,000~1만 명	내점객은 도보객이 대부분
일식 전문점	~500m	5,000~1만 명	입지, 메뉴, 평판에 따라 다름
햄버거점	~2km	2~3만 명	통행객에 젊은층이 많은 곳
패밀리 레스토랑	~2km	4만 명	점포까지 소요시간이 10분 이내
커피점	300~500m	5,000명	주간인구가 많음

6 Ichihara Minoru(1997), p.13.

10.3 소매업의 입지선정 원칙

리처드 넬슨(Richard Nelson)은 소매업의 입지를 선정할 때에 지켜야 할 원칙을 다음과 같이 열거하고 있다.[7]

❶ 상권의 잠재력

어느 특정 입지를 전제로 하여, 자점에서 취급하는 상품에 대한 상권 내의 소비지출의 총액과 자점이 점유할 수 있는 비율을 검토한다.

❷ 상권으로의 접근 가능성

상권 내의 잠재력을 어느 정도 자점에서 흡수할 수 있는지는 고객이 가까운 곳을 지나가는 가능성에 의존한다. 그러기 위해서는 소매업태를 3가지로 구분해야 한다.

- 고객창출형: 광고나 상품의 독자성의 평가, 그 외 판매촉진에 의해 흡입하는 유형(백화점, 대규모 슈퍼, 특수한 전문점 등의 경우이다.)
- 근린점 고객 의존형: 인접한 점포에 의해 흡인된 고객이 구매하러 가는 점포
- 통행량 의존형: 쇼핑목적이 아니라 회사원이나 교통기관 이용자 등이 구매하는 경우이다.

대부분의 점포의 매출액에는 이러한 3가지 특성에 영향을 받는 고객에 의한 매출액이 혼재되어 있기 때문에 모든 것을 고려해야 한다.

❸ 성장 가능성

인구증가와 소득수준의 상승을 기대할 수 있는 상권인지 아닌지가 문제가 된다.

❹ 중간 저지성

주거지 또는 근무처와 평상 시에 쇼핑하는 점포와의 중간에 입지하면 고객을 중간에서 막을 수가 있다.

❺ 누적적 흡인력

동일한 업종의 상품을 취급하는 일정 수의 점포는 흩어져 있는 것보다 인접해서 입지하는

---

7 Nelson R. L(1958), "*The Selection of Retail Locations by Richard Lawrence Nelson, Land Economics*", University of Wisconsin Press.

것이 매출액을 증가시킬 수 있다. 따라서 중간저지의 입지로 할 것인지, 누적성을 이용할 것인지를 선택해야 하는 경우가 있다.

❻ 양립성

보완관계에 있는 상품을 취급하는 두 개의 점포가 아주 가깝게 인접하고 있는 경우에는, 두 점포를 함께 이용하는 고객의 발생율에 비례하고, 보다 대규모 점포의 매출액이 보다 소규모 점포의 매출액에 대한 비율에 반비례한다. 그리고 각각의 매출액에서 차지하는 의도적 구매액(특정 점포에서 구입하는 것을 주목적으로 한 고객이 해당 점포에서의 구매액)의 비율에 정비례로 매출액을 증가시킨다.

❼ 경쟁의 회피

경쟁점의 입지, 특징, 규모, 형태를 고려하여 입지를 선택하고, 매출액을 예측한다. 나아가 미래에 경쟁점이 입지할 수 있는 여지도 염두에 두어야 한다.

경쟁을 회피하기 위해서는 다른 조건이 동일하다면,

- 가능한 경쟁점이 없는 입지를 선택한다.
- 입지를 경쟁점이 이용할 수 없는 가능성을 고려한다.
- 경쟁적 입지가 중간 저지적인 입지가 될 수 없도록 입지를 선택한다.

❽ 입지의 경제성

점포가 입지할 상권의 입지의 규모, 공공시설의 이용가능성, 도로상태, 도로조명, 건물의 경제성 등을 고려하여 입지 가격이나 비용으로 인한 수익성을 추구한다.

PART 10

10.4 구매력 지수

점포의 입지가 한 번 결정되면 이를 변경하기 위해서는 상당한 시간과 노력 그리고 비용이 들기 때문에 점포의 입지를 평가하는 데에는 매우 신중해야 한다. 점포가 입지하는 장소에 대한 가치를 평가하는 방법에 대해서 설명하고자 한다.

(1) 구매력지수(BPI, Buying Power Index)

「구매력지수」는 해당 시장(상권)의 구매능력을 측정한 지표를 말하고, 한 국가의 잠재 구매력에 대한 비율로 나타낸다.[8] 이 지수는 모든 시장에 존재하는 3가지 요인, 즉 실질 구매소득액 비율, 소매 매출액 비율, 인구 비율에 각각의 가중치를 주고, 이를 결합하여 각 시장의 구매능력을 결정하는데 사용된다. 이 지수는 특정 가격에 판매되는 상품의 판매 잠재력을 예측하는데 매우 유용하게 활용할 수 있다.

구매력지수는 실질 구매소득액 비율, 매출액 비율, 인구비율로 산출한다. 각 요인에 대한 정의와 가중치는 다음과 같다. 3가지 요인에 각각 다른 가중치를 적용한 이유는 매출액에 미치는 영향이 다르기 때문이다. 구매력 지수가 높을수록 시장의 구매력은 높아진다.

- 실질 구매소득액 비율: 총소득에서 그 지역이 차지하는 비율로서, 가중치 0.5.
- 소매매출액 비율: 총소매매출액에서 그 지역이 차지하는 비율로서, 가중치 0.3.
- 인구비율: 총인구에서 그 지역이 차지하는 비율로서, 가중치 0.2.

$$BPI = (0.5 \times \text{실질구매소득액비율}) + (0.3 \times \text{소매매출액비율}) + (0.2 \times \text{인구비율})$$

예를 들어 아래 표와 같은 조건에서 지역 A와 지역 B의 구매력 지수는 다음과 같다.지역 A의 구매력지수가 지역 B보다 높다.

8 Michael L. Levy · Barton A. Weitz[오세조, 박진용, 권순기 역](2002), pp.270 - 271.

항목	지역 A	지역 B	가중치
실질구매 소득액 비율	0.5	0.4	0.5
소매 매출액 비율	0.4	0.2	0.3
인구비율	0.3	0.3	0.2
BPI	0.43	0.32	

- 지역 A의 $BPI = (0.5 \times 0.5) + (0.3 \times 0.4) + (0.2 \times 0.3) = 0.43$
- 지역 B의 $BPI = (0.5 \times 0.4) + (0.3 \times 0.2) + (0.2 \times 0.3) = 0.32$

이것을 보다 현실적으로 적용시키려면, 총소매매출 가중치 대신에 자사와 유사한 점포매출 가중치를 이용하고, 전체 인구 가중치 대신에 점포을 방문하는 고객의 인구 가중치를 이용하여 BPI를 산출해야 한다.

예를 들어 목표시장이 40~50세이고, 유효 구매소득이 5,000만 원으로 가정할 경우 BPI는 다음과 같다. 가중치는 해당 점포의 매출예측에 대한 기여도에 따라 연령에 0.5, 유효구매소득에 0.3, 매출에 0.2의 가중치를 주어 산출한 것이다.

- $BPI = 0.5 \times \frac{\text{해당 지역의 } 40 \sim 50\text{세 인구}}{\text{전체 } 40 \sim 50\text{세 인구}}$

$$+ 0.3 \times \frac{\text{해당 지역의 소득 } 5{,}000\text{만 원 이상인 가구 수}}{5{,}000\text{만 원 이상인 총 가구 수}}$$

$$+ 0.2 \times \frac{\text{해당 지역 내 동일 소매업종의 매출}}{\text{동일 소매업의 총 매출}}$$

(2) 판매활동지수(SAI, Sales Activity Index)

「판매활동지수」는 해당 지역 내의 1인당 소매매출액을 다른 지역과 비교하여 나타내는 지표를 말한다. 이 지수가 높을수록 해당 지역의 비거주자에 의한 구매가 많다는 것을 의미한다.[9]

판매활동지수는 총인구 중 해당 지역의 비율에서 총 소매매출액 중에서 해당 지역의 비율

9 한동철 · 성희승(2003), 『소매관리』, 우용출판사, pp.132 - 136.

이 차지하는 비율로 산출한다.

$$SAI = \frac{총소매\ 매출액\ 중\ 해당\ 지역의\ 비율}{총인구\ 중\ 해당\ 지역의\ 비율}$$

예를 들어 아래와 같은 조건에서 지역 A와 지역 B의 판매활동지수는 다음과 같다. 지역 A의 판매활동지수가 지역 B보다 높다.

항목	지역 A	지역 B
총소매매출액 중 해당 지역의 비율	0.3	0.2
총인구 중 해당 시역의 비율	0.5	0.5
SAI	0.6	0.4

- 지역 A의 $SAI = \frac{0.3}{0.5} = 0.6$
- 지역 B의 $SAI = \frac{0.2}{0.5} = 0.4$

(3) 소매포화지수(RSI, Retail Saturation Index)

「소매포화지수」는 해당 시장에서 주어진 상품계열에 대한 점포면적당 잠재적인 매출액을 나타내는 지표를 말한다.[10] 이것은 상권분석에서 중요하게 여기는 고객수요와 경쟁사의 공급량을 포함하고 있다. 이 지수는 해당 지역 내의 소비능력과 판매능력을 의미한다.

RSI가 높을수록 해당 지역의 수요에 비해 점포수가 적기 때문에 해당 지역은 새로운 입지로서 매력도가 높다. 반대로 RSI가 낮을수록 해당 지역의 수요에 비해 점포수가 많다는 것을 의미한다.

RSI가 아무리 높다고 하더라도 이미 해당 지역 내에서 경쟁강도가 높다면 점포입지로 부적합하며, 구매력 지수가 낮을지라도 그 지역 내의 경쟁강도가 아주 낮은 수준이라면 적합

10 한동철 · 성희승(2003), p.135.

한 입지라고 평가할 수 있다.

소매포화지수는 다음과 같이 산출한다.

$$RSI = \frac{(\text{지역의 해당 제품 소비자 수}) \times (\text{지역의 해당 제품 소비자 지출액})}{\text{해당 지역 내의 해당 제품에 할당되는 총점포면적}}$$

예를 들어 아래와 같은 조건에서 지역 A와 지역 B의 소매포화 지수는 다음과 같다. 지역 B의 소매포회지수가 지역 A보다 높나.

항목	지역 A	지역 B
해당 지역의 고객수	1,000명	1,000명
해당 지역의 고객 지출금액	300만 원	400만 원
해당 지역의 총점포면적	500평	500평
RSI	600만 원	800만 원

- 지역 A의 $RSI = \frac{1,000\text{명} \times 300\text{만 원}}{500\text{평}} = 600\text{만 원}$
- 지역 B의 $RSI = \frac{1,000\text{명} \times 400\text{만 원}}{500\text{평}} = 800\text{만 원}$

10.5 일본 맥도날드의 상권분석 사례

점포의 상권을 설정한다든지, 매출액을 예측한다는 주제는 상당히 다루기 힘든 주제하고 할 수 있다. 왜냐하면 상권설정이나 매출액 예측에 대한 결정적인 기법이 완전히 확립되어 있다고 할 수 없기 때문이다.

그러나 다행히 패스트푸드 점포의 경우에는 대형 프랜차이즈 회사도 많고, 그로 인해 다점포로의 체인화가 활성화되어 있어 축적된 데이터와 실적을 통해 상권설정에 대한 기법도 어느 정도 확립되어 있다고 할 수 있다.

일본 맥도날드 회사는 과학적인 데어터 분석에 의한 입지선정조건을 제시하고 있다.[11]

(1) 맥도날드의 상권조건

패스트푸드 점포의 경우, 상권을 설정할 때 상권에 영향을 미치는 요소로서 가장 중요한 기준이 점포 앞을 지나가는 통행량이다. 즉 점포가 지하철역이나 번화가에 입지할 경우에는 정해진 기준 통행량을 초과해야 한다. 그리고 기준 통행량에서 어느 정도의 고객이 점포로 내점할 것인지가 중요한 판단지표가 된다.

[표 10-3]은 일본 맥도날드 회사에서 제시하고 있는 주요 상권조건을 나타내고 있다.

표 10-3 일본 맥도날드의 상권조건

상권조건	내용
❶ 거주인구	• 반경 2의 상권 내 거주인구는 10만 명 이상, 세대수는 3~4만 이상.
❷ 항목기준	• 상권 내에 다음 항목에 대한 기준을 넘어야 함. (인구, 세대수, 초 · 중 · 고 · 대학생 수, 학교 수(유치원 포함), 아파트 단지와 세대수, 사업소 수와 취업자 수, 점포 앞 차량 통행량)
❸ 점포 앞 통행자 수	• 영업시간에 점포 앞 통행자 수가 15,000명 이상.

11 Ichihara Minoru(1997), pp.79-83.

[표 10 - 4]는 프랜차이즈 점포의 경우 상권별 평균 상권인구를 나타내고 있다. 표에 따르면, 평균 상권인구가 소형상권에서 11만 3,000명, 중형상권에서 10만 9,000명, 대형상권에서 18만 7,000명, 교외상권에서 10만 1,000명으로 나타나 있다.

이것은 매장면적 30~50평 규모의 패스트푸드 점포에서, 매출목표를 달성하기 위해서는 상권인구가 10만 명 이상이 필요하다는 것을 의미한다.

표 10 - 4 상권별 평균 상권인구 (단위: 명)

상권	소형상권	중형상권	대형상권	교외상권
최 대	236,000	212,000	325,000	218,000
최 소	48,000	16,000	24,000	38,000
평 균	113,000	109,000	187,000	101,000

(2) 상권의 구체적인 예

일본 맥도날드 회사에서 〈고정밀 매출예측 시스템〉을 구축한 직원이 독립하여 설립한 ㈜DIC는 상권파악법을 공표하였다.[12] 이에 따르면 상권조사의 수법과 상권인구의 산출은 다음과 같이 진행한다.

❶ 조사용 지도의 작성

- 방문객의 거주지를 파악하기 위해 지도를 준비한다.
- 점포로부터 상권거리를 도심에서는 반경 3km, 교외에서는 5km로 정하고, 원점에서 500m씩 동심원을 그린다.
- 동심원의 중앙에 거의 균등하게 해당 동을 할당할 수 있도록, 아래 표를 참고로 구분한다.

12 (주)DIC, 초고정도 매출액 예측시스템과 입지 개발 수법, 월간 음식점경영, 상업계, 1993년 1월호부터 1994년 1월호.

표 10-5 맥도날드의 상권거리

반경거리	내용
0~0.5km	4개 동
0.5~1km	각 5~6개 동
1.0~1.5km	
1.5~2km	
2.0~2.5km	
2.5~3km	
3km 이상	동서남북으로 4개로 분할

중앙에서부터 반경 3km까지 대략 40개의 구역으로 분할한다. 중앙에서 멀어질수록 하나의 구획이 커지도록 구분한다. 하천이나 철도 등의 장애물로 인해 명확하게 분단할 수 없는 경우에는 그곳을 분할의 경계선으로 삼는다.

- 중앙에서부터 분할된 구역을 번호 순으로 기입한다.
- 마지막으로, 구역 외의 지역을 4개로 분할하여 번호를 기입한다.

이 구획에 해당하는 동을 기입하고, 그 구획의 인구수를 조사한다.

그림 10-1 상권지도의 작성 (A)

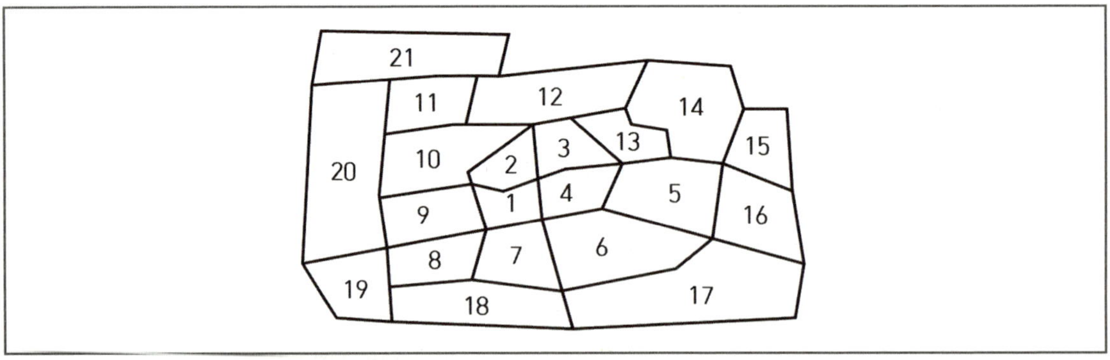

❷ 설문지 작성과 조사

점포를 방문한 고객 1,000명을 대상으로 설문지에서 고객의 주소를 기입하고, 사전에 작성된 지도의 구획 번호를 답하도록 한다. 이때 설문지 외에도 성별이나 연령에 대한 항목을 만들어 함께 조사한다.

그림 10-2 상권지도의 작성 (B)

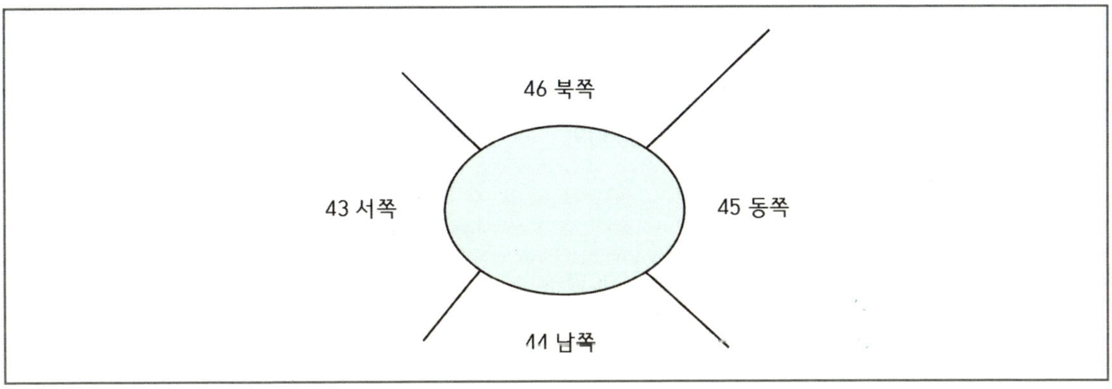

❸ 주민침투도계수의 산출

「주민침투도계수」란 해당 지역에서의 점포의 영향력을 수치로 나타낸 것으로, 다음과 같이 산출한다.

$$\text{주민침투도계수} = \frac{\text{해당 지역의 샘플수}}{\text{전체 샘플수}} \times \text{월 총고객수} \div \text{해당 지역의 인구} \times 100$$

예를 들어 전체 샘플수가 1,000명, 해당 지역의 샘플수가 5명, 월 총고객수가 25,000명, 해당 지역의 인구가 500명일 경우 구역 1의 주민침투도계수는 다음과 같다.

$$\text{구역 1의 주민침투도계수} = \frac{5\text{명}}{1{,}000\text{명}} \times 25{,}000\text{명} \div 500\text{명} \times 100 = 25\%$$

표 10-6 주민침투도계수

구역	해당 동	인구	샘플수	주민침투도계수
1	○○동 ××동	500명	5	25.0%
2	○동 ××동	1,000명	5	12.5%
· ·	· ·	· ·	· ·	· ·
15	○○동 ××동	2,000명	3	3.8%
· ·	· ·	· ·	· ·	· ·
합계		25,000명	1,000명	100%

- 구역 1의 주민침투도계수 $= \frac{5}{1,000} \times 25,000 \div 500 \times 100 = 25\%$
- 구역 2의 주민침투도계수 $= \frac{5}{1,000} \times 25,000 \div 1,000 \times 100 = 12.5\%$
- 구역 15의 주민침투도계수 $= \frac{3}{1,000} \times 25,000 \div 2,000 \times 100 = 3.8\%$

❹ 상권의 확정

각 지역별 주민침투도계수를 지도에 기입하게 되면, 각 구역별로 고객방문비율을 파악할 수 있게 된다.

(주)DIC는, 필요한 상권에 대해서 결과적으로 "주민침투도계수가 ○○% 이상의 구획지역"이라고 할 수 있다고 주장하고 있다. 즉 통상적으로 주민침투도계수 5%를 기준으로 삼고 있다. 대부분의 패스트푸드 점포의 경우, 점포에서 가까운 곳으로부터 주민침투계수가 30%~10% 정도가 되지만, 점포에서 약 2km에서는 3% 정도로 낮아진다고 한다.

그림 10-3 상권의 확정

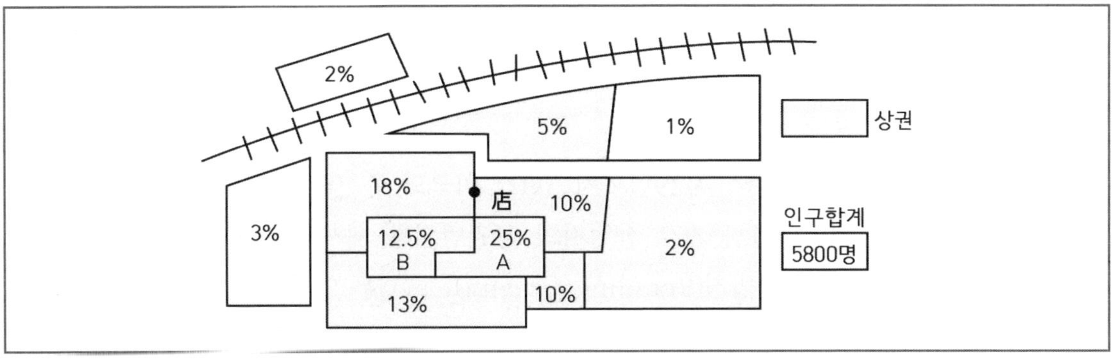

10.6 라일리의 소매인력법칙

라일리(Reilly)는 1927년부터 1929년까지 3년간 미국의 중서부 150개 이상의 도시를 실태 조사하여 획득한 데이터를 근거로 상업지의 상권범위를 제시하였다.

라일리가 제시한 「소매인력법칙(Retailing Gravity Law)」은 인구가 많은 대도시(A)와 인구가 적은 소도시(B), 그리고 두 도시의 중간에 있는 중간도시(Y)가 존재한다고 가정하였다.

상업시설이 없는 중간도시에 거주하고 있는 사람들이 대도시와 소도시로 흘러가는 중간도시(Y)의 소매판매액의 비율은 '도시 A와 도시 B의 인구에 비례하고, 도시 A와 도시 B까지의 거리의 제곱에 반비례한다.'는 것이다.[13]

라일리의 소매인력법칙은 다음과 같이 산출한다.

$$\frac{B_a}{B_b} = \frac{P_a}{P_b} \times \left(\frac{D_b}{D_a}\right)^2$$

단, B_a = 도시 Y로부터 도시 A에 흡인되는 구매력

B_b = 도시 Y로부터 도시 B에 흡인되는 구매력

P_a = 도시 A의 인구

P_b = 도시 B의 인구

D_a = 도시 Y로부터 도시 A까지의 거리

D_b = 도시 Y로부터 도시 B까지의 거리

13 Reilly, W. J.(1920), Methods for Study of Retail Relationships, *Bureau of Business Research Monograph*, University of Texas.

그림 10-4 라일리의 소매인력법칙 예시

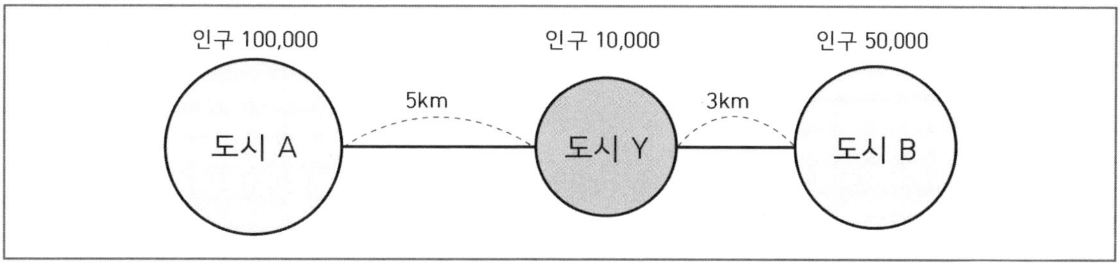

$$\frac{B_a}{B_b} = \frac{10\text{만}}{5\text{만}} \times \left(\frac{3km}{5km}\right)^2$$

$$= 2 \times (0.6)^2$$

$$= 2 \times 0.36$$

$$= 0.72$$

- $B_a = \dfrac{0.72}{1+0.72} = 41.86\% = 0.4186 \times 1\text{만명} = 4{,}186\text{명}$

- $B_b = \dfrac{1}{1+0.72} = 58.14\% = 0.5814 \times 1\text{만명} = 5{,}814\text{명}$

따라서 중간도시 Y에서 도시 A로 흡인되는 구매력은 41.9%, 도시 B로 흡인되는 구매력은 58.1%가 된다. 인구수로 나타내면 도시 A로 흡인되는 인구수는 4,186명, 도시 B로 흡인되는 인구수는 5,814명이 된다.

이 라일리 법칙은 주로 선매품에 대한 고객의 구매력이 두 도시 간에 어떤 비율로 흡인되는지를 산출하는데 이용되어 왔다.

10.7 컨버스의 신소매인력 법칙

컨버스(Converse)는 라일리의 법칙을 이용해서 도시 A와 도시 B의 소매판매액이 균등하게 나누어지는 분기점을 찾는 공식을 제시했다.

(1) 「신소매인력」의 제1법칙

컨버스가 제시한 「신소매인력」이란 두 개의 경쟁도시에서 고객이 어느 도시로 쇼핑하러 가는지에 대한 무차별적인 경계지점을 산출하는 공식으로, 제1법칙과 제2법칙이 있다.[14]

신소매인력의 제1법칙은 다음과 같이 산출한다.

$$D_a = \frac{D_{ab}}{1+\sqrt{\frac{P_b}{P_a}}} \quad \text{또는} \quad D_b = \frac{D_{ab}}{1+\sqrt{\frac{P_a}{P_b}}}$$

단, D_a = 도시 A로부터 분기점까지의 거리
D_b = 도시 B로부터 분기점까지의 거리

D_{ab} = 도시 A와 도시 B와의 거리

P_a = 도시 A의 인구

P_b = 도시 B의 인구

14 Converse, P. D.(1949), *New Laws of Retail Gravitation,* Journal of Marketing, 14(3), pp.379 - 384.

예를 들어 아래와 같은 가정에서 상권분기점은 다음과 같다.

그림 10-5 신소매인력의 법칙에 의한 상권분기점 예시

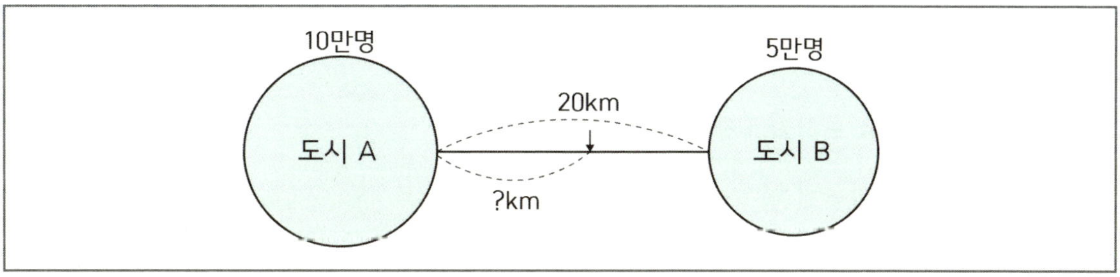

$$D_a = \frac{20km}{1+\sqrt{\frac{50,000}{100,000}}}$$

$$D_a = \frac{20km}{1+\sqrt{0.5}}$$

$$D_a = \frac{20km}{1+0.7071}$$

$$D_a = 11.716km$$

(2) 「신소매인력」의 제2법칙

또한 컨버스는 라일리 법칙에서 결과적으로 두 도시 A와 B가 중간도시로부터 선매품의 소매판매액을 전액 흡인한다는 것을 가정하고 있지만, 실제로는 어느 정도 잔존한다는 점에 주목하였다. 그래서 실증 데이터를 바탕으로 중간도시에 있는 구매력 중에서 해당 도시에 잔존하는 부분과 도시 A로 유출되는 부분에 대한 공식을 발표했다.

이것을 신소매인력의 제2법칙이라고 하며, 다음과 같이 산출한다.

$$\frac{B_a}{B_b} = \left(\frac{P_a}{P_b}\right)\left(\frac{4}{d}\right)^2 \text{ 또는 } B_a = \frac{1}{(\frac{P_a}{P_b}) \times (\frac{4}{d})^2 + 1}$$

단, B_a = 도시 A로 유출되는 중소도시 B의 유출량

B_b = 중소도시 B에 잔류하는 비율

P_a = 도시 A의 인구

P_b = 도시 B의 인구

d = 두 도시간의 거리

4 = 관성요인으로 4마일 적용 평균값

memo

10.8 허프모델

상권범위를 결정하는 소매인력법칙은 라일리에서 시작하여 컨버스를 거쳐 허프모델로 발전하게 되었다.

허프(Huff)가 제시한 「허프의 확률모델」은 몇 개의 상업시설이 있는 경우 고객이 각 상업시설을 선택하는 확률을 나타내는 모델이다. 즉 "고객이 특정 점포로 흡인될 수 있는 확률은 고객이 구매하려고 하는 점포의 규모와 점포까지의 거리에 의해 영향을 받는다."는 것이다.[15]

허프모델은 다음과 같이 산출한다.

$$P_{ij} = \frac{\dfrac{S_j}{T_{ij}^{\lambda}}}{\displaystyle\sum_{j=1}^{n} \frac{S_j}{T_{ij}^{\lambda}}}$$

단, P_{ij} = 거주지구 i에 거주하는 고객이 점포 j에 구매하러 갈 확률

S_j = 점포 j의 규모 또는 특정 상품계열에 충당되는 매장면적

T_{ij} = 고객의 거주지구 i로부터 점포 j까지의 소요시간이나 거리

λ = 점포를 방문하는 데 걸리는 소요시간이 쇼핑에 어느 정도 영향을 주는지를 나타내는 매개변수

예를 들어 지역 Y에 거주하는 고객이 방문할 수 있는 쇼핑센터가 세 곳이라고 가정하자. 각각의 쇼핑센터를 방문하는데 걸리는 시간과 매장면적이 아래 그림과 같을 때, 지역 Y에 거주하는 고객이 각각의 쇼핑센터에 갈 확률은 다음과 같다. λ값은 편의상 1로 한다.

15 Huff D. L.(1963), A Probabilistic Analysis of Shopping Center Trade Areas, *Land Economics*, 39, pp.81 - 90.

그림 10-6 허프모델의 사례

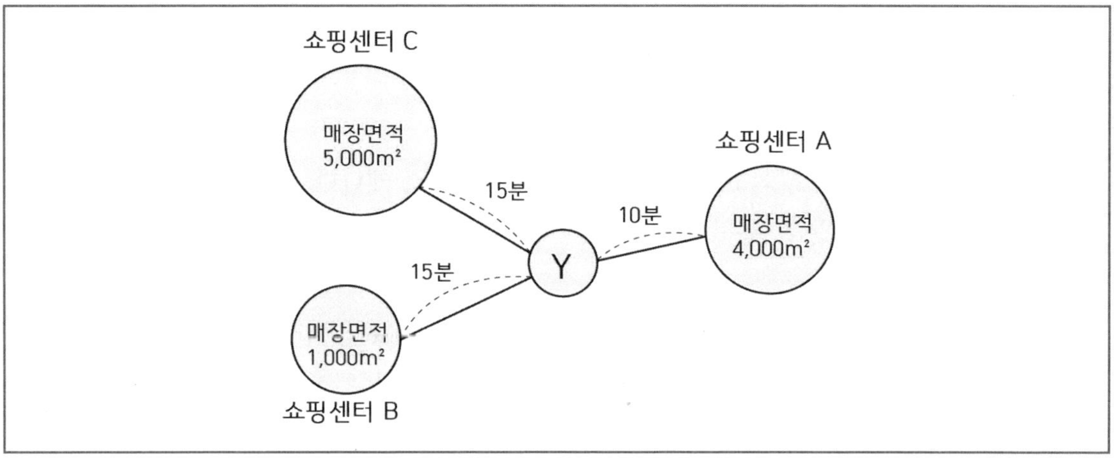

- 쇼핑센터 A로 갈 확률 $= P_{ac} = \dfrac{\frac{4}{10}}{\frac{4}{10}+\frac{1}{15}+\frac{5}{15}} = \dfrac{0.4}{0.8} = 0.5 = 50\%$
- 쇼핑센터 B로 갈 확률 $= P_{ad} = \dfrac{\frac{1}{15}}{\frac{4}{10}+\frac{1}{15}+\frac{5}{15}} = \dfrac{0.07}{0.8} = 0.09 = 9\%$
- 쇼핑센터 C로 갈 확률 $= P_{ab} = \dfrac{\frac{5}{15}}{\frac{4}{10}+\frac{1}{15}+\frac{5}{15}} = \dfrac{0.33}{0.8} = 0.41 = 41\%$

산출한 값의 결과를 보면, 지역 Y에 거주하는 고객이 쇼핑센터 A로 가는 확률은 50%, B로 가는 확률은 8%, C로 가는 확률은 42%가 되며, 그 순서는 A > C > B가 된다.

만약 중간도시(Y)에 살고 있는 거주자가 1,000명이라면, 쇼핑센터 A로 갈 고객은 500명, B로 갈 고객은 90명, C로 갈 고객은 410명이다.

10.9 수정허프모델

라일리와 컨버스 법칙, 그리고 허프모델은 그 후에 미국, 캐나다, 유럽, 일본 등 여러 나라에서 폭넓게 활용되어 왔다. 특히 일본에서는 각 지역의 광역상업진단의 수단으로 이용되어 왔다.

「수정허프모델」은 일본의 통산성이 고안하여 〈대규모 점포법〉이라는 법률에 따른 상업조정에 있어서 실제로 이용되고 있다. 수정허프모델은 "고객이 특정 상업지에서 구매하는 확률은 상업집적의 매장면적의 크기에 비례하고 그곳에 도달하는 거리의 제곱에 반비례한다."는 것을 공식화한 것이다.[16]

수정허프모델은 다음과 같이 산출한다.

$$P_{ij} = \frac{\dfrac{S_j}{T_{ij}^{\lambda}}}{\displaystyle\sum_{j=1}^{n} \frac{S_j}{T_{ij}^{\lambda}}}$$

단, P_{ij} = 지점 i의 고객이 상업시설 j에 가는 확률

S_j = 상업시설 j의 매장면적

T_{ij} = 지점 i에서 j까지의 거리

n = 점포수

$\lambda = 2$

16 Yamaguch Takahisa(1980), 『대형점포 조정의 지식(지표의 이용과 상권)』, 일본상공출판주식회사, pp.111 - 112.

그림 10-7 수정허프모델의 사례

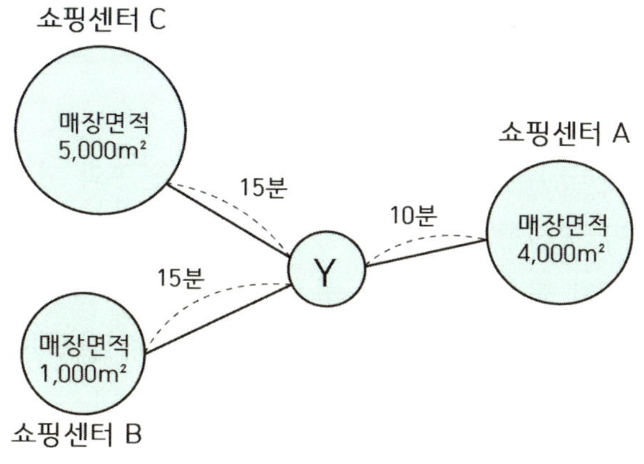

- A로 갈 확률 $= \dfrac{\frac{4}{10^2}}{\frac{4}{10^2}+\frac{1}{15^2}+\frac{5}{15^2}} = \dfrac{0.04}{0.066} = 0.606 = 60.6\%$

- B로 갈 확률 $= \dfrac{\frac{1}{15^2}}{\frac{4}{10^2}+\frac{1}{15^2}+\frac{5}{15^2}} = \dfrac{0.004}{0.066} = 0.060 = 6.0\%$

- C로 갈 확률 $= \dfrac{\frac{5}{15^2}}{\frac{4}{10^2}+\frac{1}{15^2}+\frac{5}{15^2}} = \dfrac{0.022}{0.066} = 0.333 = 33.3\%$

산출값을 보면, 지역 Y에 거주하고 있는 고객이 쇼핑센터 A로 가는 확률은 60.6%, B로 가는 확률은 6%, C로 가는 확률은 33.3%가 된다.

허프모델의 값과 비교하면 순서는 A > C > B로 동일하지만, 상업시설 A로 가는 확률이 50%에서 61%로 높아졌다.

PART 10

10.10 케인의 흡인력 모델

앞에서 설명한 것처럼, 라일리와 컨버스의 법칙에서는 인구와 거리를 고려하였다. 그러나 애플바움(Applebaum)이 제시한 「고객분포기법(Consumer Spotting Technique CST)」은 개설하고자 하는 점포와 특성이 비슷한 유사점포를 선정하여, 해당 점포의 상권범위를 추정한 결과를 자사점포의 신규입지나 현재 운영 중인 상업시설의 상권규모(매출액)를 분석하기 위한 기법을 말한다.

CST 모델은 특정 점포를 방문한 고객들을 대상으로 인터뷰 또는 설문조사를 통해 그들의 거주지를 파악하여 그 위치를 지도상에 점으로 나타내고, 그 분포를 살펴봄으로써 상권범위와 상권분기점을 파악할 수 있다.[17]

CST 모델은 아래와 같은 장점을 가지고 있다는 이유로 실무에서 가장 많이 활용되고 있는 기법이라고 할 수 있다.

- 상권규모를 가시적으로 파악할 수 있다. 즉 CST 지도를 이용하여 1차상권, 2차상권, 그리고 3차상권을 결정할 수 있다.
- 상권규모가 파악되면, 해당 상권 내의 고객의 인구통계적 및 사회경제적 특성을 분석할 수 있다.
- CST 지도를 통해 이미 파악된 고객자료를 이용하여 목표고객만을 대상으로 판촉활동을 전개할 수 있다.
- CST 지도를 통해 점포간의 경쟁정도를 파악할 수 있다.

17 CST 모델에 대한 보다 구체적인 설명은 이상윤(2019), pp.85 - 87 참조.

CST 모델을 이용한 상권분기점을 산출하는 방법은 다음과 같다.

$$D_a(X) = \frac{D_{ab}}{1 + \sqrt{\frac{M_b}{M_a}}} \quad \text{또는} \quad D_b(Y) = \frac{D_{ab}}{1 + \sqrt{\frac{M_a}{M_b}}}$$

단, D_a = 도시 A로부터 자동차(혹은 버스나 도보)주행거리

D_b = 도시 B로부터 자동차 주행거리

M_a = 도시 A에 있는 점포의 매장면적

M_b = 도시 B에 있는 점포의 매장면적

D_{ab} = 도시 A와 B의 거리

그림 10-8 CST 모델 사례

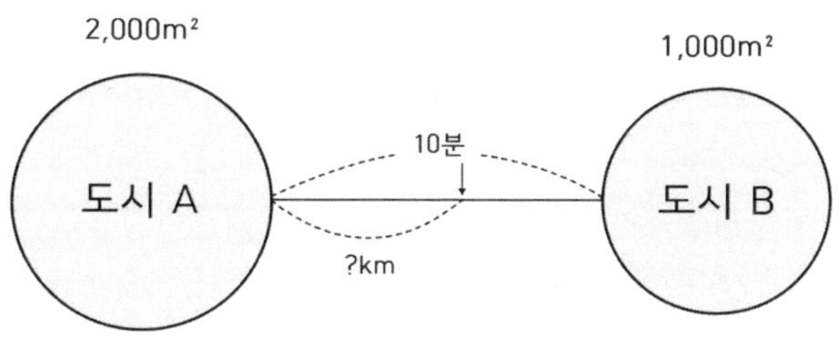

예를 들어 도시 A에서 B까지 승용차로 걸리는 시간이 10분이다. 그리고 도시 A에 있는 점포의 매장면적이 2,000m^{2}이고, 도시 B에 있는 점포의 매장면적이 1,000m^{2}일 때, 도시 A로부터의 분기점과 도시 B로부터의 상권분기점은 다음과 같다.

- 도시 A에서 B로의 상권분기점 $= \dfrac{10\text{분}}{1 + \sqrt{\dfrac{1{,}000m^2}{2{,}000m^2}}} = \dfrac{10\text{분}}{1.707} = 5.86\text{분} = 5\text{분}\ 51\text{초}$

- 도시 B에서 A로의 상권분기점 $= \dfrac{10\text{분}}{1 + \sqrt{\dfrac{2{,}000m^2}{1{,}000m^2}}} = \dfrac{10\text{분}}{2.414} = 4.14\text{분} = 4\text{분}\ 9\text{초}$

10.11 다항로짓모델

과거에는 상권을 고객 또는 잠재적 고객이 거주하고 있는 범위라고 정의하였지만, 최근에는 상권을 하나의 상업시설이 특정 지역에서 경제적으로 판매활동을 전개할 수 있는 지역이라고 정의하게 되었다.

바꾸어 말하면, 점포는 특정 지역에서 살고 있는 거주자를 대상으로 다양한 판매활동을 통해 신규수요를 창출하고, 아울러 상업시설의 지속적인 고객으로 삼는 장소라고 하는 것이다.

이러한 정의를 따르게 되면, 거리나 매장면적으로 잠재적 고객수를 분석하는 라일리의 소매인력법칙이나 허프의 확률모델로는 충분하지 않다고 할 수 있다. 그 대신에 고객이 상업시설에 대해 어떤 기대를 가지고 있으며, 어떤 요인으로 여러 상업시설 중에서 특정한 상업시설을 선택하는지에 대한 고찰이 대두하게 되었다.

이 필요성에 대응하여 비집계적 이산선호모델이 이용되어 왔다. 비집계적 선호라고 하는 용어는 개인 단위에서의 선호를 문제로 삼는다고 하는 의미를 가지고 있다.

다항로짓모델은 다음과 같이 산출한다.

$$U_i = \sum_{k=1}^{n} \beta_k X_{jk} + \epsilon_j,\ j = 1, \ldots g, \ldots r, \ldots, J$$

단, U_i = 점포 i가 제공하는 효용

β_k = 속성 k에 대한 가중치

X_{jk} = 점포 j가 가지고 있는 속성 k의 평가점수

n = 점포수

ϵ_j = 오차항

예를 들어 점포 A, B, C가 제공하는 점포 속성의 수준이 아래와 같을 때 각 점포별 효용과 고객이 해당 점포를 방문할 확률은 다음과 같다.

표 10-7 점포별 속성수준과 가중치

점포	점포 속성	
	상품구성	고객서비스
점포 A	3	1
점포 B	2	2
점포 C	1	3
가중치	2	1

점포별 효용은 다음과 같다.

- 점포 A의 효용 $= (2\times3)+(1\times1)=7$
- 점포 B의 효용 $= (2\times2)+(1\times2)=6$
- 점포 C의 효용 $= (2\times1)+(1\times3)=5$

그리고 점포별 선택확률은 다음과 같다.

- 점포 A의 선택확률 $= \dfrac{7}{7+6+5} = 0.389 = 38.9\%$
- 점포 B의 선택확률 $= \dfrac{6}{7+6+5} = 0.333 = 33.3\%$
- 점포 C의 선택확률 $= \dfrac{5}{7+6+5} = 0.278 = 27.8\%$

memo

11

손익분기점에 강해지자!

11.1 손익분기점 분석 (1): 한계이익율

점포를 신규로 출점할 때 또는 출점 후에 경영을 안정화시키기 위해서 "매출을 어느 정도 올려야만 이익을 실현할 수 있을까?"라는 질문에 확실하게 답할 수 있어야 한다. 이 질문에 답을 하기 위해서 손익분기점 분석을 활용한다.

「손익분기점(Break - Even Point, BEP)」이란 "이익과 비용이 같아지는 매출액으로, 매출액이 그 이상이 되면 이익이 생기고 그 이하가 되면 손실이 생기게 되는 기준점"을 말한다.

따라서 손익분기점 분석은 매출액과 비용이 일치되어 '이익도 손실도 나지 않는 매출액은 얼마인가?'에 대한 답을 구하는 것이 된다.

손익분기점을 이해하기 위해서는 우선, 손익계산서와 손익분기점 분석에서 설명하는 매출액, 비용, 이익에 대한 구조적 차이를 이해해야 한다.

손익계산서에서 다루는 매출원가, 매출총이익, 판매관리비는 손익분기점 분석에서 다루는 변동비, 한계이익, 고정비와 거의 유사한 개념이다.

표 11 - 1 매출액, 비용, 이익과의 구조

〈손익계산서〉	금액 (원)	〈손익분기점 분석〉
매출액	10.000	매출액
(-)매출원가	4,000	(-)변동비
매출총이익	6,000	한계이익
(-)판매관리비	5,000	(-)고정비
영업이익	1,000	영업이익

손익분기점 매출액을 구하는 절차는 다음과 같다.

❶ 손익계산서의 총비용을 변동비와 고정비로 구분하고, 변동비와 고정비에 해당하는 비용을 산출한다.

- 변동비(variable cost): 매출액의 변화와 함께 변하는 비용으로, 주로 식자재비가 해당된다.

- 고정비(fixed cost): 매출액의 변화와 상관없이 일정하게 발생하는 비용으로, 주로 임대료, 인건비, 수도광열비가 해당된다.

$$총비용 = 고정비 + 변동비$$

변동비는 매출액과 비례해서 발생하는 비용이기 때문에 금액이 아닌 비율(%)을 사용한다. 「변동비율」은 매출액에서 변동비가 차지하는 비율로 산출한다.

$$변동비율 = \frac{변동비}{매출액} \times 100$$

예를 들어 매출액이 10,000원, 변동비가 4,000원일 때 변동비율은 다음과 같다.

$$변동비율 = \frac{4{,}000원}{10{,}000원} \times 100 = 40\%$$

❷ 한계이익과 한계이익율을 산출한다.

「한계이익」이란 고정비를 보전하기 위한 이익을 말하며, 고정비를 회수하는데 공헌하는 이익이라는 의미에서 「공헌이익」이라고 부른다.

한계이익은 매출액에서 변동비를 차감한 금액이고, 한계이익율은 매출액에서 한계이익이 차지하는 비율로 산출한다.

$$한계이익 = 매출액 - 변동비$$

$$한계이익율 = \frac{한계이익}{매출액} \times 100$$

예를 들어 매출액이 10,000원, 변동비가 4,000원일 때 한계이익과 한계이익율은 다음과 같다.

$$한계이익 = 10,000원 - 4,000원 = 6,000원$$

$$한계이익율 = \frac{6,000원}{10,000원} \times 100 = 60\%$$

지금까지 설명한 한계이익의 구조를 그림으로 나타내면 다음과 같다.

[그림 11 - 1]은 점포에서 메뉴 A를 10,000원에 판매하고 있다. 이 메뉴 A를 생산하는데 드는 매출원가(변동비)가 4,000원, 1일 판매관리비(고정비)가 5,000원, 이익이 1,000원일 경우를 가정한 것이다.

그림 11 - 1 한계이익의 구조

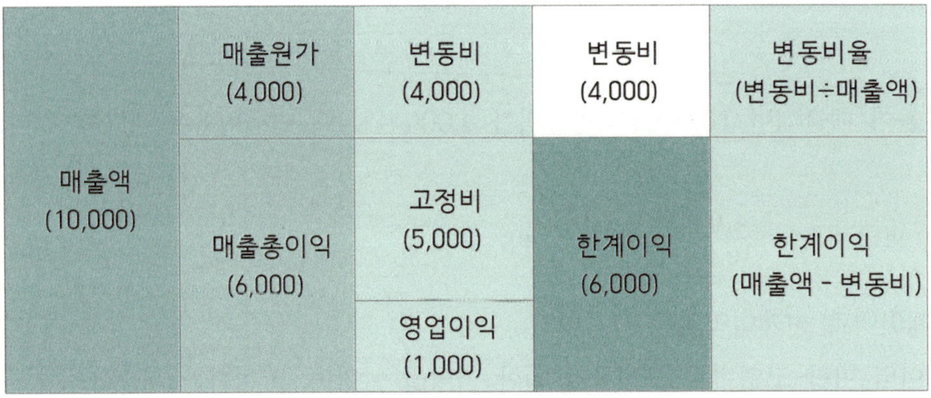

❸ 손익분기점 매출액을 산출한다.

제품을 생산하는데 들어가는 비용과 판매 후 실현되는 이익이 같아지는, 즉 이익이 0이 되는 손익분기점 매출액을 산출한다.

[표 11 - 2]를 예로 들어 손익분기점 매출액을 산출하면 다음과 같다. 즉 점포에서 메뉴 A를 10,000원에 판매하고 있다. 이 메뉴를 생산하는데 드는 매출원가(변동비)가 4,000원, 1일 판매관리비(고정비)가 5,000원일 경우 이익이 0이 되는 손익분기점 매출액은 얼마인가?

표 11-2 손익분기점 매출액

손익계산서	손익분기점	금액 (원)	비율 (%)	손익분기점 산출식	검산 (원)
매출액	매출액	10,000	100	S	8,333
(-)매출원가	변동비	4,000	40	0.4S	3,333
매출총이익	한계이익	6,000	60	0.6S	5,000
(-)판매관리비	고정비	5,000	50	5,000	5,000
이익	이익	1,000	10	0	0

풀이

$$매출액(S) = 변동비(VC) + 고정비(FC)$$

$$S = VC + FC$$

$$S = \alpha S + FC \quad (\alpha : 변동비율)$$

$$S - \alpha S = FC$$

$$S(1-\alpha) = FC$$

$$S = \frac{FC}{1-\alpha}$$

$$손익분기점 매출액 = \frac{고정비}{(1-\frac{변동비}{매출액})} = \frac{고정비}{1-변동비율} = \frac{고정비}{한계이익율}$$

$$S = VC + FC$$

$$S = 0.4S + 5{,}000원$$

$$S - 0.4S = 5{,}000원$$

$$S(1-0.4) = 5{,}000원$$

$$S = \frac{5{,}000원}{1-0.4}$$

$$S = \frac{5{,}000원}{0.6}$$

$$S = 8{,}333원$$

즉 손익분기점 매출액은 8,333원이 된다. 즉 메뉴 A의 가격이 8,333원일 때 이익이 0이 된다.

이 손익분기점 매출액을 검산하면 다음과 같다. 매출액 8,333원에서 변동비 3,333원(8,333×0.4)을 빼면 매출총이익 5,000원이 나온다. 매출총이익 5,000원에서 고정비 5,000원을 빼면 영업이익은 0원이 된다.

memo

11.2 손익분기점 분석 (2): 손익분기점 매출액

여기서는 손익분기점 매출액에 목표이익을 더한 손익분기점 매출액을 산출하는 방법에 대해서 설명하고자 한다.

예를 들어 점포에서 월 매출액이 5,000만 원, 변동비가 1,800만 원, 고정비가 2,700만 원, 판매가격이 20,000원일 때 손익분기점 매출액과 손익분기점 매출수량은 다음과 같다.

$$\text{손익분기점매출액} = \frac{\text{고정비}}{1 - \dfrac{\text{변동비}}{\text{매출액}}} = \frac{\text{2,700만 원}}{1 - \dfrac{\text{1,800만 원}}{\text{5,000만 원}}} = \text{4,218만 원}$$

$$\text{손익분기점 매출수량} = \frac{\text{손익분기점 매출액}}{\text{판매가격}} = \frac{\text{4,218만 원}}{\text{20,000원}} = \text{2,109개}$$

지금까지 설명한 손익분기점 매출액을 그림으로 나타내면 다음과 같다.

그림 11-2 손익분기점 분석

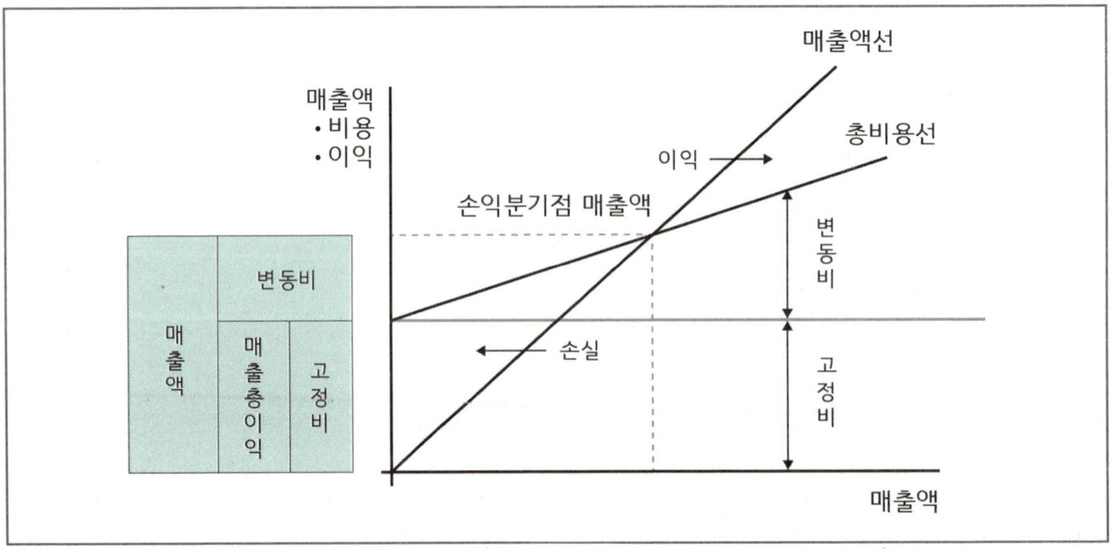

다음은 점포에서 손익분기점 매출액에 이익을 더한 목표이익을 반영한 손익분기점 매출액은 다음과 같다.

$$\text{목표이익 손익분기점 매출액} = \frac{\text{고정비} + \text{목표이익}}{1 - \frac{\text{변동비}}{\text{매출액}}}$$

예를 들어 자기년도의 이익을 전년도 영업이익 500만 원에 대한 20%, 즉 600만 원을 달성하려고 한다. 이 경우 목표이익에 따른 손익분기점 매출액은 다음과 같다.

$$\text{손익분기점매출액} = \frac{2{,}500\text{만 원} + 600\text{만 원}}{1 - \frac{2{,}000\text{만 원}}{5{,}000\text{만 원}}} = 5{,}167\text{만 원}$$

지금까지 산출한 손익분기점 매출액과 목표이익에 따른 손익분기점 매출액을 검산하면 다음과 같다.

표 11-3 손익분기점 매출액의 검산 (단위: 만 원)

항목	금액	손익분기점 매출액	목표이익에 따른 손이분기전매출액
매출액	5,000	4,167	5,167
변동비 (40%)	2,000	1,667	2,067
고정비	2,500	2,500	2,500
영업이익	500	0	600

11.3 손익분기점을 낮추려면?

점포경영에 있어서 손익분기점은 낮을수록 유리하다. 손익분기점 매출액을 낮추기 위해서는 고정비나 변동비를 절감하거나, 판매가격을 높이거나 해야 한다.

고정비, 변동비, 그리고 양자를 함께 절감한 3가지 경우를 가정하여 손익분기점 매출액을 산출하여 보자.

예를 들어 월 매출액 5,000만 원, 변동비가 1,800만 원, 고정비가 2,700만 원일 때 손익분기점 매출액은 다음과 같다.

$$\text{손익분기점매출액} = \frac{2{,}700\text{만 원}}{1 - \dfrac{1{,}800\text{만 원}}{5{,}000\text{만 원}}} = \frac{2{,}700\text{만 원}}{0.64} = 4{,}218\text{만 원}$$

❶ 고정비를 100만 원 절감했을 경우

고정비를 2,700만 원에서 2,600만 원으로 절감했을 때 손익분기점 매출액은 다음과 같다.

$$\text{손익분기점 매출액} = \frac{2{,}600\text{만 원}}{1 - \dfrac{1{,}800\text{만 원}}{5{,}000\text{만 원}}} = \frac{2{,}600\text{만 원}}{0.64} = 4{,}062.5\text{만 원}$$

❷ 변동비를 100만 원 절감했을 경우

변동비를 1,800만 원에서 1,700만 원으로 절감했을 때 손익분기점 매출액은 다음과 같다.

$$\text{손익분기점 매출액} = \frac{2{,}700\text{만 원}}{1 - \dfrac{1{,}700\text{만 원}}{5{,}000\text{만 원}}} = \frac{2{,}700\text{만 원}}{0.66} = 4{,}090.9\text{만 원}$$

❸ 고정비 50만 원, 변동비 50만 원을 절감했을 경우

고정비를 2,650만 원, 변동비를 1,750만 원으로 절감했을 때 손익분기점 매출액은 다음과 같다.

$$\text{손익분기점 매출액} = \frac{2{,}650\text{만 원}}{1-\dfrac{1{,}750\text{만 원}}{5{,}000\text{만 원}}} = \frac{2{,}650\text{만 원}}{0.65} = 4{,}076.9\text{만 원}$$

손익분기점 매출액을 낮추는 효과는 고정비 100만 원을 줄이는 것이 가장 높다. 따라서 비용의 절감 순서는 먼저 고정비에 해당하는 항목을 줄여나가도록 해야 한다. 실제로 점포에서 매출액은 줄어드는데 고정비는 줄어들지 않는 경우가 많다.

매출액이나 이익에 있어서 플러스(+)가 되거나 현재 또는 미래에 좋은 영향을 미칠 것 같은 비용은 그대로 유지해야 하지만, 그렇지 못한 비용은 과감하게 줄이도록 해야 한다. 그러나 비용을 한꺼번에 대폭 줄이게 되면 점포의 활동성이 떨어지기 때문에 신중을 기해야 한다.

그림 11-3 고정비를 절감한 경우

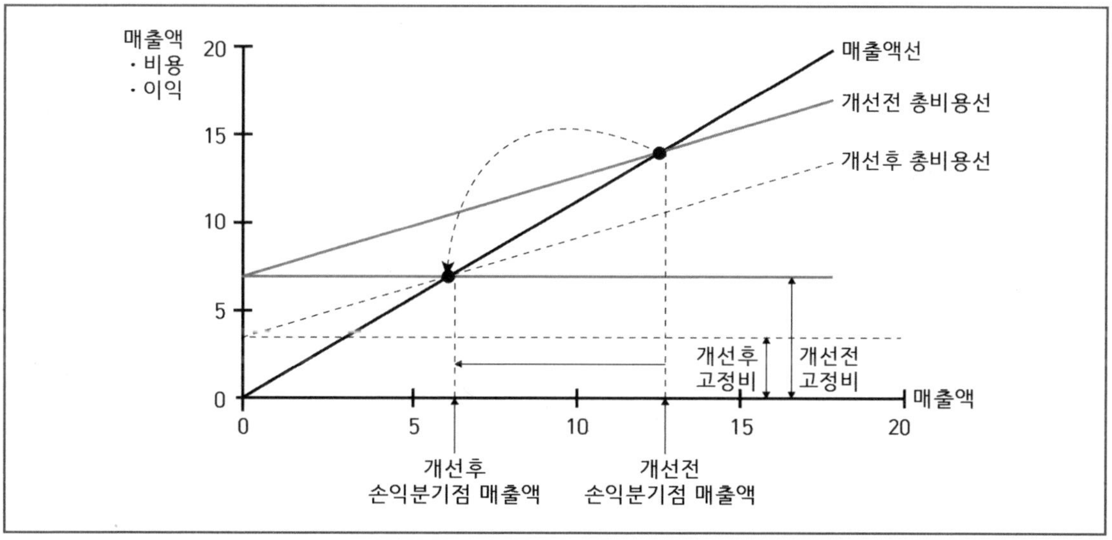

11.4 손익분기점 달성률

매출액이 지속적으로 감소하게 되면 점포를 계속 유지해야 할 것인지, 아니면 문을 닫아야 해야 할 것인지를 고민해야 한다. 이때 판단기준이 되는 것이 손익분기점 달성률이다. 「손익분기점 달성률」은 손익분기점 매출액에서 실제 매출액이 차지하는 비율로 산출한다. 실제 매출액이 손익분기점 매출액보다 높은 경우에는 100 이상이 되며, 손익분기점 매출액보다 낮은 경우에는 100 이하가 된다. 당연히 손익분기점 달성률이 100을 넘어야 점포를 계속 유지할 수 있게 된다.

$$\text{손익분기점 달성률} = \frac{\text{실제 매출액}}{\text{손익분기점 매출액}} \times 100$$

예를 들어 실제 매출액이 5,000만 원, 손익분기점 매출액이 4,218만 원일 때 손익분기점 달성률은 다음과 같다.

$$\text{손익분기점 달성률} = \frac{5{,}000\text{만 원}}{4{,}218\text{만 원}} \times 100 = 118.5\%$$

산출된 손익분기점 달성률에 대한 판단기준은 다음과 같다.

표 11-4 손익분기점 달성률의 판단기준

손익분기점 달성률	판단기준
100% 이상	우수함
85~99%	매출액 증가를 위한 판촉활동의 강화
70~84%	판촉활동의 강화뿐만 아니라 모든 경비를 재평가
69% 이하	아주 위험

손익분기점 달성율이 100% 이상이 되면 우수하기 때문에 큰 문제가 없다. 그러나 손익분기점 달성률이 85~99% 정도까지는 판촉활동을 강화시켜야 하며 매출액 증가를 위한 대책을 진지하게 검토해야 한다.

70~84%일 경우에는 판촉활동을 강화시키는 것은 물론, 모든 비용을 재평가하는 등 이익구조에 대한 변경을 신속하게 시도해야 한다.

69% 이하일 경우에는 급격한 매출액 증가 요인이 없다면 상당한 손실이 발생할 수 있기 때문에 시장에서의 퇴출을 고려해야 한다.

각 점포의 상황에 따라 일률적으로 판단할 수 없지만, 손익분기점 매출액을 달성할 수 있는 대책을 신속하게 강구해야 한다.

11.5 손익분기점 매출액 비율

손익분기점 매출액은 특히 적자를 내고 있는 점포에 있어서 중요한 지표가 된다. 즉 실제 매출액이 어느 정도가 되면 적자에서 흑자로 돌아설 것인지, 어느 정도 매출액이 감소해도 점포를 경영해 나갈 수 있는지를 판단하는 기준이 된다. 그러기 위해서는 실제 매출액을 손익분기점 매출액과 비교하는 손익분기점 매출액 비율을 파악해야 한다.

「손익분기점 매출액 비율」은 실제 매출액에서 손익분기점 매출액이 차지하는 비율로 산출한다. 또는 100%에서 안전한계율을 빼서 산출한다.

$$\text{손익분기점 매출액 비율} = \frac{\text{손익분기점 매출액}}{\text{실제매출액}} \times 100$$

$$\text{손익분기점매출액비율} = 100\% - \text{안전한계율}$$

예를 들어 손익분기점 매출액이 4,218만 원, 실제 매출액이 5,000만 원일 때 손익분기점 매출액 비율은 다음과 같다.

$$\text{손익분기점 매출액 비율} = \frac{4,218\text{만 원}}{5,000\text{만 원}} \times 100 = 84.36\%$$

산출한 손익분기점 매출액 비율 84.36%는 현재의 매출액이 15.64% 줄어들어도 적자가 나지 않는다는 것을 의미한다.

손익분기점 매출액 비율은 낮을수록 경영이 안전하다는 것을 나타낸다. 따라서 손익분기점 매출액 비율은 낮을수록 좋다.

손익분기점 매출액 비율이 손익분기점 매출액과 실제 매출액이 같을 경우에는 100%이다. 이 경우에는 이익도 없고 손실도 없는 상태를 나타낸다. 손익분기점 매출액과 실제 매출액이 일치할 때에는 한계이익과 고정비가 동일하고, 한계이익이 고정비보다 높을 때 비로소 순이익이 발생하게 된다. 이것은 손익분기점 달성률의 역이라고 할 수 있다.

흑자일 경우에는 100% 이하이고, 적자일 경우에는 100% 이상이 된다. 그러나 매출액이 감소하여 90% 또는 80%를 밑돌게 되면 적자 상태에 빠지게 되며, 상당한 주의가 필요하다.

표 11-5 손익분기점 매출액 비율

<table>
<tr><td rowspan="2">실제 매출액
(5,000만 원)</td><td>이익
(782만 원)</td><td>한계여유율
(15.64%)</td></tr>
<tr><td>손익분기점
매출액
(4,218만 원)</td><td>손익분기점
매출액 비율
(84.36%)</td></tr>
</table>

[표 11-6]은 손익분기점 매출액 비율에 의한 판단기준을 나타내고 있다.

표 11-6 손익분기점 매출액 비율에 의한 판단기준

손익분기점 매출액 비율	평 가	상 태
100% 이하	이익 발생	안전함
100%	이익=0	-
100% 이상	손실 발생	위험함

11.6 안전 한계율

「안전 한계율」은 안전 여유율이라고 부르고, 실제 매출액과 손익분기점 매출액과의 차이를 비율로 나타내는 지표를 말한다. 즉 경영의 건전성을 담보하는 여유를 나타내는 것으로, 이 수치가 높을수록 이익이 발생하기 쉽고, 경영이 안전하다는 것을 나타낸다.[1]

$$안전한계율 = \frac{실제매출액 - 손익분기점매출액}{실제매출액} \times 100$$

$$안전한계율 = 100\% - 손익분기점\ 매출액\ 비율$$

예를 들어 손익분기점 매출액이 4,167만 원, 실제 매출액이 5,000만 원일 때 안전 한계율은 다음과 같다.

$$안전한계율 = \frac{5{,}000만\ 원 - 4{,}167만\ 원}{5{,}000만\ 원} \times 100 = 16.66\%$$

방금 산출한 안전 한계율 16.66%는 현재의 실제 매출액이 5,000만원에서 16.66%에 해당되는 835만 원(5,000만 원×0.167)이 줄어들어도 적자가 나지 않는다는 것을 의미한다. 1일로 환산하면 약 27만 8,000원(835만 원÷30일) 정도는 안전하다는 것이다.

[표 11 - 7]은 안전 한계율에 대한 판단기준을 나타내고 있다.

1 Kawai Jurou(2011), 『음식점 경영숫자의 사용법』, 동우관, p.53.

표 11-7 안전 한계율에 의한 판단기준

안전 한계율	평 가	대 책
5% 이하	나쁨	• 자금운영에 어려움이 발생함. 매출액 증가 또는 비용절감 대책이 필요함.
5~10%	약간 나쁨	• 방심은 금물. 신상품 개발이나 신규고객 개발 등 대책을 신속하게 마련해야 함.
11~20%	양호	• 자기자본의 축적에 의한 체질강화를 도모해야 함.
21~30% 이상	아주 양호	• 설비투자, 점포확대 등 적극적인 성장을 위한 대책을 시도해야 함.

11.7 경제성 분석 (1): 현재가치

신규사업에 대한 경제성 평가는 채택된 투자안이 과연 성공적인지 아닌지를 판단하기 위해 필요한 과정이다. 경제성에 대한 판단기준은 투자안을 통해 기대되는 미래의 현금흐름이, 회사의 가치증가와 목표달성에 공헌하는 정도로써 판단하며, 상대적으로 우월하게 평가된 투자안을 채택한다.

예를 들어 식당을 창업하기 위해 1억 원을 투자하여 3년 동안 1,500만 원을 벌었다고 하자. 이 1,500만 원이 창업비용과 제반비용을 빼고 남은 순수한 이익금이라면, 수익이 확실하게 생기는 사업이므로 추진할 만한 사업이라고 평가할 수 있다.

그런데 3년 후의 1,500만 원이라는 금액이 현재의 1,500만 원보다 가치가 높다고 할 수 없다. 왜냐하면 물가 상승률과 이자율과 비교해야 하기 때문이다. 따라서 신규사업에 대한 경제성 평가는 미래수익에 대한 현재가치를 구해서 판단하게 된다.

「현재가치(present value)」란 미래에 발생할 현금흐름을 현재시점에서 평가한 값을 말한다.[2] 예를 들어 현재의 100만 원을 이자율 10%로 은행에 예금한다면 1년 후에는 원금과 이자를 합쳐서 110만 원이 된다. 이때에 현재 100만 원의 1년 후 미래가치가 110만원이라고 말한다.

예제 1

예를 들어 두 가지 투자안이 있다고 가정하자. 투자안 A는 현 시점에서 1,000원을 받는 것이고, 투자안 B는 1년 후에 1,080원을 받는 것이다. 은행금리가 10%이라면, 귀하는 어떤 투자안을 선택하겠습니까? 그리고 그 이유는 무엇입니까?

이 물음에 답하려면 투자안 A의 미래가치와 B의 현재가치를 구해야 한다.

- 투자안 A : $1년 후의 미래가치 = 1{,}000원 \times (1+0.1) = 1{,}100원$
- 투자안 B : $미래가치를 현재가치로 = 1{,}080원 \times (\frac{1}{1+0.1}) = 982원$

2 이의경(2010), 『재무관리 - 이론과 응용- 제4판』, 경문사, pp.14-17.

표 11-8 현재가치

투자안	현재	1년 후
A	1,000원	1,100원
B	982원	1,080원

이 물음에 대한 답은 투자안 A를 선택하는 것이다. 왜냐하면 현재의 1,000원은 금리 10%를 더하면 1년 후에는 1,100원이 된다. 그리고 1년 후에 받을 1,080원은 현재가치로 982원 밖에 되지 않는다. 따라서 현 시점에서 1,000원을 받는 투자안 A의 이익이 높다.

예제 2

예를 들어 투자안 A에 3년간 투자한 후에, 매년 1,000원의 이익이 들어온다면 이 투자안을 채택할 것인가, 아니면 기각할 것인가?

이 물음에 답하기 위해서 3년간 3,000원에 대한 현재가치를 산출하면 2,486원이다. 만약 이 투자안에 2,486원 이하를 투자할 경우, 예를 들어 2,000원을 투자한 경우에는 투자안A를 채택한다. 그러나 만약 2,486원 이상, 예를 들어 3,000원을 투자할 경우에는 투자안A는 기각한다.

표 11-9

할인 현재가치	1년 후 이익	2년 후 이익
	1,000원	1,000원
909원	$= 1{,}000\text{원} \times \frac{1}{1.1^1}$	
826원		$= 1{,}000\text{원} \times \frac{1}{1.1^2}$
751원		

PART 11

11.8 경제성 분석 (2): 순현가법(NPV)

신규사업에 대한 경제성을 평가하는 방법에는 화폐의 시간가치를 고려하는 현금흐름 할인법과 화폐의 시간가치를 고려하지 않는 전통적 방법으로 구분한다.

여기서는 실무에서 자주 활용하고 있는 순현가법과 내부할인율법에 대해서 설명하고자 한다. 「순현가법(Net Present Value, NPV)」은 미래수익의 현재가치를 매기는 방법을 말한다. 보다 구체적으로 설명하면, 사업으로부터 기대되는 미래 현금흐름을 추정한 다음, 이에 대하여 적정한 할인율(이자율)로 할인하여 현금유입의 현재가치 금액에서 현금유출의 현재가치 금액을 차감한 순현가를 구하는 방법이다.[3]

미래에 들어올 돈을 현재의 가치로 변환하는 것을 '현재가치로 할인한다.'라고 말한다. 아울러 할인된 가격을 할인 현재가치, 할인할 때 사용한 금리를 할인율이라고 한다.

순현가를 구한 후 순현가(NPV)가 0보다 크면(NPV > 0) 사업에 대한 수익성이 있다고 판단되어 채택하게 된다.

$$순현가(NPV) = 현금유입의\ 현가 - 현금유출의\ 현가$$

순현가(NPV)를 산출하는 공식은 다음과 같다.

$$NPV = \sum_{t=1}^{n} \frac{CF_t}{(1+r)^t} - I_0$$

단 CF_t = 시점 t의 현금흐름(투자수익)

I_o = 최초투자액(현금 유출액)

r = 적정 할인율(투자시 기대하는 최소 수익률)

n = 투자안의 내용연수

3 장경천 · 정헌용 · 김현석(2007), 『재무관리의 이해』, 삼영사, pp.161 - 176.

위의 공식을 이용하여 아래와 같은 투자안에 대해서 평가해보자.

예제 1

식당을 운영하기 위해 3,000만 원을 투자하여 자동차를 구입하였다. 자동차를 통해 1년 동안 1,300만 원을 벌 수 있다고 가정하자. 할인율이 10%일 때 이 투자안의 순현가를 구하고, 이 투자안의 채택 여부를 평가하시오.

먼저 순현가법으로 계산하면 다음과 같다.

$$NPV = \frac{3{,}000\text{만 원}}{(1+0.1)} - 3{,}000\text{만 원}$$

$$= 27{,}272{,}727\text{원} - 3{,}000\text{만 원}$$

$$= -2{,}727{,}272\text{원}$$

$\therefore$ 이 투자안의 NPV가 0보다 작기 때문에 기각한다!!

예제 2

식당을 운영하기 위해 3,000만 원을 투자하여 자동차를 구입하게 되면, 앞으로 3년 동안 매년 1,300만 원씩의 현금흐름이 기대되는 투자안이 있다고 하자. 할인율이 10%일 때 이 투자안의 순현가(NPV)를 구하고, 이 투자안의 채택 여부를 평가하시오.

표 11 - 10 투자안 (단위: 만 원)

현재	1차년도	2차년도	3차년도
-3,000	1,300	1,300	1,300

$$NPV = \frac{1{,}300\text{만 원}}{(1+0.1)^1} + \frac{1{,}300\text{만 원}}{(1+0.1)^2} + \frac{1{,}300\text{만 원}}{(1+0.1)^3} - 3{,}000\text{만 원}$$

$$= \frac{1{,}300\text{만 원}}{1.1} + \frac{1{,}300\text{만 원}}{1.21} + \frac{1{,}300\text{만 원}}{1.331} - 3{,}000\text{만 원}$$

$$= 1{,}181\text{만 원} + 1{,}074\text{만 원} + 976\text{만 원} - 3{,}000\text{만 원}$$

$$= 3{,}231\text{만 원} - 3{,}000\text{만 원}$$

$$= 231\text{만 원}$$

$\therefore$ 이 투자안의 NPV가 0보다 크므로 채택한다!!

PART 11

11.9 경제성 분석 (3): 내부수익률(IRR법)

신규사업의 경제성을 평가하는 내부수익율은 순현가법 이외의 투자평가 기법 중에서 내부수익률은 투자안 내부에서 결정되는 것이며, 단지 투자안에서 발생하는 현금흐름에 의해서만 영향을 받는다.

「내부수익률(Internal Rate of Return, IRR)」이란 투자안의 현금흐름 유입액의 현재가치와 현금흐름 유출액의 현재가치를 동일하게 하는 할인율, 즉 투자안의 순현재가치가 0(NPV = 0)이 되는 할인율을 말한다.

즉 어떤 투자안으로부터 기대되는 미래현금흐름의 현재가치를 최초 투자액과 일치시키는 할인율이다.

내부수익율(IRR)을 산출하는 공식은 다음과 같다.

$$IRR = \sum_{t=1}^{n} \frac{CF_t}{(1+IRR)^t} - I_0 = 0$$

단 CF_t = 시점 t의 현금흐름(투자수익)

I_o = 최초투자액(현금 유출액)

r = 적정 할인율(투자시 기대하는 최소수익률)

n = 투자안의 내용연수

위 공식은 NPV를 0으로 만드는, 즉 손익분기(break - even)가 되는 r값을 구하는 공식이다. 즉 IRR은 시장에서 주어지는 것이 아니라, 투자안 자체의 현금흐름을 이용하여 NPV를 0으로 만드는 수익률을 내부적으로 구하는 것이다. 따라서 투자안마다 각각 다른 값을 갖게 되며, 그 투자안에서만 적용되는 이익률이기 때문에 내부수익률이라고 한다.

예제 1

현재 취득가격이 3,000만 원인 자동차를 구입하면, 앞으로 3년 동안 매년 1,300만 원씩의 현금흐름이 기대되는 투자안이 있다고 하자. 할인율이 10%일 때, 이 투자안의 내부수익률(IRR)을 구하고, 이 투자안의 채택 여부를 평가하시오.

표 11-11 투자안 (단위: 만 원)

현재	1차년도	2차년도	3차년도
-3,000	1,300	1,300	1,300

주어진 이자율 하에서 할인율 r이 10%일 때, 투자안의 순현재가치를 구하면 다음과 같다.

$$NPV = \frac{1{,}300\text{만원}}{1+IRR} + \frac{1{,}300\text{만원}}{1+IRR} + \frac{1{,}300\text{만원}}{1+IRR} - 3{,}000\text{만원} = 0$$

$$= \frac{1{,}300\text{만원}}{1.1} + \frac{1{,}300\text{만원}}{1.21} + \frac{1{,}300\text{만원}}{1.331} - 3{,}000\text{만원} = 0$$

$$= 1{,}181\text{만원} + 1{,}074\text{만원} + 976\text{만원} - 3{,}000\text{만원}$$

$$= 32{,}328{,}400\text{원} - 3{,}000\text{만원}$$

$$= 2{,}328{,}400\text{원}$$

∴ 이 투자안의 NPV가 0보다 크므로 채택한다!!

투자안의 순현가가치가 0에 가까운 값을 먼저 구해보면, IRR은 10%와 11%사이의 값이라는 것을 알 수 있다. 보간법을 이용하여 정확한 IRR(%)을 구하면 된다.[4]

4 보간법을 이용하여 IRR를 산출하는 구체적인 방법은 장경천 · 정헌용 · 김현석(2007), pp.173 - 176을 참조.

11.10 수익성 분석 (1): ROI

점포를 창업하기 위해 또는 발전시키기 위해 자금을 투자한다면 그 투자자금에 대한 수익성을 측정해야 한다. 신규사업에 대한 수익성을 평가하기 위한 지표로서 ROI, ROA, ROE가 자주 활용된다.

먼저, 「ROI(Return on Investment, 투자자본수익률)」란 특정한 사업에 투자한 자본에 대한 수익성을 측정하는 지표로, 투자한 총자본(부채+자기자본)에 대한 순이익의 비율로 산출한다. ROI가 높을수록 수익성이 높다.

$$ROI = \frac{\text{순이익}}{\text{총자본}} \times 100$$

예를 들어 식당을 창업하기 위해서 타인자금(부채) 2,000만 원, 자기자금 8,000만 원 합계 1억 원을 투자하였다. 1년간 영업하여 순이익 500만 원을 실현했다면 ROI는 다음과 같다.

자산	금액	자본	금액
자산	1억	부채	2,000만 원
		자기자본	8,000만 원
합계	1억	합계	1억

$$ROI = \frac{\text{500만 원}}{\text{1억 원}} \times 100 = 5\%$$

즉 1년 동안 부채와 자기자본을 합친 총자본 1억의 5%에 해당되는 500만 원을 회수했다는 것을 의미한다. 아울러 투자자본 1억 원을 전부 회수할 수 있는 기간은 20년(1억 원 ÷500만 원)이 걸린다.

ROI를 높이는 방법은 분자에 해당하는 순이익을 높이거나, 분모에 해당하는 총자본을 줄이는 것이다.

산출된 ROI에 대한 판단기준은 다음과 같다.

표 11-12 ROI의 판단기준

ROI 비율	판단기준	평가
200%	사업 후 6개월만에 회수 가능	최우수
100%	1년에 걸쳐 회수 가능	아주 우수
50%	2년에 걸쳐 회수 가능	우수
40%	2년 반에 걸쳐 회수 가능	우수
30%	3년 3개월에 걸쳐 회수 가능	-
20%	5년에 걸쳐 회수 가능	-
10%	10년에 걸쳐 회수 가능	-
5%	20년에 걸쳐 회수 가능	-

11.11 수익성 분석 (2): ROA

사업주의 입장에서 보면 자기자본도 부채도 조달된 자본이며, 그 합계인 총자본으로 이익을 어느 정도 창출하고 있는지에 관심을 가지게 된다.

ROA(Return On Assets, 총자산이익률)란 투자한 총자산(부채+자기자본)을 이용하여 이익을 어느 정도 올렸는지를 나타내는 지표로, 순이익을 총자산(=총자본)으로 나누어 산출한다.

분자에 해당하는 이익에는 이자지급 전 또는 세금납입 전의 이익을 사용한다. 왜냐하면 비교할 총자산에는 차입금이나 대부금이 포함되어 있기 때문에 재무적인 영향을 최대한 받지 않는 이익을 사용하는 것이 자연적이기 때문이다. 따라서 지급이자 등의 금융손실을 공제하기 전의 영업이익에 받을 이자 등의 금융이익을 더한 사업이익을 채택한다.

ROA를 통해서 총자산을 어느 정도 효율적으로 활용하여 이익을 벌어들이고 있는지를 알 수 있다. ROA가 높을수록 수익성이 높다.

$$ROA(\%) = \frac{\text{순이익}}{\text{총자산}(=\text{총자본})} \times 100$$

예를 들어 식당을 창업하기 위해서 부채 2,000만 원, 자기자금 8,000만 원 합계 1억 원을 투자하였다. 1년간 영업하여 순이익 500만 원을 실현했다면 ROA는 다음과 같다.

자산	금액	자본	금액
자산	1억	부채	2,000만 원
		자기자본	8,000만 원
합계	**1억**	**합계**	**1억**

$$ROA = \frac{500\text{만 원}}{1\text{억 원}} \times 100 = 5\%$$

ROA를 높이는 방법은 ROI와 동일하게 분자에 해당하는 순이익을 높이거나, 분모에 해당하는 총자산을 줄이는 것이다.

여기서 한 가지 주의해야 할 것은 ROI와 ROA를 구하는 공식이 같다는 것이다. 그런데 한 가지 차이점은 분모에 해당하는 총자산을 서로 다르게 보는데 있다.

ROI를 구할 때의 총자산은 점포 등 영업활동에 사용된 자산을 말하고, ROA를 구할 때의 총자산은 골프장 회원권 등 영업활동뿐만 아니라 비영업활동에 사용된 모든 자산을 포함한다.

예를 들어 점포의 총자산이 1억원이고, 영업활동에 사용되는 자산이 8,000만 원, 비영업활동에 사용되는 자산이 2,000만 원이라고 가정하자. 그해 당기순이익이 500만 원을 실현했다면 ROI와 ROA는 다음과 같이 차이가 난다.

$$ROI(\%) = \frac{500\text{만 원}}{8{,}000\text{만 원}} \times 100 = 6.25\%$$

$$ROA(\%) = \frac{500\text{만 원}}{1\text{억 원}} \times 100 = 5.0\%$$

PART 11

11.12 수익성 분석 (3): ROE

ROI을 산출하기 위해서는 고려해야 할 사항이 있다. 그것은 사업주와 투자자와의 차이이다.

사업주는 총자본에 대한 수익률에 관심이 높지만, 투자자는 자신이 투자한 자기자본이 어느 정도의 수익률을 올리고 있는지에 관심이 높다. 그것은 자기자본에 대한 보수라고 생각하며, 그 보수는 모든 비용을 지급한 후 투자자에게 남은 금액, 즉 법인세납세후순이익을 말한다.

투자의 신 워런 버핏(Warren Buffett)은 ROE의 중요성에 대해 "투자하기에 가장 이상적인 회사는 자기자본이익률(ROE)이 아주 높고, 그 수익을 다시 사업에 재투자할 수 있는 회사이다."라고 강조했다.[5]

ROE(Return On Equity, 자기자본이익률)란 투자자가 투자한 출자금액으로 이익을 어느 정도 실현했는지를 나타내는 지표로서, 순이익을 자기자본으로 나누어 산출한다. ROE가 높을수록 수익성이 높다.

$$ROE = \frac{\text{순이익}}{\text{자기자본}} \times 100$$

예를 들어 식당을 창업하기 위해서 부채 2,000만 원, 자기자금 8,000만 원 합계 1억 원을 투자하였다. 1년간 영업하여 순이익 500만 원을 실현했다면 ROE는 다음과 같다.

자산	금액	자본	금액
자산	1억	부채	2,000만 원
		자기자본	8,000만 원
합계	1억	합계	1억

5 Warren Beffett[이건 편역](2017), 『워런 버핏 바이블』, 에프엔미디어.

$$ROE = \frac{500만 원}{8,000만 원} \times 100 = 6.25\%$$

ROE를 높이는 방법은 분자에 해당하는 순이익을 높이거나, 분모에 해당하는 자기자본을 줄이는 것이다.

점포 앞에 대기하는 고객수나 매출액만을 보면 상당히 높은 이익을 올리고 있는 것처럼 보일지라도 투자한 금액으로 검토해 보면 의외로 이익이 높지 않은 경우가 많다.

투자에 있어서 워런 버핏이 가장 중요하다고 강조한 ROE에 대한 판단기준은, ROE가 은행금리보다 높으면 투자하고, 높지 않으면 투자하지 말고 은행에 맡겨라는 것이다.[6]

점포에서는 경영의 효율성을 높이기 위한 계획단계에서의 방안이나 노력, 그리고 실제로 영업단계에서의 실제상황을 자금과 이익과의 관계로 이해해야 하기 때문에 ROI, ROA, ROE 분석을 통해 점포에 대한 수익성을 다각적으로 평가해야 한다.

PART 11

6 Warren Beffett[이건 편역](2017), 『워런 버핏 바이블』, 에프엔미디어.

memo

12

재무분석에 강해지자!

12.1 재무분석

「재무분석(Financial Analysis)」이란 재무제표를 비롯한 회계자료와 기타 관련 자료를 활용하여 회사의 과거와 현재의 재무상태와 경영성과를 판단하고, 그 원인을 규명하고 대책을 강구하기 위한 분석을 말한다.[1]

재무분석의 목적은 첫째, 회사가 직면하고 있는 문제점을 파악하고 대책을 강구하는 것이다. 둘째, 회사 내부만이 아니라 경쟁사 분석에도 적극적으로 활용하기 위함이다. 왜냐하면 경쟁사나 동종업계와 비교·분석을 하는 데 있어서 자사의 강점이나 약점을 객관적인 데이터로 파악할 수 있기 때문이다.

재무분석에는 평상시에 익숙치 않은 용어가 자주 나오지만, 기본적으로 지금까지 설명한 성과지표와 관련된 숫자로 구성되어 있다. 물론 재무분석은 그저 숫자 놀음이 아니라는 것을 명심해야 한다. 재무분석의 결과를 실제 업무에 어떻게 적용할 것인지를 늘 고민하여야 한다.

회사의 재무상태와 경영성과를 파악하기 위해서 활용되는 자료들은 여러 가지가 있지만, 주로 재무상태표, 손익계산서와 같은 재무제표를 분석하게 된다. 그러나 재무제표는 내용이 방대하고 복잡하기 때문에 재무제표를 직접 분석해서는 필요한 정보를 쉽게 얻을 수 없다. 그래서 재무제표에 포함된 유용한 정보를 쉽게 파악하기 위해 재무비율을 활용한다.

「재무비율(financial ratio)」이란 경제적 의미와 논리적 관계가 분명한 재무제표 항목을 다른 항목에 대한 상대적 비율로 나타낸 것이다. 그리고 재무비율의 경제적 의미를 분석하여 회사의 재무상태와 경영성과를 평가하는 기법을 재무비율 분석이라고 한다.[2]

재무비율 분석에서 주로 사용되는 재무비율에는 수익성, 유동성, 생산성, 성장성, 활동성을 포함하고 있다.

1 이광로·김병순(2006), 『재무관리 제3판』, 박영사, p.369.
2 장경천·정헌용·김현석(2007), 『재무관리의 이해』, 삼영사, p.31.

표 12-1 재무비율

No.	비율	의미	분석 항목
1	수익성	• 회사의 경영활동의 종합적인 결과를 투자자본 또는 매출액에 대한 이익으로 나타내는 비율임.	- 총자산이익률 - 자기자본이익률 - 매출액총이익률 - 매출액영업이익률 - 매출액순이익률
2	유동성	• 보통 1년 이내에 갚아야 하는 채무를 이행할 수 있는 회사의 능력을 측정하는 비율임.	- 유동비율 - 당좌비율 - 현금비율
3	생산성	• 회사가 생산활동에 사용하고 있는 생산요소의 성과를 측정하는 비율임.	- 부가가치율 - 노동생산성 - 자본생산성
4	성장성	• 회사의 외형 및 수익의 성장성을 측정하는 비율임.	- 총자산증가률 - 매출액증가율 - 순이익증가율
5	활동성	• 자산의 물리적 이용도를 측정하는 비율로, 회전율에 의해서 측정함.	- 총자본회전율 - 고정자산회전율 - 재고자산회전율 - 매출채권회전율
6	종합	• 다각적으로 분석한 결과를 종합적으로 분석하여, 회사가 직면한 문제점을 파악하고, 대책을 강구함.	

PART 12

12.2 수익성 비율

「수익성 비율」이란 회사의 수익창출에 대한 능력을 나타내는 지표로서, 회사의 유동성, 자산관리, 부채관리 등에 관한 의사결정이 영업성과에 미치는 종합적인 효과를 보여준다.

이는 회사가 계속기업으로 존속하기 위해서뿐만 아니라, 필요한 외부자금을 지속적으로 조달하기 위해서는 일정수준 이상의 수익성이 보장되어야 한다는 점에서 채권자와 주주, 특히 경영자가 관심을 갖고 있는 비율이다.[3]

수익성 비율은 일정기간 회사의 자산이용의 효율성과 이익창출에 대한 능력을 평가할 수 있는 지표라고 할 수 있다. 회사의 경영활동은 자본을 투입하여 매출액을 올리고, 매출액을 통해 이익을 실현하는 것이다. 따라서 수익성 비율은 자본과 매출액과의 관계, 매출액과 이익과의 관계, 자본과 이익과의 관계를 분석한다. 수익성이 높다는 것은 적은 자산으로 많은 이익을 실현하고 있다는 것을 의미한다.

수익성 비율은 크게 투자와 관련된 수익성 비율과 매출액과 관련된 수익성 비율로 구분된다. 그리고 자본, 매출액, 이익으로부터 도출된 지표는 총자산이익률, 자기자본순이익률, 매출액총이익률 등을 포함하고 있다.

(1) 투자 관련 수익성 비율

❶ 총자산이익률

「총자산이익률」은 총자산을 얼마나 효율적으로 투자하여 순이익을 창출하였는지를 측정하는 지표로, 총자산 대비 순이익의 비율로 산출한다.

$$\text{총자산 순이익률} = \frac{\text{순이익}}{\text{총자산}} \times 100$$

❷ 자기자본순이익률

「자기자본이익률」은 자기자본으로 순이익을 어느 정도 발생시켰는지를 측정하는 지표로,

3 이필상(2001), 『재무관리 제4판』, 박영사, p.573.

자기자본 대비 순이익의 비율로 산출한다.

$$자기자본\ 순이익률 = \frac{순이익}{자기자본} \times 100$$

(2) 매출액 관련 수익성 비율

❶ 매출액총이익률

「매출액총이익률」은 매출액과 매출원가를 차감한 매출총이익과의 관계를 측정하는 지표로, 매출액 대비 매출총이익의 비율로 산출한다.

$$매출액총이익율 = \frac{매출총이익}{매출액} \times 100$$

❷ 매출액영업이익률

「매출액영업이익률」은 매출액과 매출총이익에서 판매관리비를 차감한 영업이익과의 관계를 측정하는 지표로, 매출액 대비 영업이익의 비율로 산출한다.

$$매출액영업이익률 = \frac{영업이익}{매출액} \times 100$$

❸ 매출액순이익률

「매출액순이익률」은 매출액과 모든 비용을 차감한 당기순이익과의 관계를 측정하는 지표로, 매출액 대비 순이익의 비율로 산출한다.

$$매출액\ 순이익률 = \frac{순이익}{매출액} \times 100$$

PART 12

12.3 유동성 비율

유동성이란 자산을 단기간에 적정한 가격으로 현금화할 수 있는 정도를 나타낸다. 「유동성 비율」은 회사의 단기부채를 상환할 수 있는 능력을 측정하는 재무비율을 말한다.

융자금 등을 포함한 부채를 상환하기 위해서는 상환에 충당할 수 있는 자산, 즉 현금 또는 쉽게 현금화할 수 있는 자산을 항상 보유해야 한다. 따라서 지급능력의 유동성 비율은 경영활동에 있어서 자본의 조달, 조달된 자본의 운용, 자본의 조달과 운용 사이의 유기적이고 합리적인 결합 관계를 분석대상으로 한다.

유동성은 회사가 어느 정도 안전한지를 측정하는 지표이다. 유동성을 검토할 때는 지급능력과 자기자본의 내실도를 본다. 이 두 가지 모두 재무상태표를 활용하여 분석한다.

회사의 지급능력을 파악하기 위해서는 지급해야 할 부채에 대해서 변제가능한 자산을 어느 정도 보유하고 있는지를 판단해야 한다. 이것을 검토하는 대표적인 지표가 유동비율이다. 유동비율은 현재 보유하고 있는 유동자산과 유동부채의 비율을 검토하는 것이다.

유동비율은 150% 이상을 확보하는 것이 바람직하며, 이 비율이 낮다는 것은 지급능력이 낮다는 것을 의미한다.

회사의 경우에는 유동비율보다 더욱 엄격하게 지급능력을 보는 당좌비율이나 현금비율 등을 자주 사용된다.

❶ 유동비율

「유동비율」은 회사의 단기 지급능력을 평가하는 지표로, 유동부채 대비 유동자산의 비율로 산출한다.

$$\text{유동비율} = \frac{\text{유동자산}}{\text{유동부채}} \times 100$$

❷ 당좌비율

「당좌비율」은 유동자산 중에서 자산의 현금화 가능성이 낮은 재고자산을 제외한 당좌자산을 유동부채로 나눈 비율로 산출한다.

$$당좌비율 = \frac{당좌자산}{유동부채} \times 100$$

❸ 현금비율

「현금비율」은 유동자산 중에서도 현금화 속도가 가장 빠른 현금으로 유동부채를 상환할 수 있는지를 측정하는 지표로, 유동부채 대비 현금의 비율로 산출한다.

$$현금비율 = \frac{현금}{유동부채} \times 100$$

PART 12

12.4 생산성 비율

경제학에서 생산이란 생산요소를 결합하여 새로운 가치를 창출하는 것이라고 정의한다. 생산요소는 노동과 자본을 말하며, 창출된 새로운 가치는 부가가치로 본다. 따라서 일반적으로 생산성이라 하면 노동과 자본의 부가가치 생산성을 의미하게 된다.

「생산성 비율」이란 생산에 투입된 생산요소가 얼마나 효율적으로 이용되었는지를 나타내는 척도로, 생산요소의 투입(input)에 대한 산출(output)의 비율로 측정한다. 생산요소의 투입은 크게 노동과 자본으로 구분하며, 산출은 유·무형의 제품과 서비스를 포함한다.

생산성은 회사의 경영활동의 성과 및 효율성을 측정하고, 개별 생산요소의 기여도 및 성과배분의 합리성 여부를 판단하기 위한 지표이다. 생산성은 경영자원인 사람, 설비, 자금을 투입하여 얻은 성과를 나타내는 것으로써 부가가치율, 노동생산성, 자본생산성 등이 있다.

먼저, 생산성 비율에서의 부가가치는 매입한 제품 등에 새롭게 부가한 가치, 즉 매출총이익에 해당하며, 높을수록 양호하다고 할 수 있다.

그리고 노동생산성은 직원 1인당 부가가치액을 말한다. 노동생산성을 검토할 때는 매출액, 직원수, 부가가치와 함께 고정자산의 요소도 분석한다.

부가가치액을 높게 하거나 직원수를 줄이면 노동생산성은 올라간다. 또한 노동생산성을 검토할 경우 1인당이라는 지표를 이용한다. 즉 1인당 매출액, 1인당 매출총이익, 1인 1시간당이라는 지표가 일반화되어 있다. 노동생산성을 높이기 위해서는 1인당 매출액이나 매출액 부가가치율을 높여야 한다.

이외에도 노동생산성을 검토할 수 있는 지표로 상품회전율, 상품회전일수, 매장면적당 매출액 등을 들 수 있다.

❶ 부가가치율

「부가가치율」은 매출액 중에서 생산활동에 투입되는 생산요소에 귀속되는 소득의 비율을 측정하는 지표로, 매출액 대비 부가가치의 비율로 산출한다.

$$\text{부가가치비율} = \frac{\text{부가가치}}{\text{매출액}} \times 100$$

❷ 노동생산성

「노동생산성」은 노동력의 단위당 성과를 측정하는 지표로, 부가가치를 직원수로 나누어 산출한다.

$$노동생산성 = \frac{부가가치}{직원수}$$

❸ 자본생산성

「자본생산성」은 자본의 투자효율을 측정하는 지표로, 총자본 대비 부가가치의 비율로 산출한다.

$$자본생산성 = \frac{부가가치}{총자본} \times 100$$

PART 12

12.5 성장성 비율

회사가 경쟁을 통해 시장에서 생존하기 위해서는 계속적으로 성장·발전해야만 한다. 성장성은 일정 기간에 경영규모와 경영성과가 얼마나 증가하였는지를 나타내는 것으로, 일반적으로 재무제표 각 항목의 증가율로 측정한다.

「성장성 비율」이란 회사의 경영규모나 영업성과가 어느 정도 증대되었는가지 나타내는 지표이다. 성장성을 판단하기 위해서 자산, 매출액, 이익을 이용한다.

먼저, 총자산이 증가하였는지를 파악한다. 자산의 증·감을 파악하는 방법은 총자산에 대한 당기값과 전기값을 비교하는 것이다. 플러스(+)이면 증가, 마이너스(-)이면 감소를 의미한다.

다음은, 당기와 전기의 매출액의 증·감을 나타내는 매출액증가율도 성장성을 나타내는 지표로서 자주 사용되고 있다. 금액과 비율 양쪽으로 검토해야 한다. 매출액증가율이 높다는 것은 성장하고 있다는 것을 말한다.

마지막으로, 이익으로 파악한다. 이익에는 매출총이익, 영업이익, 순이익 등이 있기 때문에 매출총이익증가율, 영업이익증가율, 순이익증가율을 이용하고, 이 모든 지표가 높을수록 양호하다는 것을 나타낸다.

그러나 급격한 경기변동이나 유행 등으로 인해 증가율이 높아지는 경우도 있기 때문에 과거 수년간의 매출추이를 검토하고, 그 변화가 일시적인 것인지 안정적인 것인지 그에 대한 원인을 검토해야 한다.

❶ 총자산증가율

「총자산증가율」은 일정 기간 총자산이 어느 정도 증가하였는지를 측정하는 지표로, 다음과 같이 산출한다.

$$\text{총자산증가율} = \frac{\text{당기말총자산} - \text{전기말총자산}}{\text{전기말총자산}} \times 100$$

❷ 매출액증가율

「매출액증가율」은 일정기간 매출액이 어느 정도 증가하였는지를 측정하는 지표로, 다음과 같이 산출한다.

$$\text{매출액증가율} = \frac{\text{당기 매출액} - \text{전기 매출액}}{\text{전기 매출액}} \times 100$$

❸ 순이익증가율

「순이익증가율」은 일정기간 순이익이 어느 정도 증가하였는지를 측정하는 지표로, 다음과 같이 산출한다.

$$\text{순이익증가율} = \frac{\text{당기순이익} - \text{전기순이익}}{\text{전기순이익}} \times 100$$

PART 12

12.6 활동성 비율

재무구성에 있어서 균형이 잡혀있고 유동성이 높다고 해서 경영이 반드시 안전한 것은 아니다. 즉 모든 자본 또는 자산이 충분히 활용되고 있어야 수익을 올릴 수 있고, 수익성이 좋아지고 유동성도 유지된다.

재무비율을 분석할 때는 자본 또는 그 운영형태로서의 자산이 얼마나 효율적으로 활용되고 있는가 하는 활용도를 측정·분석할 필요가 있는데, 이것을 활동성 비율이라고 한다.

「활동성 비율」이란 회사가 소유하고 있는 자산의 활용 정도를 측정하는 재무비율을 말한다. 활동성 비율은 수익의 발생 원천이기도 한 매출액에 대한 보유자산의 회전율, 즉 일정 기간에 자본 또는 자산이 매출을 통해 몇 번이나 회전했는지에 의해 측정한다. 이 회전수를 회전율이라 하고, 1회전하는데 필요한 기간을 회전기간이라고 한다.

회사에서는 수익증대를 목적으로 투입된 자본을 끊임없이 회전시키고, 이러한 경영활동의 최종적인 성과는 매출액으로 나타난다. 따라서 회전율을 측정하는 항목은 기본적으로 매출액이며, 매출액과 자산, 부채, 자본 항목에 대한 회전수로 활동성을 측정한다.

수익은 경영활동의 수준에 크게 영향을 받기 때문에 수익성 분석과 밀접하게 관련되어 있으며, 회전율이 높을수록 자본의 이용도가 높다는 것을 의미한다.

❶ 총자본회전율

「총자본회전율」은 회사가 보유하고 있는 전체 자산의 효율적 이용도를 측정하는 지표로, 매출액을 총자본으로 나누어 산출한다.

$$\text{총자본회전율(회)} = \frac{\text{매출액}}{\text{총자본}}$$

❷ 고정자산회전율

「고정자산회전율」은 회사가 보유하고 있는 고정자산의 효율적 이용도를 측정하는 지표로, 매출액을 고정자산으로 나누어 산출한다.

$$고정자산회전율(회) = \frac{매출액}{고정자산}$$

❸ 재고자산회전율

「재고자산회전율」은 재고자산이 1년 동안 몇 번 현금이나 매출채권으로 전환되었는지의 속도를 측정하는 지표로, 매출액을 재고자산으로 나누어 산출한다.

$$재고자산회전(회) = \frac{매출액}{재고자산}$$

❹ 매출채권회전율

「매출채권회전율」은 매출채권의 현금화 속도를 측정하는 지표로, 매출액을 매출채권으로 나누어 산출한다.

$$재고자산회전율(회) = \frac{매출액}{매출채권}$$

PART 12

12.7 종합분석

지금까지 회사의 경영성과를 판단하는 재무비율에 대하여 설명하였다. 지금까지 설명한 재무비율에 대한 것을 직접 회사에 적용하여 검토해 보기를 바란다.

재무비율은 수익성 비율, 유동성 비율, 생산성 비율, 성장성 비율, 활동성 비율로 구분하고 있으며, 특히 성장성 비율에는 수익성, 유동성, 생산성 3개의 요소가 기초가 된다.

재무비율을 변동시키는 요소에는 상호 보완적 관계에 있는 요소도 있고, 이율배반적 관계에 있는 요소도 있다. 예를 들면 유동성을 높이기 위해서는 현금이나 예금이 많을수록 좋지만, 그러나 너무 높은 유동성은 자본의 효율성을 악화시키며 수익성에도 악영향을 미친다.

따라서 수익성, 유동성, 생산성, 성장성, 활동성 등을 각각 개별적으로 분석하게 되면 회사의 실태를 정확하게 파악할 수 없으며, 그로 인해 잘못된 평가를 내릴 수도 있다. 따라서 경영활동에 대한 실태는 개별적으로 검토할지라도, 평가는 종합적인 관점에서 판단하는 것이 좋다.

재무비율 분석에 포함된 모든 비율 항목에 합격점을 맞는 회사는 거의 없을 것이다. 예를 들어 어떤 회사는 수익성은 높지만 생산성이 나쁘거나, 어떤 회사는 유동성과 성장성 모두에 문제가 있을 수도 있다.

[표 12 - 2]는 치킨업계 Big 3 중에서 두 회사를 선정하여 재무상태표와 손익계산서를 이용하여 주요한 재무비율을 항목별로 추출하여 종합평가표를 작성한 것이다. 산출된 재무비율을 통해 두 회사의 차이를 비교할 수 있다. 종합평가표를 입력된 수치를 변경함으로써, 자사의 과거와 현재, 또는 기준치와 실제치를 비교할 수 있고, 나아가 자사의 실제치와 산업평균과 비교하여 분석할 수도 있다.

[그림 12 - 1]은 종합평가표의 재무비율에 근거하여 레이더 차트를 작성하여 나타낸 것이다. 두 회사를 비교하면서 두 회사의 강점과 약점을 시각적으로 파악할 수가 있다.

표 12-2 종합평가표

구분	주요 항목	회사 A	회사 B
수익성	총자산이익률	9.37	30.05
	자기자본이익률	31.53	91.19
	매출액총이익률	36.77	41.75
	매출액영업이익률	16.77	32.23
	매출액순이익률	7.89	32.41
유동성	유동비율	66.97	102.10
	당좌비율	62.58	99.83
	현금비율	35.90	94.58
생산성	부가가치율	36.77	41.75
	자본생산성	43.67	38.69
성장성	총자산증가율	81.21	87.43
	매출액증가율	13.27	19.15
	순이익증가율	457.60	105.60
활동성	총자본회전율	1.19	0.93
	고정자산회전율	1.61	1.50
	재고자산회전율	68.92	108.59
	매출채권회전율	17.03	9.51

그림 12-1 레이더 차트에 의한 재무비율

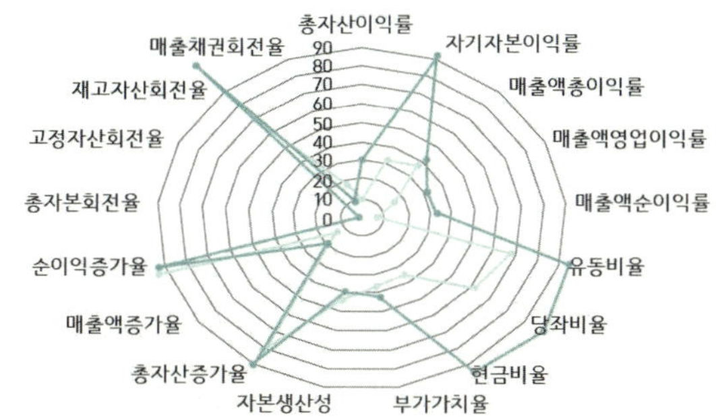

성과지표를 활용한 프랜차이즈 경영

초판 1쇄 인쇄 / 2022년 12월 13일
초판 1쇄 발행 / 2022년 12월 20일

저자 박철주
발행처 형설출판사
경기도 파주시 회동길 37-23 · 전화 (031) 955-2361~4 · 팩시밀리 (031) 955-2341
발행인 장진혁
등록 라-제9호 · 1962년 5월 1일
홈페이지 http://www.hyungseul.co.kr
e-mail hs@hyungseul.co.kr

정가 22,000원

ISBN 978-89-472-8633-6 93320

성과지표를 활용한

프랜차이즈 경영

memo

memo